Robert Penn

Vom Glück auf zwei Rädern

Robert Penn

Vom Glück auf zwei Rädern

Aus dem Englischen
von
Andreas Simon dos Santos

Tolkemitt Verlag

Deutsche Erstausgabe

1. Auflage, März 2011
2. Auflage, August 2011

Die englische Originalausgabe ist 2010 unter dem Titel »It's All About the Bike. The Pursuit of Happiness on Two Wheels« bei Particular Books erschienen. Published by the Penguin Group.

Alexanderstraße 7, D-10178 Berlin
www.haffmans-tolkemitt.de

Die Literaturhinweise sind von Andreas Simon dos Santos um deutschsprachige Titel und Internetadressen erweitert worden.

Lektorat und Register der deutschen Ausgabe: Klaus Gabbert, Büro Z, Wiesbaden.
Korrektorat: Ursula Maria Ott, Frankfurt.
Gestaltung & Produktion von Urs Jakob,
Werkstatt im Grünen Winkel, CH-8400 Winterthur.
Satz: Fotosatz Reinhard Amann, Aichstetten.
Druck & Bindung: Ebner & Spiegel, Ulm.
Printed in Germany.

ISBN 978-3-942048-39-2

INHALT

VORWORT

Die kleine Königin

Who climbs with toil, whereso'er
Shall find wings waiting there.

[Wer unter Mühen strebt zu höher'm Ort,
Sei's gleich wohin, wird Flügel finden dort.]

Henry Charles Beeching, »A Boy's Song«

»Das Pferd der Zukunft«, verkündet Butch mit einem breiten Grinsen und lädt die schöne Etta ein, auf seinem Fahrradlenker Platz zu nehmen. Was folgt, ist eines der bekanntesten Intermezzi der Filmgeschichte: Zu den Klängen von »Raindrops Keep Fallin' on My Head« radelt Paul Newman mit seiner Filmpartnerin auf dem Lenker einen Farmweg im Wilden Westen hinunter und entlockt ihr mit seinen Radkunststückchen bezaubernde Lachsalven.

Der Film *Butch Cassidy und Sundance Kid* heimste 1970 vier Oskars ein, darunter für den besten Song und das beste Drehbuch. Auch das Plakat zeigte das Wild-West-Pärchen auf dem Rad. Die Szene hat eine tiefere Bedeutung: Nicht nur das Gesetz ist den alternden Revolverhelden auf den Fersen, die Zukunft selbst – versinnbildlicht durch das Fahrrad – ist ihnen dicht auf die Pelle gerückt. Als sie ihr Versteck aufgeben, stößt Butch das neumodische Ding einen Hügel hinab. »Die Zukunft gehört dir, du Scheißdrahtesel!«, ruft er ihm hinterher. Als die Räder des Gefährts tickernd in einem Flussbett zum Stehen kommen, ist das die filmische Überleitung zum Finale: Butch und Sundance wissen, dass ihre Zeit im Westen abgelaufen ist, und reisen nach Lateinamerika, in der Hoffnung, dort ihre verlorene Vergangenheit wiederzufinden – wie die berüchtigten Zugräuber Robert LeRoy Parker und Harry Longabaugh, die 1901 aus Wyoming nach Argentinien geflohen waren und dem Drehbuch als Vorlage dienten.

Nicht nur Zugräubern fiel es damals schwer, sich noch zurechtzufinden. Ein rasanter Wandel hatte die Zeit erfasst, im Wilden Westen ebenso wie in der übrigen Welt. Viele Menschen in den 1890er Jahren fühlten sich von der Zukunft förmlich überrollt. Das Jahrzehnt erlebte die ersten internationalen Telefonverbindungen, die Aufteilung Afrikas unter die westlichen Kolonialmächte, die Gründung der britischen Labour Party, die Festlegung anerkannter Regeln für zahlreiche Sportarten, die bald weltweite Verbreitung fanden, und die erste Olympiade der Neuzeit. Die spätere Bayer AG erlangte ein Patent auf Heroin, Marie und Pierre Curie entdeckten das Radium, Henri Becquerel die Radioaktivität von Uran. In New York eröffnete das Waldorf-Astoria, in Paris das Ritz. Émile Durkheim begründete die Soziologie. Der soziale Gedanke – Arbeiterrechte, soziale Absicherung – breitete sich zunehmend aus. In den USA häuften die Rockefellers und Vanderbilts beispiellose Privatreichtümer an. Wilhelm Conrad Röntgen entdeckte die nach ihm benannten Strahlen, William Dickson und die Brüder Lumière entwickelten die Kinematographie. Es kam zur Wiener und Berliner Sezession. Verdi, Puccini, Tschaikowski, Mahler, Cézanne, Gauguin, Monet, Liebermann, Corinth, Munch, Rodin, Tschechow, Ibsen, Henry James, Yeats, Gerhard Hauptmann, Kipling, Oscar Wilde, Joseph Conrad, Arthur Schnitzler und Émile Zola: Sie alle standen auf dem Gipfel ihrer Schaffenskraft. Es war ein bemerkenswertes Jahrzehnt – die Blüte der Wilhelminischen Zeit, der Schlussstein der Viktorianischen Epoche.

Und im Herzen all dessen stand das Fahrrad. 1890 gab es schätzungsweise 150 000 Radfahrer in den USA. Ein Rad kostete noch grob die Hälfte des Jahreslohns eines Fabrikarbeiters. Bis 1895 war der Preis auf ein paar Wochenlöhne gefallen, und jedes Jahr kam eine Million neue Radler hinzu.

Der Fahrradtyp, auf dem Butch seine Etta spazieren fuhr, wurde

»Sicherheitsrad« genannt. Es war das erste moderne Fahrrad und der Kulminationspunkt einer langen, sprunghaften Suche nach einem von menschlicher Muskelkraft angetriebenen Fahrzeug. »Erfunden« wurde das Sicherheits- oder auch Niederrad 1885 in England. Als drei Jahre später der Luftreifen hinzukam, der das Gefährt bequemer machte, begann das erste goldene Zeitalter des Fahrrads. Der Invasion von Armeen kann man sich erwehren, so hat sich Victor Hugo einmal sinngemäß geäußert, nicht aber dem Ansturm von Ideen, deren Zeit gekommen ist. Die »Frohe Botschaft des Rads« verbreitete sich so rasch, dass man sich allenthalben an den Kopf fasste, warum etwas so Einfaches nicht schon viel früher erfunden worden war.

Die Fahrradproduktion entwuchs ihren bescheidenen Anfängen in Hinterhofschmieden und wurde zu einem richtig dicken Geschäft. Fahrräder wurden binnen kurzem in Massen am Fließband hergestellt, Entwicklung und Herstellung wurden getrennt, spezialisierte Zulieferer fertigten standardisierte Teile. Ein Drittel aller Patente, die in den 1890er Jahren im amerikanischen Patentamt in Washington, D.C., registriert wurden, betraf Neuerungen zur Verbesserung des Fahrrads. Das Amt unterhielt sogar ein eigenes Gebäude nur für Erfindungen, die sich auf das Fahrrad bezogen.

1895 stellten auf der jährlichen Industriemesse des Fahrrads, der Stanley Bicycle Show, bereits 200 Firmen 3000 Modelle aus. Die Zeitschrift *The Cycle* meldete, dass in jenem Jahr in Großbritannien 800 000 Fahrräder hergestellt wurden. Viele Schlosser, Büchsenmacher und Metallfacharbeiter gaben ihre Stellen auf und suchten sich Arbeit in den Fahrradfabriken. 1896 erreichte die Produktion in den USA ihren Gipfel: 300 Firmen produzierten 1,2 Millionen Fahrräder und machten die Fahrradherstellung zu einer der bedeutendsten Industrien des Landes. Das größte Unternehmen, Columbia, beschäftigte in seinen Werken in Hartford, Connecticut, 2000 Arbeiter und rühmte sich, ein Fahrrad pro Minute zu fertigen.

Bis zum Ende des Jahrzehnts war das Fahrrad für Millionen zu einem nützlichen Fortbewegungsmittel geworden – zum »Drahtesel« oder zum »Stahlross« des kleinen Mannes. Zum ersten Mal in der Geschichte wurde die Arbeiterklasse mobil. Da die Arbeiter nun zur Arbeit pendeln konnten, leerten sich überfüllte Mietshäuser, die Vorstädte dehnten sich aus, das räumliche Gefüge der Städte veränderte sich. Auf dem Land sorgte das Fahrrad für eine weitläufigere Durchmischung der Gene: Britische Geburtsregister aus den 1890er Jahren belegen, dass Nachnamen nun immer öfter fern des Landstrichs auftauchten, in dem sie seit Jahrhunderten verwurzelt gewesen waren. Überall war das Fahrrad Anlass für Kampagnen zur Verbesserung der Straßen, die dem Automobil buchstäblich den Weg ebneten.

Der gesundheitliche Nutzen des Radfahrens passte gut zum aufstrebenden Geist der Selbstertüchtigung, der die Epoche beseelte. Dieselben Arbeiter, die zu den Fabriken und Zechen radelten, gründeten Gymnastikvereine und Chöre, Leihbüchereien und literarische Gesellschaften. An den Wochenenden unternahmen sie Radtouren im Verein. Die Zahl der Amateur- und Profirennen explodierte förmlich. Radrennen auf Bahnen und in Velodromen wurden zum beliebtesten amerikanischen Zuschauersport. Arthur A. Zimmerman, einer der ersten internationalen Sportstars, gewann über 1000 Rennen auf drei Kontinenten, erst als Amateur, später als Profi, darunter Goldmedaillen bei der ersten Bahnradweltmeisterschaft 1893 in Chicago. Auf dem europäischen Festland wurden Straßenrennen enorm populär. Langlebige Klassiker wie die Rennen Lüttich – Bastogne – Lüttich und Paris – Roubaix wurden zum ersten Mal 1892 respektive 1896 ausgetragen. 1903 fand die erste Tour de France statt.

Besonders die Amerikaner begeisterten sich in den »fröhlichen Neunzigern« für die Idee der Geschwindigkeit: Durch die Fortschritte im Verkehrs- und Fernmeldewesen wurde Geschwindigkeit zum Inbegriff von Zivilisation und verhieß die Vereinigung ihres riesigen Landes. Auf einem Fahrrad konnten die Amerikaner daran teilhaben. Ende 1893 erreichten Bahnrennfahrer Geschwindigkeiten von über 60 Stundenkilometern. Das Fahrrad überflügelte das Pferd als schnellstes Verkehrsmittel der Straße. Technische Innovationen machten das Rad im Laufe der Dekade noch leichter und schneller. 1891 stellte Monty Holbein im Londoner Herne-Hill-Velodrome einen 24-Stunden-Bahnweltrekord von 577 Kilometern auf. Sechs Jahre später sattelte der zigarrenrauchende Niederländer Mathieu Cordang noch 400 Kilometer drauf.

Ein typisches Fahrrad hatte einen starren Gang (nur einen einzigen Gang ohne Freilauf), einen Stahlrahmen, einen leicht abgesenkten Lenker und einen Ledersattel. Es kam gewöhnlich ohne Bremsen aus (gebremst wurde durch Treten in die Gegenrichtung). Tourenräder wogen meist um die 15, Rennräder unter zehn Kilo – was in etwa dem Gewicht der besten heute im Handel angebotenen Straßenrennräder entspricht. Am 30. Juni 1899 erlangte Charles Murphy Berühmtheit, als er auf den mit Bohlen ausgelegten Gleisen der Long Island Rail Road im Windschatten einer Lokomotive als Erster eine Meile in knapp unter einer Minute fuhr.

In der Gesellschaft des Fin de Siècle stillte das Fahrrad die Sehnsucht nach Unabhängigkeit und Mobilität, und das Sicherheitsrad erschloss dem neuen Fortbewegungsmittel ganz neue Käuferschichten. Zum ersten Mal konnte jeder ein Rad fahren: die Kleinen ebenso wie die Unsportlichen, Frauen ebenso wie Männer, Alte ebenso wie Junge (Jugendräder wurden bereits seit den frühen 1890er Jahren vermarktet). Die Massenproduktion und ein aufkeimender Markt für Gebrauchträder sorgten dafür, dass sich die Mehrheit der Menschen auch eins leisten konnte. »Alles«, so frohlockte der zeitgenössische amerikanische Autor Stephen Crane angesichts dieses Siegeszugs, »ist Fahrrad.«

Vielleicht bestand die größte Wirkung des Rads darin, dass es die bis dahin rigiden Schranken zwischen Klassen und Geschlechtern aufbrach. Dem Fahrrad haftete etwas Demokratisches an, dem die Gesellschaft widerstandslos erlag. H. G. Wells, der »Poeta laureatus der Radler«, wie ihn einer seiner Biografen nannte, illustrierte in mehreren seiner Romane den durchgreifenden gesellschaftlichen Wandel, den das Fahrrad beförderte. In seinem auf der Höhe des Booms 1896 veröffentlichten Roman *The Wheels of Chance* begibt sich Mr. Hoopdriver, ein kleiner Textilverkäufer aus der unteren Mittelschicht, auf eine Fahrradtour und begegnet einem von zuhause weggelaufenen Mädchen aus der oberen Mittelschicht, das übers Land radelnd »seine Freiheit« zur Schau trägt. Wells nimmt satirisch die britische Klassengesellschaft aufs Korn und zeigt, wie das Fahrrad sie aufweicht: Auf der Straße sind Hoopdriver und die junge Dame gleich. Die von der Gesellschaft zur Wahrung der herrschenden Hierarchie geforderte Kleideretikette, die Beschränktheit auf die eigenen Clubs und Zirkel, auf strenge Benimm- und Moralregeln – all das verlor seine Bedeutung, wenn man gemeinsam eine Landstraße in Sussex hinunterradelte.

Auch dem Romancier John Galsworthy war die egalisierende Wirkung des Rads nicht entgangen. Er schrieb in seinem Werk *On Forsyte 'Change*:

> Das Fahrrad … hat mehr Bewegung in Sitten und Moral gebracht als alles andere seit Charles II. … Teilweise oder gänzlich unter seinem Einfluss erblühten Wochenenden, starke Nerven, stramme Beine, Kraftausdrücke … Gleichheit der Geschlechter, gute Verdauung und Ausbildungsberufe – mit einem Wort: die Emanzipation der Frau.

Das Fahrrad gab sicher nicht den Anstoß zur feministischen Bewegung, doch es fiel mit ihr zusammen und kam zu einer Zeit, die eine Wende im langen Kampf um das Frauenstimmrecht brachte. Selbstverständlich war den Fahrradherstellern daran gelegen, dass Frauen radelten. Schon seit dem ersten Fahrradprototyp von 1819 hatten sie sich mit Damenmodellen versucht, doch erst das Sicherheitsrad brachte den Durchbruch. Radfahren wurde zum ersten populären Frauensport, und bis 1893 hatte beinahe jeder Hersteller ein Damenmodell im Angebot.

Im September 1893 löste Tessie Reynolds in England eine Sensation aus, als sie auf einem Herrenrad von Brighton nach London fuhr – in »Reformkleidung«: ein Hosenkostüm aus langer Jacke und einer über die Knie reichenden Pumphose. Es war ein Wendepunkt in der Akzeptanz praktischer Kleidung für Frauen, von denen die meisten noch in voluminösen Röcken, Korsetts, Unterröcken, langärmligen Blusen und hochgeschlossenen Jacken radelten. Als 1912 die Kampagne des zivilen Ungehorsams der Suffragetten ihren Höhepunkt erreichte, galt Reynolds Fahrt längst als Meilenstein.

Miss Londonderry.

Im Juni 1894 brach Anna Kopchovsky unter dem Namen Annie Londonderry mit nur einer Garnitur Wäsche zum Wechseln und einem Damenrevolver mit Perlmuttgriff von Boston aus zu einer Weltumrundung auf dem Fahrrad auf. Kopchovsky war eine schillernde Persönlichkeit, die es bei ihren Schilderungen mit der Wahrheit nicht allzu genau nahm, doch sie war witzig, klug und charismatisch und machte sich bewusst die Sache der Frauen zu eigen. Sie war das Inbild der »neuen Frau«, ein amerikanischer Ausdruck für moderne Frauen, die in ihrem Auftreten ihre Ebenbürtigkeit mit den Männern zum Ausdruck brachten. Das Rad, das der Historiker Robert A. Smith einmal als »Freiheitsmaschine« bezeichnete, gab der neuen Frau Auftrieb.

Führende Frauenrechtlerinnen der Zeit wie die Suffragette Susan Anthony traten mit ihrer Kritik an der überkommenen Kleiderordnung dafür ein, den Frauen dasselbe Recht auf körperliche

Bewegungsfreiheit zu verschaffen, das die Männer genossen. Anthony, die berühmt wurde, als sie es schaffte, sich an der Präsidentschaftswahl 1872 zu beteiligen, dafür dann aber verhaftet wurde (in den USA wurde das Frauenwahlrecht erst 1920 eingeführt), wusste um den Wert des Fahrrads. In einem Interview in der *New York Sunday World* erklärte sie 1896:

> Ich will Ihnen sagen, was ich vom Radfahren halte. Ich glaube, es hat mehr für die Emanzipation der Frau getan als irgendetwas anderes auf der Welt … Es gibt der Frau ein Gefühl von Freiheit und Selbständigkeit … In dem Augenblick, wo sie sich auf den Sattel setzt, weiß sie, dass ihr nichts Schlimmes widerfahren kann, sofern sie nicht vom Rad steigt, und dann fährt sie dahin – ein Bild freier, ungebundener Weiblichkeit.

Als sich Butch Cassidy und Sundance Kid nach Südamerika aufmachten, hatte das Fahrrad bereits breite Anerkennung gefunden und einen tiefgreifenden Einfluss auf die Gesellschaft entfaltet. Binnen eines Jahrzehnts hatte sich Radfahren von einer neumodischen Freizeitbeschäftigung, die einer exklusiven, winzigen Minderheit von wohlhabenden athletischen Herren vorbehalten war, zur populärsten Fortbewegungsart der Welt entwickelt. Sie ist es bis heute geblieben.

Das Rad ist eine der großartigsten Erfindungen der Menschheit – von ebenso hohem Rang wie der Buchdruck, der Elektromotor, das Telefon, das Penizillin oder das Internet. Unsere Vorfahren hielten es für eine ihrer größten Errungenschaften. Diese Vorstellung kommt heute wieder in Mode. In den letzten Jahrzehnten wächst das kulturelle Ansehen des Fahrrads von neuem. Das Rad ist aufgrund einer Reihe von Faktoren – von der Gestaltung der städtischen Infrastruktur über die Verkehrspolitik und die Sorge um die Umwelt bis hin zum Radsport und einem veränderten Freizeitverhalten – heute wieder stärker in die westliche Gesellschaft eingebettet. Tatsächlich sprechen einige schon davon, dass wir uns an der Schwelle zu einem neuen goldenen Zeitalter des Fahrrads befinden.

Das Fahrrad lässt sich in wenigen Worten beschreiben: ein lenkbares Gerät bestehend aus zwei linear hintereinander an einen Rahmen montierten Laufrädern mit Luftreifen und einer drehbaren Vordergabel, angetrieben von einem Fahrer, der mit seinen Füßen Muskelkraft auf zwei Pedale ausübt, welche mittels Kurbeln an einem Kettenblatt befestigt sind, dessen Bewegung durch eine Kette auf ein Ritzel am Hinterrad übertragen wird. Es ist also ganz einfach. Mit dem Rad kann auf einer halbwegs geeigneten Fahrbahn mit demselben Kraftaufwand das Vier- oder Fünffache der Gehgeschwindigkeit erreicht werden. Damit ist es das effizienteste von Muskelkraft angetriebene Fortbewegungsmittel, das je erfunden wurde. Zum Glück ist es leicht, das Radfahren zu erlernen (so leicht sogar, dass man es auch den meisten Primaten beibringen kann). Und hat man es einmal begriffen, kann man das Radfahren praktisch nie wieder verlernen.

Seitdem ich erwachsen bin, bin ich so gut wie jeden Tag geradelt. Ich kann mich allerdings nicht mehr daran erinnern, wann ich als Kind das erste Mal Rad gefahren bin. Ich weiß, eigentlich sollte ich den Moment der Offenbarung zurückrufen können, den wir alle teilen: als an einem flachen Abhang im Park die Stützräder entfernt wurden, mein Vater seine Hand zurückzog und ich taumelnd das große Gleichgewicht erlangte, das mich nie wieder verlassen sollte; jener Augenblick, als ich zum ersten Mal unbewusst, wenn auch noch wackelig, den Schwerpunkt über den Auflageflachen des Fahrrads aussteuerte und zum ersten Mal das esoterische Prinzip der Balance begriff. Aber nein, leider kann ich mich daran nicht mehr erinnern. Tatsächlich entsinne ich mich nicht einmal mehr meines ersten Fahrrads.

Das erste Rad, an das ich mich erinnere, war ein lilafarbenes Raleigh Tomahawk, eine Miniaturversion des Modells Chopper von derselben Firma. Danach stieg ich auf ein Raleigh Hustler um, ein Rennrad, ebenfalls lila, aber mit weißem Lenkerband, weißem Sattel, weißer Wasserflasche, weißen Zughüllen und weißen Reifen aufgebrezelt – es waren die 70er Jahre. Als ich ihm entwachsen war, besorgte mir meine Oma ein Dreigang-Kinder-Tourenrad von Dawes aus fünfter Hand. Verglichen mit dem Hustler war es von der Eleganz eines Gummistiefels, aber es flog nur so dahin. Während des Sommers 1978 düste ich damit von Sonnenauf- bis Sonnenuntergang durch die Nachbarschaft. Meine Eltern erkannten, dass mich das Radfieber gepackt hatte, und im folgenden Frühjahr bekam ich ein Viking-Rennrad mit zehn Gängen – ein schwarzes Vollblut. Es stand noch im Schaufenster des örtlichen Fahrradladens, als ich es abholte. Es war, wie Jack London einst in einem Brief geschrieben hatte: »Schon geradelt? Also das ist was, das macht das Leben lebenswert! ... Ach, auch nur mit den Händen den Lenker zu umfassen und dich nach vorn zu beugen und über Straßen und Wege zu preschen, über Bahngleise und Brücken, dich durch Menschenmengen zu schlängeln ... und dich die ganze Zeit zu fragen, wann du dir wohl Hals und Beine brichst. Was für ein Mordsspaß das ist!« So fühlte ich mich auf meinem Viking-Rennrad. Ich war der geborene Herumtreiber. Mit zwölf Jahren hatte ich endlich Flügel.

Als ich wieder landete, war ich in der Pubertät. Das Fieber – zu radeln und immer weiter zu radeln aus purer Lust daran – war verflogen. Statt auf die rhythmische Kadenz zweier Räder fuhr ich nun auf Ska-Musik ab. Natürlich benutzte ich weiterhin ein Fahrrad, um von einem Ort zum anderen zu kommen, und verschliss in der Folge drei ungeliebte, verbeulte Rennräder. Zu Beginn meines letzten Jahres an der Uni brachte mein Mitbewohner ein rotes Tandem mit nach Hause, ein Fahrrad so ehrlich und rot, dass wir es Otis nannten. Bei Mondschein fuhren wir damit Zeitrennen um Londons georgianische Plätze.

1990 kaufte ich mein erstes Mountainbike – ein schnörkelloses, ungefedertes britisches Saracen Sahara. Ich fuhr darauf von Kashgar in China über das Karakorumgebirge und den Hindukusch nach Peschawar in Pakistan. Zurück in London, wo ich als Rechtsanwalt arbeitete, leistete das Rad mehr, als mich nur von einem Ort zum anderen zu bringen: Es repräsentierte das Leben jenseits der Nadelstreifenanzüge. Dann wurde es gestohlen. Eine Reihe von eigens für das Pendeln ausgestatteten Mountainbikes folgte: ein Kona Lava Dome, zwei Specialized Stumpjumper, ein Kona Explosif und andere. Sie wurden allesamt gestohlen. Einmal wurden mir an einem Wochenende gleich zwei geklaut. Ich unternahm mit diesen Rädern Touren entlang des Ridgeway National Trail, im Dartmoor-Nationalpark und dem Lake District, aber die meiste Zeit dienten sie mir dazu, mich durch Londons Nebenstraßen zu bringen.

An einem winterlichen Samstagnachmittag des Jahres 1995 betrat ich das Geschäft von Roberts Cycles, einem angesehenen Rahmenbauer in Südlondon, und gab einen maßgefertigten Trekkingrahmen in Auftrag. Ich taufte ihn auf den Namen Mannanan, nach der keltischen Mythengestalt Mannanan mac Lir, der die Isle of

Man beschützt, wo ich aufgewachsen bin. Mit meinem Mannanan-Rad fuhr ich durch die USA, Australien, Südostasien, den indischen Subkontinent, Zentralasien, den Nahen Osten und Europa – praktisch rund um die Welt. »Sei eins mit dem Universum«, hat der amerikanische Fahrradmechanikerpapst und Handbuchautor Lennard Zinn einmal geschrieben. »Wenn du das nicht schaffst, sei wenigstens eins mit deinem Rad.« Nach drei Jahren und 40 000 Kilometern war ich es.

Heute hängt Mannanan an der Wand meines Schuppens. Ich besitze fünf weitere Fahrräder: Ein zehn Jahre altes Specialized Rockhopper aus Stahl, an dem ich ständig herumschraube, um es für den täglichen Gebrauch fahrbereit zu halten. Mein altes Rennrad, für den Winter, ist ein Mischmasch aus Komponenten auf einem Nervex-Alu-Rahmen mit einer Karbongabel von Ambrosio. Das neue Rennrad von der italienischen Marke Wilier hat einen schlanken Karbonrahmen, der in Italien entworfen und in Taiwan hergestellt wurde. Mein altes Mountainbike ist ein Schwinn, mein neues, zugleich auch meine jüngste Erwerbung: ein superleichtes, halbgefedertes Geländerad aus Alu von Felt (ein Hardtail), das perfekt geeignet ist für die Pfade in den Brecon Beacons, den walisischen Bergen, in denen ich heute lebe und radle.

Mit dieser kleinen Truppe hart arbeitender Räder ist mein Grundbedarf gedeckt. Und doch fehlt noch etwas Wesentliches: In meinem Zweiradschuppen klafft ein gähnendes Loch, eine Leerstelle, die nur mit etwas anderem, mit etwas ganz Besonderem gefüllt werden könnte. Es ist eine unerfüllte Sehnsucht, wie sie Zehntausende anderer Alltagsradler mit ihren Nutzrädern umtreiben muss. Mein Leben lang hatte ich eine Liebesaffäre mit dem Fahrrad – doch keins meiner Räder deutet auch nur entfernt darauf hin.

Ich fahre seit 36 Jahren Fahrrad. Heute benutze ich das Rad, um zur Arbeit zu fahren, manchmal, um mich abzuarbeiten, um fit zu bleiben, um Luft zu schnappen und Sonne zu tanken, um einkaufen zu fahren, um das Weite zu suchen, wenn mir die ganze Welt auf den Keks geht, um die Gesellschaft von Freunden zu genießen, um zu reisen, um bei Verstand zu bleiben, um vor dem Badetag meiner Kinder auszubüxen, um Spaß zu haben, um einen Augenblick der Gnade zu erhaschen – gelegentlich auch, um jemanden zu beeindrucken, um den Kitzel der Angst zu spüren oder um meinen Sohn lachen zu hören. Manchmal fahre ich mein Rad, nur um mein Rad zu fahren. Es ist eine ganze Palette von praktischen, körperlichen und emotionalen Gründen, die alle eins vereint: das Fahrrad.

Und nun will ich ein neues, ein ganz besonderes Rad. Ich könnte sofort ins Internet gehen, meine Kreditkarte zücken und 3500 Euro für ein Karbon- oder Titanrennrad von der Stange ausgeben. Morgen Abend schon könnte ich auf einer erstklassigen neuen Maschine über die Hügel brettern. Die Vorstellung ist verlockend – mehr als das. Aber es wäre nicht richtig. Wie viele andere Menschen habe ich den Kauf von Dingen satt, die nur dazu gemacht sind, bald ersetzt zu werden. Ich möchte mit diesem neuen Rad aus diesem Kreislauf ausbrechen. Ich werde es 30 Jahre und länger fahren und möchte den Prozess auskosten, es Stück für Stück zu erwerben. Ich will das beste Rad, das ich mir leisten kann, und ich möchte alt werden damit. Eine solche Summe werde ich im Übrigen nur einmal im Leben ausgeben. Ich begehre mehr als ein gutes Rad. Tatsächlich verlange ich ein Fahrrad, dass man nicht im Inter-

ON TOUR: TRACING THE DAY'S ITINERARY.

net erwerben kann, ein Rad, das man nirgendwo zu kaufen bekommt. Jede und jeder, der regelmäßig Fahrrad fährt und auch nur die geringste Achtung oder Zuneigung für seinen Drahtesel hat, wird diese Sehnsucht kennen: Ich will *mein* Rad.

Ich brauche ein Zauberrad, das irgendwie meine Radlergeschichte spiegelt und meine Zweiradaspirationen verkörpert. Ich will Handwerk, keine Technologie. Ich möchte, dass es von Menschen gemacht ist. Ich bin scharf auf ein Rad, das Charakter hat, eins, das nie wie das Vorjahresmodell aussehen wird. Ich möchte ein Rad, das meine Wertschätzung für die Tradition, die Weisheit und Schönheit des Fahrrads spiegelt. *La petite reine*, so lautet der französische Kosename für das Fahrrad: Ich will meine »kleine Königin«.

Ich weiß, wo ich anfangen muss. Ich werde mir von einem Rahmenbauer einen Fahrradrahmen nach Maß fertigen lassen. Was nur wenige wissen: Man kann sich für weit weniger Geld, als viele exotische, seriengefertigte Rahmen von der Stange kosten, die es im Handel zu kaufen gibt, einen Rahmen eigens anfertigen lassen, abgestimmt auf die eigenen Körpermaße und ausgelegt für die bevorzugte Art des Fahrens. Vor 60 Jahren gab es in jeder norditalienischen, französischen, belgischen und niederländischen Stadt mindestens einen Rahmenbauer. In Großbritannien gab es die meisten, jede größere Stadt hatte Dutzende von ihnen. Während eine Handvoll großer Hersteller wie Rudge-Whitworth, Raleigh und BSA in Großbritannien, Bianchi in Italien, Peugeot in Frankreich, Hercules, Mifa, Adler, Panther und Kettler in Deutschland die radfahrenden Massen versorgten, bauten kleine Rahmenbauer Fahrräder für Clubs, Rennfahrer, Tourenfahrer und Connaisseure. Diese Handwerker fertigten im Jahr einige Dutzend Rahmen, mit viel Liebe zum Detail und in ihrer individuellen Handschrift. In *One More Kilometre and We're in the Showers*, seinen liebevollen Erinnerungen an die Radfahrerszene nach dem Zweiten Weltkrieg, nannte der Kunstkritiker und Journalist Timothy Hilton diese handgefertigten Rahmen »industrielle Volkskunst«. Ihre einfachen Werkzeuge – Feile, Metallsäge, Lötlampe, Rahmenlehre –

verankerten die Rahmenbauer in einer innovativen Kunsthandwerkskultur, die bis zu den Anfängen der Fahrradherstellung zurückreichte.

Selbst Raleigh hatte einmal als kleine Werkstatt angefangen. 1888 stellte die Firma nur drei Fahrräder in der Woche her. 1951 waren es 20 000 Räder pro Woche. Anfang der 50er Jahre befand sich die Fahrradindustrie in Europa in schwindelerregenden Höhen. Allein in Großbritannien gab es zwölf Millionen Fahrradfahrer. Zusammen mit den wichtigsten Herstellern boomten auch die kleinstädtischen Rahmenbauer. Sammler erinnern sich heute nur noch an ihre Namen: Major Nichols und Ron Cooper in Großbritannien, Alex Singer und René Herse in Frankreich, Faliero Masi und Francesco Galmozzi in Italien oder Hugo Rickert in Deutschland, um nur eine Handvoll unter Hunderten zu nennen.

Bis Ende der 50er Jahre war das Fahrrad in ganz Europa immer noch das Haupttransportmittel der Arbeiterschaft. In Großbritannien war Radfahren auch die bedeutendste Freizeitbeschäftigung. An den Wochenenden leerten sich die Städte von jungen Leuten. Die britische Landschaft, von Werbeleuten und Schriftstellern bereits tüchtig idealisiert, quoll über von eifrigen Radausflüglern auf der Suche nach bukolischen Freuden.

Doch langsam hielt das Auto Einzug. Wurden in Großbritannien 1955 noch dreieinhalb Millionen Fahrräder verkauft, war die Zahl 1958 auf zwei Millionen gefallen. 1959 kam der Mini Cooper in den Handel. Kleine Rahmenbauer begannen zu verschwinden. In den 70er Jahren, als die Ölkrise in den USA einen enormen Nachfrageschub entfachte, gab es eine kurze Wiederbelebung. Ein paar Jahre lang konnten die Amerikaner von britischen und italienischen Leichtrennrädern nicht genug bekommen. Hingerissene junge Männer reisten über den Atlantik, um in London oder Mailand den Rahmenbau zu erlernen. Richard Sachs, Ben Serotta und Peter Weigle – heute eine Art Heilige Dreifaltigkeit der amerikanischen Rahmenbauer – gingen alle in den 70er Jahren in der einst berühmten Radschmiede Witcomb Cycles im Stadteil Deptford in Südostlondon in die Lehre.

Dennoch: Gegen Ende der 70er Jahre hatte die kulturelle Wahrnehmung des Fahrrads in Großbritannien einen Tiefpunkt erreicht. Das Rad galt nicht länger als geeignetes Fortbewegungsmittel, sondern bloß noch als Spielzeug oder, schlimmer noch, als Pest. Diese Ansicht beginnt sich erst heute wirklich zu wandeln. Als ich Anfang der 90er Jahre in London als Rechtsanwalt arbeitete, pendelte ich mit dem Fahrrad zur Arbeit. Die meisten Leute hielten das bestenfalls für schrullig. Ich fuhr jeden Tag durch den Hyde Park und kannte die meisten anderen Radpendler mit Vornamen, weil es so wenige von uns gab. Auf den Straßen herrschte zwischen Autofahrern und Radlern offene Feindseligkeit. Die spontanen monatlichen Fahrraddemos, die Critical Mass Rides, waren praktisch anarchistische Veranstaltungen, die häufig in rollende Schlachten mit der Polizei ausarteten. Die Fahrradkuriere mit ihrem Heroin-Look waren die Bannerträger der Bewegung. Sie schossen durch die Kolonnen der im Stau stehenden Autos, schlüpften durch winzige Lücken, berauscht von den Abgasen und den Ausdünstungen der vor Wut siedenden Autofahrern.

Mein damaliger Fahrradladen in Holborn war eine bevorzugte Anlaufstation dieser kriegerischen Kurierklasse. Eines Freitagabends schaute ich dort nach der Arbeit vorbei, um mein Rad abzuholen, nachdem einer meiner Pedalarme abgebrochen war. Der Mechaniker schob das Rad aus der Werkstatt an drei Fahrradkurieren vorbei, die gemeinsam ein Dosenbier hoben. Der alte Pedalarm, ein klobiges Stück Aluminium, war mit einer Runde Klebeband am Lenker festgebunden.

»Wozu soll denn das gut sein?«, fragte ich und zeigte auf das Metallstück. Der Mechaniker wechselte einen Blick mit den Kurieren und sah mich dann wortlos an. Offensichtlich hätte ich wissen müssen, wozu das gut war, selbst wenn ich dort in einem grauen Nadelstreifenanzug stand. Nach einer langen Pause sagte einer der Kuriere mit wildem Blick: »Sie … knallen … es … durch … die … Scheibe … eines … Scheiß- …. Autos!«

Der Umzug in die Brecon Beacons vor sieben Jahren vermittelte mir eine weitere aufschlussreiche Lehre über die kulturelle Wahrnehmung des Fahrrads. In der Stadt gab es damals schon eine wachsende Zahl von Menschen, die das Rad für ein gesundes, nützliches Fortbewegungsmittel hielten. Auf dem Land fuhr man dagegen nur Rad, wenn man seinen Führerschein verloren hatte. Für einen Bauern in den walisischen Bergen konnte es dafür keinen anderen Grund geben. Punkt. So sahen mich die Einheimischen Tag für Tag aus Abergavenny hinaus- und wieder hineinradeln und schüttelten den Kopf.

Fünf Monate nach unserem Einzug ging ich Freitagabends in den örtlichen Pub hoch oben auf einer Hügelkuppe. Ein alter Knabe, den ich nur vom Namen seiner Farm her kannte, nahm mich beim Ellbogen, schob mich sachte in eine Ecke der Kneipe und fixierte mich mit ernstem Blick. »Ich sehe dich immer auf dem Rad, Junge«, begann er. »Wie lange ist dein Lappen denn schon weg?« Ich versuchte, ihm auseinanderzusetzen, dass ich meinen Führerschein nicht verloren hatte, sondern jeden Tag mit dem Rad fuhr, weil ich, nun ja, weil es mir einfach einen Riesenspaß machte. Er blinzelte mir zu und tippte sich mit dem knorrigen Finger an die windgegerbte Nase. Ein Jahr darauf nahm mich der Bauer abermals an einem Freitagabend im Pub beiseite. Dieses Mal war sein Blick noch ernster. »Ich sehe dich immer noch auf dem Rad, mein Junge«, sagte er. »Ganz schön lange flöten gegangen, dein Schein. Mir kannst du's doch sagen … Ist dir mit dem Auto was Schreckliches passiert? Hast du ein Kind totgefahren?«

Die besten Rahmenbauer haben mehr gemein mit den Kunsthandwerkern, die Patek-Philippe-Uhren, Monteleone-Gitarren oder Borelli-Hemden erschaffen, als mit Herstellern, die am Fließband Karbon- oder Aluminiumrahmen aus Fabriken in Fernost zu Rädern verwursten. Vor nicht allzu langer Zeit waren viele der Dinge, die wir besaßen, lebendige Zeugnisse der Fertigkeiten, ja des Idealismus der Menschen, die sie hergestellt hatten: des Schmieds, der unsere Werkzeuge anfertigte, des Schusters, des Drechslers, des Schreiners, des Stellmachers, der Näherin und der Schneiderin, die unsere Kleider machten. Wir bewahren Gegenstände auf, die gut gefertigt sind, und mit der Zeit gewinnen sie an Wert für uns und bereichern unser Leben, wenn wir sie benutzen.

Solch eine Qualität soll der Rahmen meines neuen Fahrrads haben. Er soll ein Unikat, soll aus Stahl sein. Der Rahmen ist die Seele eines Rades.

Mein Rad wird wie ein Rennrad aussehen, aber genau auf meine Fahrbedürfnisse abgestimmt sein. Wenn Sie so wollen, wird es ein echtes *Fahr*-Rad werden. Ich werde damit keine Rennen veranstalten, aber ich werde dieses Rad regelmäßig und schnell fahren. Ich werde damit durch meine heimischen Berge und durch das ganze Land radeln. Ich werde damit, gemeinsam mit Freunden und anderen Radsportlern, *centuries* machen, d. h. Strecken von mindestens 100 Meilen am Stück zurücklegen. Ich werde damit die Pyrenäen der Länge nach überqueren, den Col du Galibier in den französischen Alpen bezwingen, den Mont Ventoux erklimmen und den Pacific Coast Highway hinunterfahren. Wenn ich deprimiert bin, werde ich damit zur Arbeit fahren. Und mit 70 werde ich es zweifellos benutzen, um damit zur Kneipe zu radeln.

Die einzelnen Teile – Lenker, Vorbau, Gabel, Steuersatz, Naben, Felgen, Speichen, Tretlager, Freilauf, Kettenblatt, Ritzelpaket, Kette, Umwerfer und Schaltwerk, Pedale und Pedalarme, Bremsen und Sattel – werde ich passend zum Rahmen wählen. Es werden nicht die Komponenten mit dem geringsten Gewicht oder dem größten Sexappeal sein, sondern schlicht die besten. Um mit eigenen Augen zu sehen, wie all die Teile, die ich mir für mein Rad wünsche, gefertigt werden, werde ich Werkstätten und Fabriken in Italien, Amerika, Deutschland und Großbritannien besuchen. Für sich genommen wird jedes Bauteil etwas Besonderes sein; zusammengenommen werden sie mein Traumfahrrad ausmachen.

Das Rad rettet mein Leben, Tag für Tag. Wenn Sie auf einem Fahrrad jemals einen Moment der Ehrfurcht oder das Gefühl der Freiheit erlebt haben; wenn Sie je vor einem Anfall von Traurigkeit in den Rhythmus zweier wirbelnder Räder geflohen sind oder neue Hoffnung in sich aufkeimen fühlten, als Sie mit schweißnasser Stirn radelnd eine Hügelkuppe bezwangen; wenn Sie sich je gefragt haben, ob die Welt stillsteht, wenn Sie vogelgleich einen Berg hinabstießen; wenn Sie je, und sei's nur ein einziges Mal, mit singendem Herzen auf einem Rad gesessen und sich wie ein gewöhnlicher Sterblicher gefühlt haben, der das Göttliche berührt, dann haben wir eine grundlegende Erfahrung gemeinsam. Wir wissen, dass das Glück zwei Räder hat.

Rob Penn
ROURKE

KAPITEL I

Diamantenseele: der Rahmen

»Ich brauchte nur eine Banknote darzureichen, um das Fahrrad zu erhalten; schließlich brauche ich jedoch … mein ganzes Leben, um diesen Besitz zu realisieren.«

Jean-Paul Sartre, *Das Sein und das Nichts*

»Na, so übel sehen Sie darauf ja gar nicht aus«, lästerte Brian Rourke im weichen Tonfall der nordöstlichen Midlands. Er trat einen Schritt zurück, mit einer Hand sein Kinn umfassend, die andere auf seine Hüfte gestützt, und betrachtete mich, der ich rittlings auf meinem Fahrrad saß. Rourke war ein geschmeidiger, energiegeladener Mann, der sich seine 70 Jahre nicht anmerken ließ – eine fabelhafte Werbung für ein Leben auf dem Rad. »Sie können jetzt absteigen. Ich hol mal ein paar Sachen.«

Das Fahrradgeschäft Brian Rourke Cycles liegt in einem umgebauten Squash-Center in Stoke-on-Trent. Im Parterre befindet sich ein kleiner Fahrradladen, oben hat Brian die alte Bar zu einer Werkstatt umgebaut, wo Maß genommen wird für den Bau individuell zugeschnittener Fahrradrahmen. Es ist ein Schrein des Straßenradrennsports. An einer Wand hängen die gerahmten Titelseiten von Radsportmagazinen mit Bildern von Fahrern, die auf Rourke-Rahmen gesiegt hatten oder zum Zeitpunkt der Veröffentlichung gerade in Führung lagen. Da sind Fotos von Eddy Merckx, Felice Gimondi, Sean Kelly und anderen Radsportgiganten, Kultbilder von der Tour de France, und da gibt es das Rad, mit dem Mario Cipollini die Tour de France 1998 bestritt. Rechts von der Tür hängt ein Weltmeistertrikot aus Merinowolle, das einst Tommy Simpson trug, der löwenherzige Antiheld des britischen

Radrennsports, der am 13. Juli 1967 während der Tour de France kurz vor dem Gipfel des Mont Ventoux bei erbarmungsloser Hitze mit Drogen und Alkohol im Blut zusammenbrach und starb.

An der gegenüberliegenden Wand hängt ein Foto von Brian neben einem von Nicole Cooke, der herausragenden britischen Straßenradrennfahrerin und Olympiasiegerin. »Sie kommt in den Laden, seit sie zwölf ist«, erzählt Brian stolz. »Sie hat vier Weltjuniorenmeisterschaften auf Rourke-Rahmen gewonnen. Klasse Mädchen.« An weniger prominenter Stelle hängt ein Bild von Brian selbst als junger Radrennfahrer, wie er sich, die Hände um den Lenker geklammert, mit hungrigem, fest nach vorn gerichtetem Blick in die Kurve legt.

»Ja, ja, ich bin auch ein paar Rennen gefahren«, gibt er zu, als er hurtigen Schritts in die Werkstatt zurückkommt. Tatsächlich waren es viele. Zu seinen besten Zeiten fuhr er bei drei Britannienrundfahrten – früher Milk Race, später Tour of Britain genannt – für das britische Team und war Landesmeister. Zwei Fahrradhersteller, Carlton Cycles und Falcon Cycles, boten ihm damals einen Profivertrag an, aber in jenen Zeiten war damit kein Geld zu machen. »1967 hab ich's an den Nagel gehängt. Wirklich schade, aber ich kann mich nicht beklagen«, sagt Rourke heute ohne Reue.

Was für den Radrennsport ein Verlust war, das erwies sich für den Rahmenbau als Gewinn. Seit damals hat Brian fast nichts anderes gemacht, als Maßräder zu entwerfen und zu bauen. In dieser Zeit sind ihm die Aufträge für seine Maßanfertigungen niemals ausgegangen. Nach meiner Schätzung muss er so an die 5000 Räder maßgeschneidert haben.

Rahmenbauer des goldenen Zeitalters britischer Maßräder Mitte des 20. Jahrhunderts, Männer wie Harry Quinn aus Liverpool und Jack Taylor aus Stockton-on-Tees, konnten, wie ich mir habe sagen lassen, die Maße eines Kunden schätzen, sobald er zur Werkstatttür hereinkam. Sie hatten so viel Erfahrung, dass ein Blick genügte, um die passgenauen Dimensionen des Rahmens zu ermitteln.

Eine etwas verlässlichere, bis heute übliche Methode des Maßnehmens aus jener Zeit besteht darin, die Körpermaße in die Rahmengröße zu übersetzen. Schrittlänge (d. h. die Innenbeinlänge vom Schritt zum Boden), Rumpf, Arm, Oberschenkel, Unterarm, Schulterbreite, Schuhgröße, Körpergröße und Gewicht, all das findet Eingang in die Analyse. Auch hier hängt alles von der Erfahrung des Menschen ab, der die Maße nimmt und danach den Rahmen entwirft.

Heute gibt es darüber hinaus für Profiradler und Amateure mit vollem Geldbeutel verschiedene Hightechmethoden für das Maßnehmen. Dazu werden die biomechanischen Bewegungsabläufe beim Radeln wissenschaftlich ermittelt und ausgewertet, unter anderem durch Systeme zur Bewegungserfassung. Dabei gewinnt man anhand anatomischer Punkte eine Echtzeitansicht der Haltung und Trittbewegung in der laufenden Bewegung bei unterschiedlicher Belastung. Der Fahrer, der vermessen wird, sitzt dabei auf einem richtigen Rad, das auf einem Rollentrainer läuft, oder auf einem Positionssimulator oder »Maßrad«, ein verstellbarer Rahmen, der mit einem Aggregat verbunden ist, das beim Treten für Traktion sorgt.

Natürlich ist bei den allermeisten Menschen, die sich ein Fahrrad zulegen, der Vorgang des »Anpassens« oder »Maßnehmens« – auf Neudeutsch *bikefitting* genannt – in einer Viertelstunde erledigt: Die Bedienung im Fahrradladen setzt einen der Reihe nach auf drei verschiedene Räder und nimmt dann die Kreditkarte an sich, während man mit dem ausgewählten Modell eine Runde um den Block dreht. Man kommt zurück, zahlt und – fertig.

Brian bedient sich zum Maßnehmen einer anderen Methode, und das hat mich zuerst zu ihm gezogen. In England sind heute nur mehr eine Handvoll Rahmenbauer übrig, vielleicht ein Dutzend kleine Firmen und ein weiteres Dutzend Bastler. An einem feuchten Märzwochenende hatte ich mich aufgemacht, um so viele von ihnen zu besuchen wie möglich. Ich fuhr kreuz und quer durchs Land, von Bristol nach Bradford über Derby, Leeds, Sheffield und Manchester. In der Garage einer vorstädtischen Doppelhaushälfte sah ich Lee Cooper dabei zu, wie er elegante Stahlrahmen für den Londoner Fixie-Markt baute (das heißt für die Freunde des Starrgangs oder *fixed gear*, der heute wieder in Mode gekommen ist). Neil Orrell zeigte mir einen seiner markanten Bahnradrahmen und Fotos von einer Maschine, die er einmal für einen Mann von 2,15 Meter Größe gebaut hatte. Bei Pennine Cycles erfuhr ich von Paul Corcoran, wie sich einst der Gründer des Geschäfts, Johnny Mapplebeck, in italienische Rennräder verliebt hatte, als er mit der 8. Armee am Italienfeldzug der Alliierten teilnahm. Nach seiner Demobilisierung fing Mapplebeck an, Rahmen mit Namen wie *Scelta dei Campioni* (»Wahl der Meister«) und *Re della Corsa* (»König des Rennens«) zu bauen, die im Yorkshire der Nachkriegszeit ziemlich exotisch geklungen haben müssen. Bei Bob Jackson Cycles in Leeds wurden gerade Rahmen für die Verschiffung nach Amerika verpackt. Dort lernte ich Donald Thomas kennen, den enthusiastischen Eigentümer, der so sehr in sein Bob-Jackson-Rad vernarrt gewesen war, dass er das Unternehmen kurzerhand gekauft hatte.

Bei Mercian Cycles arbeiteten drei Rahmenbauer Vollzeit, in einer Werkstatt, die sich in einem halben Jahrhundert kaum verändert haben konnte. Hier berichtete mir Grant Mosley, wie sehr sich hingegen seine Kundschaft gewandelt hatte. »Als ich anfing, waren es durchweg Leute aus Vereinen. Nach dem Niedergang in den 70er Jahren kamen nur noch die Unentwegten – Sie wissen schon, die bärtige Birkenstockbrigade. Heute sind es junge Leute aus gehobenen Berufen.«

Es war eine reizvolle Rundreise, auf der ich unzählige Tassen Tee schlürfte. Überall begegnete mir der Stolz auf die Arbeit und eine lebendige Verbindung zur britischen Handwerkstradition, die ein

Jahrhundert lang weltweit Maßstäbe gesetzt hat. Ich hätte mich glücklich geschätzt, von jedem von ihnen ein Rad zu erstehen, doch ich suchte nur nach *einem* Fahrrad, und so entschied ich mich für Brian Rourke Cycles.

Die Begründung fiel mir nicht schwer. Brian war Radrennfahrer, nicht nur als junger Mann, sondern auch noch als »Veteran«. Tatsächlich war er mit 40 und noch einmal mit 50 britischer Veteranenmeister geworden. Rennräder liegen ihm im Blut, und ich wollte ein Rennrad. Die Sachkunde und Leidenschaft von Jason, Brians Sohn – des Mannes, der meinen Rahmen schweißen würde –, sah man auf den ersten Blick. Ich mochte die Jungs, die in der Werkstatt arbeiteten. Nicht nur, so überlegte ich mir, würde ich hier den vorzüglichsten Rahmen bekommen, sondern es würde auch großen Spaß machen, den ganzen Prozess des Maßnehmens, des Zusammenschweißens, der Lackierung und des Aufbaus meines Rads bei Rourke Cycles hautnah mitzuverfolgen. Vor allem: Brians Erfahrung bei der Maßanfertigung von Rädern und der Rahmengestaltung sucht ihresgleichen.

Brian hat es gerne, wenn Kunden ihr aktuelles Fahrrad in den Laden mitbringen. Dieses Rad wird dann von ihm justiert oder »eingestellt«, sodass alle Anbauteile in perfekter Position sind. Häufig schickt er die Kunden damit auf eine Spritztour, um die neue Einstellung auszuprobieren und sicherzugehen, dass sie bequem ist. Wenn alle glücklich sind, dienen die Maße von diesem Rad als Richtmaß, und Brian fertigt den neuen Rahmen an. Diese Methode ist einfach und praktisch. Sie beruht sehr stark auf Erfahrung. »Einige Kunden wollen mir nur die Maße ihres jetzigen Rads telefonisch durchsagen, und danach sollen wir dann bauen«, sagte er. »So was gibt's bei mir nicht. Woher soll ich wissen, ob sie nicht jahrelang das falsche Rad gefahren sind? Ich möchte mir die Leute erst genau ansehen.«

In den zwei Stunden in seiner Werkstatt erhöhte Brian den Sattel meines Wilier-Rennrads drei- oder viermal um Millimeterbeträge und schob den Klemmschlitten einen Zentimeter nach hinten. Er ersetzte außerdem den Vorbau durch einen 20 Millimeter längeren und tauschte den alten Lenker durch einen neuen, klassisch geformten mit kleinen, D-förmigen Bögen aus, »damit Ihre Hände die Bremshebel leichter erreichen«, wie er erklärte. In dieser Zeit hatte sich, das konnte ich spüren, meine Haltung auf dem Rad schon beträchtlich verändert: Mein Rücken war gerader, mein Gewicht gleichmäßiger verteilt. Die neue Position fühlte sich aerodynamischer an, aggressiver und, vielleicht überraschend, bequemer. Das Rad sah auch noch besser aus: Der lange Vorbau und der neue Lenker ließen die Maschine irgendwie besser proportioniert erscheinen. Es war so ähnlich, als hätte man für ein Bild den passenden Rahmen gefunden.

Die Methode des Maßnehmens war schlicht genug. »Hintern, Hände, Füße: Das sind die drei Kontaktpunkte mit dem Rad«, sagte Brian und stellte als Erstes meine Sattelhöhe exakt ein. Dann justierte er den Sattel nach hinten, um mich in eine Haltung zu bringen, die mir die größte Hebelwirkung auf die Pedale gab. Schließlich arbeitete er an meinen Händen.

Brian trat abermals einen Schritt zurück, legte sein langes Metalllineal beiseite und machte sich ein paar Notizen. »Sie saßen vorher ein bisschen verklemmt auf dem Rad, wie so ein Ziegelstein. Das sieht jetzt gut aus. Nehmen Sie das Rad mit. Kommen Sie in einem Monat wieder, und dann machen wir zusammen eine Tour. Ich möchte wissen, wie es sich anfühlt. Wenn Sie ein Maßrad haben wollen, dann möchten Sie ja wohl, dass es Ihres ist, stimmt's? Es muss genau Ihr Maß haben, genau auf Sie zugeschnitten sein, und auf niemanden sonst.«

Genau darum geht es, wenn man ein handgefertigtes Rad bestellt: Es soll perfekt passen, wie ein Maßanzug aus der Londoner Savile Row. Maßanfertigungen haben noch weitere beträchtliche Vorteile: Dank der fachkundigen Beratung kann man die idealen Durchmesser der Rohre wählen, die Wandstärken und Längen der Endverstärkungen – Details, die bei der Feinabstimmung der Fahreigenschaften eine Rolle spielen. Vor allem bekommt man so den richtigen Rahmen für die Art des Radfahrens, die man betreiben möchte, für das bevorzugte Gelände und sogar den bevorzugten

Fahrstil. Man kann sich nicht nur die besten Komponenten auswählen, die man sich leisten kann, sondern darf auch noch die Rahmenfarbe auswählen – und die ganze Prozedur genießen, einen solchen Rahmen zu erwerben. Am Ende, wenn diese Maschine vollständig ist und man damit auf der Straße fährt, werden sich die Leute danach umdrehen. Doch eigentlich geht es natürlich ganz und gar darum, ein Rad zu bekommen, das am besten zu *einem selbst* passt und Jahre des qualfreien Radelns garantiert. Die meisten großen Fahrradhersteller produzieren für jedes Modell zwischen fünf und acht verschiedene Größen, doch die Menschheit teilt sich nun mal nicht in ein Raster mit so wenigen Fächern.

Zur Demonstration schob Brian sein eigenes Rennrad in die Werkstatt. Den Rahmen hatte Jason gebaut. Es war natürlich ein schönes Rad, aber etwas Bedeutendes veränderte sich, als er aufsaß, sein Körpergewicht mit den Füßen auf die Pedale aufstützte und sich mit der Schulter gegen die Wand lehnte. Das Rad veränderte sich. Es passte so perfekt zu Brian, dass es zum Leben erwachte. Es reagierte auf jede seiner Bewegungen, als er flink die Position seiner Hände am Lenker veränderte, während er sein Gewicht vor- und zurückverlagerte.

Noch überraschender war vielleicht, dass sich auch Brian veränderte. Als er auf das Rad sprang, verjüngte er sich um 30 Jahre. Als er seine Hände in die Bögen der Lenkergriffe legte und seinen Oberkörper über das Oberrohr beugte, leuchteten seine Augen auf. Er war bereit, einer Ausreißergruppe hinterherzujagen, die sich vom Hauptfeld gelöst hatte, oder zu einem Sprint auf die Ziellinie anzusetzen. Allein der Umstand, dass er auf seinem makellosen, maßgefertigten Rad saß, weckte derart machtvolle Gefühle und Erinnerungen, dass drei Jahrzehnte der Mühen und des Älterwerdens im Nu von ihm abfielen. Das Rad war ein Quell der Jugend, und es war faszinierend, dabei zuzuschauen.

Doch darum ging es nicht. Das Wesentliche wurde klar, als Brian vom Rad stieg, es herumwirbelte und zu mir rollte. Es war atemberaubend leicht, gut ausbalanciert und herrlich in der Hand zu halten. Aber als ich aufsaß, wie Brian es getan hatte, vollzog sich keine Verwandlung. Es sah unter mir nicht bemerkenswert aus. Ich fühlte mich darauf nicht als etwas Besonderes. Obwohl Brian und ich die gleiche Größe und in etwa das gleiche Gewicht haben, unterscheiden wir uns körperlich in vielerlei Hinsicht. Unsere Arm-, Rumpf-, Schulter-, Bein- und Oberschenkelmaße stimmen kaum überein. Es war Brians Rad, und es verstärkte mein Verlangen nach meinem eigenen mehr denn je.

Ein schmuckloser Fahrradrahmen strahlt eine schlichte Anmut aus. Als ich auf die Reihe blanker, handgefertigter Rahmen blickte, die an der Wand von Brians Werkstatt hingen, fiel mir etwas auf: Obwohl sie alle aus verschiedenartigen Rohren gemacht waren, je nach Spezifikation unterschiedliche Lackierungen, Dimensionen und Winkel aufwiesen, obwohl sie zu sehr unterschiedlichen Radtypen aufgebaut und bald von unterschiedlichen Menschen in sehr verschiedenartigem Gelände gefahren würden, waren sie – in einer fundamentalen Hinsicht – alle gleich. Sie hatten alle die gleiche charakteristische Trapezförmigkeit, die bis heute Diamantrahmen genannt wird.*

Der erste Diamantrahmen zierte das Rover-Sicherheitsrad und wurde 1885 im englischen Coventry hergestellt. Es wurde deshalb »Sicherheits«-Rad genannt, weil seine Laufräder dieselbe Größe hatten und lange nicht so riesig waren wie das Vorderrad eines Hochrades, weil der Schwerpunkt des Fahrers über der Mitte des Fahrzeugs lag und er mit den Füßen den Boden berühren konnte. Kurz, es war eine sichere Sache, damit zu fahren. Es war das erste moderne Niederrad – etwas, das uns heute noch geläufig ist und mit dem wir umstandslos fahren könnten.

Sein Erfinder, John Kemp Starley, sagte später in einer Rede vor der Royal Society of Arts:

---

* Der deutsche Ausdruck Diamantrahmen geht auf eine falsche Übersetzung des englischen Wortes *diamond* zurück, das auch Karo, Trapez oder Raute heißen kann. (A.d.Ü.)

> Das Hauptprinzip, von dem ich mich beim Bau dieser Maschine leiten ließ, bestand darin, den Fahrer in angemessener Entfernung vom Boden zu platzieren ..., den Sattel in der richtigen Position in Bezug auf die Pedale zu setzen ..., den Lenker in einer solchen Position zum Sattel anzubringen, dass der Fahrer mit der geringstmöglichen Anstrengung die größtmögliche Kraft auf die Pedale ausüben konnte.

Das war praktisch genau das, was Brian mir den ganzen Morgen über erzählt hatte. Wo Hände, Füße und Gesäß eines Fahrers auf einem Fahrrad platziert werden, um ein Maximum an Effizienz, Kontrolle und Bequemlichkeit zu erreichen – das ist eine Frage grundlegender Ergonomie, an der sich seit einem Jahrhundert praktisch nichts geändert hat.

Diese Prinzipien führten Starley zu einem Entwurf, der die leichteste, stärkste, steifste, kompakteste und ergonomisch effizienteste Gestalt hatte, die ein Fahrradrahmen haben konnte. Bis 1890 stellte in Coventry, Birmingham und Nottingham jeder »Fabrikant, der den Namen verdiente«, ein Sicherheitsmodell her. Das Niederrad fegte jeden anderen Fahrradtyp, der ihm vorausgegangen war, von der Bildfläche: Velozipede, Hochräder, kleine, modifizierte Hochräder, darunter das Kangaroo und das Facile, Dreiräder, Tandemdreiräder und Vierräder waren binnen weniger Jahre überholt. Die letztgültige Form des Fahrrads war gefunden.

Schon vor dem Rover waren sicherere Fahrräder mit kleinerem Vorderrad und tiefer gelegtem Schwerpunkt entworfen und patentiert worden, aber Starley war es vor allem darum zu tun, das Fahrrad benutzerfreundlicher zu machen. Sein Entwurf erwies sich als der beste. Er war außerdem ein guter Geschäftsmann und erkannte früh das Potenzial der Maschine. 1889 wandelte er die

Firma in eine Gesellschaft mit beschränkter Haftung um, 1896 brachte er J. K. Starley & Co als Rover Cycle Company an die Börse. Das aufgenommene Kapital finanzierte den Bau des größten Fahrradwerks in Coventry, damals das Weltzentrum der Fahrradherstellung, und ermöglichte es dem Unternehmen, den ersten großen Abschwung in der Industrie Ende der 1890er Jahre zu überstehen.

1904 stieg Rover in die Autoproduktion ein, die so rasch so profitabel wurde, dass die Firma das Fahrradgeschäft vollständig aufgab. Starley selbst war 1901 im Alter von 46 Jahren ganz plötzlich verstorben. Am Tag seiner Beerdigung schlossen sämtliche Fahrradunternehmen in Coventry ihre Werke, und 20 000 Menschen nahmen an seiner Beisetzung teil.

Vielleicht ahnten die Trauergäste, was für ein durchschlagender Erfolg dem Rover-Sicherheitsrad beschieden sein sollte: Es setzte den Maßstab für alle nachfolgenden Räder und blieb in seiner Grundform das ganze 20. Jahrhundert hindurch unverändert – ein wahres Transportphänomen. Man vergleiche die erste motorgetriebene Flugmaschine von Wilbur und Orville Wright (beide zufällig Fahrradmechaniker), den Wright Flyer von 1903, etwa mit der Concorde oder dem Airbus A380. Oder Karl Benz' dreirädrigen Patent-Motorwagen, das ebenfalls 1885 erfundene erste Automobil überhaupt, mit einem zeitgenössischen Formel-I-Rennwagen.

Bei beiden Fortbewegungsarten, dem Fliegen und Autofahren, haben sich die Vehikel beinahe kontinuierlich verändert. Mit dem Rover-Sicherheitsrad hatte das moderne Fahrrad jedoch praktisch seine perfekte Form erreicht. Heute zeichnen sich Flugzeuge,

Autos und zahllose andere mechanische Geräte durch vielfältige Gestaltungsvarianten aus, die Jahr für Jahr modifiziert und verbessert werden. Das Fahrrad dagegen hat offenbar eine vollkommene Form. Isaac Newton sagte einmal, dass wir Fortschritte machen, indem wir uns auf die Schultern von Riesen stellen. Niemand hat es vermocht, auf die Schultern von Starley zu klettern.

Ich hatte in meinem Leben bislang 19 Fahrräder. Diese Zahl schließt weder die Räder ein, die ich weniger als einen Monat besessen habe, noch jene, die mir so gleichgültig waren, dass ich sie nicht einmal abschloss. Von diesen 19 Rädern waren 18 nach den Prinzipien des Sicherheitsrads gebaut. Die einzige Ausnahme war ein Bonanzarad, das Raleigh Tomahawk. Der hochaufstrebende Hirschgeweihlenker (auf Englisch *high riser* oder *ape hanger* genannt), die unterschiedliche Größe der Räder*, der seltsam geformte Rahmen und der weich gepolsterte Bananensattel mit Rückenlehne mögen so cool gewesen sein wie der Texas Ranger, aber auf einem Bonanzarad unterwegs zu sein, das war wie durch Sirup zu radeln

* In Deutschland hatten bei den Bonanzarädern beide Laufräder meist dieselbe Größe und waren mit 20″ beide verhältnismäßig klein. (A.d.Ü.)

und dabei ein totes Schwein hinter sich herzuschleifen. Wie sein großer Cousin, der Chopper, war das Tomahawk in Anlehnung an die Moto-Cross-Räder gestaltet, die Ende der 60er Jahre in den USA populär wurden. Dem Hersteller Raleigh eröffneten diese Modelle einen neuen Markt für Kinderfahrräder und markierten zugleich einen Wandel in der Vermarktungsstrategie: Das Fahrrad wurde von einem vollgültigen Verkehrsmittel zu einem bloßen Konsumgut. Obwohl vielfach in liebevoller Erinnerung behalten, war das Bonanzarad ein Spielzeug, kein Fahrrad. Es ist das schlimmste Beispiel für den Verlust des Vertrauens in den wahren Wert des Fahrrads, der sich in den 70er Jahren ereignete.

Die bauliche Hauptfunktion des Fahrradrahmens besteht darin, unter Last die Betriebstüchtigkeit des Geräts aufrechtzuerhalten. Der Rahmen muss also von ausreichender Stärke und Steifigkeit sein, um die Laufräder an Ort und Stelle zu halten, den Fahrer zu tragen und seine Pedalbewegungen, sein Bremsen und seine Lenkbewegungen zu absorbieren, während das Vehikel vorwärtsrollt. Der triangulierte, aus Rohren zusammengesetzte Diamantrahmen bleibt dafür die beste Konstruktion. Ein Architekt oder Ingenieur würde ihn als Tragwerk beschreiben: Der trapezförmige Diamantrahmen ist eine Variante des superfesten siebengliedrigen Trapezhängewerks, das ein gebräuchliches Strukturelement in der Bautechnik und im Maschinenbau darstellt. Für Balken, Stützen und Streben von Gebäudedächern gelten dieselben Prinzipien.

In den 125 Jahren, seit er »die Mode der Welt bestimmt«, hat es Hunderte, vielleicht Tausende von Versuchen gegeben, das Design des Diamantrahmens zu verbessern. Von keinem lässt sich sagen, dass er auch nur annähernd an das Original herangekommen wäre. Es gibt unzählige Verfeinerungen in den Materialien, die zur Rahmenherstellung verwendet werden, und die Konstruktionsaspekte der Rahmenrohre – ovalisierte Formen, variierende Wandstärken, Konifizierung, d. h. sich verjüngende Durchmesser – sind mittlerweile äußerst ausgefeilt. Doch das grundlegende trapezförmige Schema aus zwei Dreiecken ist unverändert geblieben. Rennräder,

Mountainbikes, Trekkingräder, Hybridräder, Bahnräder, Tourenräder, Gebrauchsräder, Cruiser, Starrgangräder, Lasten- oder Lieferräder, Dirt-Jumper (»Matsch-Springer«) und BMX (d. h. Geländeräder für Bicycle Moto Cross): Nahezu alle Fahrräder werden mit einem Diamantrahmen gebaut. Heute zählt die weltweite Radflotte weit über eine Milliarde, und fast jedes folgt Starleys Vorbild. Man kann zehn Euro für ein rostiges Rennrad vom Flohmarkt ausgeben oder 85 000 Euro für ein mit 24-karätigem Gold beschichtetes und mit Swarovski-Kristall überzogenes Edelrad, doch jedes Mal bekommt man immer noch einen Diamantrahmen.

Die konstante Form über ein Jahrhundert hinweg mag einer der Gründe sein, warum wir das Radfahren heute als etwas so Elementares betrachten und warum in der Freude, die uns das Radeln bereitet, ein Gefühl klassischer Mäßigung liegt. Für den geschätzten, mittlerweile verstorbenen Fahrradmechaniker Sheldon Brown war der Diamantrahmen aufgrund seiner Formreinheit eine der »annähernd vollkommensten Gestaltungen, die wir kennen«.

Als ich Brian einen Monat später in seiner Werkstatt anrief, um mit ihm unsere gemeinsame Probefahrt zu vereinbaren, fragte er sofort: »Wie läuft's mit dem Rad?« Ich war täglich damit gefahren und fand es sehr bequem. Er erinnerte sich noch an sämtliche Justierungen, die er vorgenommen hatte, obwohl er in den dazwischenliegenden Wochen an Hunderten von Rädern gearbeitet haben musste. Erst nachdem ich sie zu seiner Zufriedenheit der Reihe nach beurteilt hatte, fand er Zeit, sich nach meinem persönlichen Befinden zu erkundigen.

Wir trafen uns ein paar Kilometer nordöstlich von Stoke-on-Trent im Moor und fuhren einen Kamm mit großartigen Ausblicken zum Peak District entlang. Brian kannte die Gegend wie seine Westentasche, denn hier hatte er trainiert, als er noch Rennen fuhr. Er deutete auf die fernen Hügel und beschrieb, wie er sie mit Ein-Gang-Rädern hochgefahren war oder wie ihm an düsteren Tagen in lang vergessenen Wintern bei steilen Abfahrten ins Tal die Bremsen versagt hatten. Seine Erzählungen ließen eine alternative Landkarte der Gegend mit einer ganz eigenen Geschichte erstehen. »Beim Radfahren lernen Sie eine Landschaft am besten kennen«, schrieb Ernest Hemingway einmal in einer seiner Reportagen, »weil Sie bergauf schwitzen, während es bergab von allein geht. Auf diese Weise haben Sie die Gegend im Kopf, wie sie wirklich ist, während Ihnen im Auto nur hohe Berge Eindruck machen.«

Brian fuhr neben oder hinter mir her und richtete sein Augenmerk auf meine Trittfrequenz und meine Haltung auf dem Rad unter verschiedenen Fahrbedingungen: Beschleunigung, Bergfahrt, »Kühegucken«, Abfahrt, Sprint. Wir fuhren nicht weit. Es war ein grauer Tag, und der Wind pfiff über die Hügelkuppen.

»So, ich hab Sie mir genau angesehen«, sagte Brian. »Kehren wir zur Werkstatt zurück?«

Brian nahm eine Reihe ergänzender Justierungen vor – wieder an der Sattelhöhe und an der Position der Bremshebel am Lenkerbügel –, bevor er sein Metalllineal hervorholte und die Maße meines Rahmens in ein Notizbuch schrieb. Auf dem Boden kniend, das Lineal gegen Oberrohr und Sattelstütze gepresst, fragte er schließlich: »Also, woraus soll dieser Rahmen denn nun gemacht werden, Rob?«

Es gab nur Weniges, worüber ich mir von Anfang an sicher war, und eins davon war das Rahmenmaterial – Stahl. Stahl war ein Jahrhundert lang das Rückgrat aller Fahrräder. Bis Mitte der 70er Jahre gab es praktisch keine andere Wahl, und noch in den 90er Jahren wurde die Mehrzahl der hochwertigen Räder weiterhin mit Stahlrahmen gebaut. Heute gibt es viele Materialien auf dem Markt: Verbreitet sind Aluminium, Titan und kohlefaserverstärkte Polymere, aber man könnte es sich auch einfallen lassen, sich seinen maßgeschneiderten Drahtesel aus Formkunststoff, Magnesium-Alu-Legierungen, Hanf, Holz, Bambus oder sogar aus dem Leichtmetall Beryllium bauen zu lassen (ein giftiges chemisches Element, das in verschiedenen Mineralien vorkommt und unter anderem in der Weltraumtechnik verwendet wird). In Afrika wird Bambus im Rahmen von Entwicklungshilfeprojekten tatsächlich immer häufiger für den Fahrradbau benutzt, wurde allerdings schon vor 100 Jahren zum ersten Mal eingesetzt.

Ich habe alle wichtigen Rahmenwerkstoffe durchprobiert. Ich hatte ein Rennrad aus Aluminium mit Karbongabel, Mountainbikes aus Stahl und aus Aluminium, ein Trekkingrad aus Stahl, ein Rennrad aus Titan, ein komplett aus Kohlenstofffasern hergestelltes Rennrad und ein Alu-Mountainbike mit Sattelstreben aus Karbon. Also welches Material bzw. welche Materialkombination bietet insgesamt die besten Fahreigenschaften? Ich habe so meine Ansichten zu allen Rädern, die ich gefahren bin, allerdings ist mir bewusst, dass sie von meinen persönlichen Erfahrungen beeinflusst sind, davon, wie lange ich das jeweilige Rad hatte, wo ich damit gefahren bin und auch, mit wem. Während manche Leute so tun, als seien sie die Gralshüter objektiver Urteile, und sich dann überschwänglich über die »Fahreigenschaften« dieses oder jenes Materials verbreiten, bin ich mir da nicht so sicher. Es geht hier wirklich um Feinheiten, die sich nur mit sehr empfindlichen Geräten messen lassen, und da wird viel Unsinn als Weisheit verkauft. In Wirklichkeit kann ein guter Fahrradbauer einen guten Rahmen aus jedem der genannten Werkstoffe mit jeder gewünschten Fahreigenschaft fertigen. Wenn der Durchmesser der Rohre, die Stärke der Rohrwände und die Rahmengeometrie stimmen, wird auch ein solches Rad gut sein.

Noch hanebüchener wird es, wenn sich manche Leute über die *Steifigkeit* eines bestimmten Rahmenmaterials auslassen. Diese Materialeigenschaft wird mit dem sogenannten Elastizitätsmodul gemessen. Ein *steifer* Rahmen überträgt den Stoß jedes Steinchens und jeder Delle im Asphalt direkt auf die Nerven in Ihrem *Musculus gluteus maximus*, das heißt auf Ihr Gesäß, während ein *nachgiebiger* Rahmen die Stöße abfängt. Die meisten Menschen, die sowohl auf Alu- wie auf Stahlrahmen gefahren sind, würden sagen, dass Aluminium steifer ist. Tatsächlich hat Stahl einen viel höheren Elastizitätskoeffizienten als Aluminium – er ist also steifer. Es ist nur eben so, dass Aluminiumrohre meistens einen viel größeren Durchmesser haben als Stahl, und mit zunehmendem

Rohrdurchmesser steigt die Steifigkeit mit der dritten Potenz dieses Wertes.

In Wirklichkeit federn die Reifen, die Laufräder, die Sattelstütze und der Sattel die Stöße ab. Der Rahmen selbst trägt nur wenig oder gar nichts zur Stoßdämpfung bei. Man sollte auch bedenken, dass zwei Rahmen aus unterschiedlichen Werkstoffen ja nicht dieselben Rohrdimensionen haben, was direkte Vergleiche unmöglich macht. Dasjenige Rahmenmerkmal, das tatsächlich eine gewisse Auswirkung auf die Bequemlichkeit hat, ist die Gestaltung des rückwärtigen Dreiecks – das Dreieck, das vom Sitzrohr, den Sitz- und den Kettenstreben gebildet wird.

Der täuschendste Aspekt moderner Fahrradrahmen ist das Gewicht. Der Rahmen meines neuesten Rennrads besteht aus Kohlenstofffasern oder Karbon (Toray T-700 SC, wenn Sie es genau wissen möchten). Er wiegt unter 1,5 Kilo – ein Gewicht, bei dem man nur »*Boar!*« sagen kann. Leute, die nicht mit modernen Rennrädern vertraut sind, heben es hoch und rufen tatsächlich »*Boar!*«. Keine Frage, je leichter ein Fahrrad, desto einfacher fährt es sich damit bergauf. Aber die Industrie ist mittlerweile besessen davon, immer leichtere Räder zu bauen, während für die Mehrzahl der Fahrer nicht das Gewicht eines Rahmens von überragender Bedeutung ist, sondern der schlichte Umstand, das er beim Gebrauch nicht bricht.

Bei der professionellen Elite ist gegenwärtig Karbon (Kohlefaser) das beliebteste Rahmenmaterial, eben deshalb, weil es so leicht ist. Wenn Sie also ein Profirennfahrer sind und bei einer 20-Kilometer-Bergfahrt in den Pyrenäen ein paar Sekunden herausschinden müssen, um die Nase vorn zu haben, wenn Sie damit Ihren Lebensunterhalt verdienen und ihre Kinder davon ernähren müssen, dann brauchen Sie einen Karbonrahmen. Für den Rest von uns ist so ein Rahmen entweder reiner Luxus, oder wir sind das Opfer einer Verschwörung geworden – oder beides.

Ja, selbst die Fahrradindustrie hat ihre Verschwörungstheorie, und die geht so: Die Hersteller von seriengefertigten Fahrrädern geben ein Vermögen für Forschung und Entwicklung aus, damit die Profis, die sie sponsern, die leichtesten und schnellsten Räder fahren und auf ihnen Rennen gewinnen. Diese Ausgaben müssen die Hersteller wieder hereinholen und gleichzeitig die Produktionskosten senken, daher setzen sie alles daran, der breiten Masse die gleichen oder ähnliche Eliteräder zu verkaufen wie den Profis.

Mein Traumrad wird aber aus Stahl gefertigt werden, und zwar aus folgenden Gründen:

1. Stahl ist sehr fest. Hochwertiger Stahl hat einen sehr großen elastischen Bereich, das heißt eine sehr hohe Dehngrenze, bis er jenen Punkt erreicht, an dem er sich dauerhaft verbiegt, statt in die ursprüngliche Form zurückzuschwingen. Er ist daher haltbar und wird sich bei einem Unfall weniger leicht verbiegen. Folglich können die Wände der Stahlrohre relativ dünn und ihre Durchmesser relativ klein sein, was Stahlrahmen leicht und hinreichend nachgiebig macht. Wie sagt man so schön: Was aus Stahl ist, ist was Reales. Oder: *Steel is real.*
2. Stahl ist langlebig. Als ich Argos Cycles besuchte, einen bekannten Rahmenbauer in Bristol, zeigte man mir mehrere Dutzend Stahlrahmen aus der Zeit des Zweiten Weltkriegs, die an der Wand hingen und ihrer Restaurierung harrten, darunter einige mit großen Namen wie Hetchins und A. S. Gillott. Sie sollten gerichtet, stahlgestrahlt, poliert, grundiert und neu lackiert werden. Weiter hinten an der Wand hingen mehrere rundum restaurierte, glänzende Rahmen, die darauf warteten, abgeholt zu werden. Sie sahen brandneu aus. »Die können noch jahrelang gefahren werden«, versicherte Mark, der Werkstattleiter. »Wir bekommen fast ständig Stahlrahmen zur Restaurierung rein. Viele sind über 50 Jahre alt. Ein Karbonrahmen hält einfach nicht annähernd so lange.«
3. Das Material Stahl neigt nicht zu sogenanntem Sprungausfall, also plötzlichem Versagen ohne Vorankündigung, Kohlefaser hingegen trotz jüngster Fortschritte sehr wohl.
4. Im Gegensatz zu Aluminium, Karbon und Titan ist Stahl auch leicht zu reparieren. Tatsächlich bedeutet ein kleiner Riss in der

Unterstrebe eines Karbonrahmens häufig, dass der ganze Rahmen reif für die Mülltonne ist. Vor allem aber kann Stahl überall auf der Welt von einem kundigen Handwerker mit einer Lötlampe und Lot repariert werden.

Ich weiß das aus eigener Erfahrung, weil ich auf meiner Weltumrundung in Nordindien einen Unfall mit einem Stahlrahmenrad hatte. Ich fuhr im Windschatten eines Traktors auf der Grand Trunk Road in der Nähe von Amritsar in ziemlichem Tempo bergab, als ich – ohne noch reagieren zu können – in ein badewannengroßes Schlagloch stürzte. Rad, Packtaschen, Sonnenbrille, Wasserflaschen, Zelt, Pumpe, Straßenkarte und ich selbst lagen wie die Auslagen auf einem Flohmarkt breit über den Asphalt verstreut. Ich zog mir hässliche Schürfwunden zu, aber mein Rad bekam das meiste ab: Ober- und Unterrohr waren beide verbogen, wodurch das Vorderrad nach hinten verzogen war und gegen das Unterrohr schleifte. Fast wähnte ich meine Weltumrundung schon am Ende.

Es dauerte einen Nachmittag, um in Amritsar den besten Mechaniker zu finden – den »top foreman«, wie ihn die Einheimischen nannten. Er schraubte fachmännisch Lenker, Vorbau, Gabel und den stark beanspruchten Steuersatz vom Steuerrohr ab, wobei ihm seine Handlanger das Werkzeug anreichten wie OP-Assistenten einem Chirurgen das Besteck. Dann schob er einen Metalldorn in das Steuerrohr und hämmerte mit wuchtigen Schlägen die Rohre wieder gerade. Es war erschreckend mit anzusehen. 30 Minuten später hatte er das Rad wieder aufgebaut. Die Reparatur kostete mich 100 Rupien (nicht einmal zwei Euro) und eine Schachtel Zigaretten. Ich hatte immer noch 12 000 Kilometer bis nach Hause vor mir. Die beiden verbogenen Rohre mussten noch einmal im pakistanischen Gilgit, im usbekischen Taschkent und zuletzt im iranischen Maschhad geschweißt werden, aber ich kam auf demselben Rad bis zurück in die Heimat. Der nackte Rahmen, der noch immer seine Wunden trägt, hängt als Trophäe an der Wand meines Schuppens.

Noch Jahre nach meiner Rückkehr zögerte ich, den Rahmen zu Chas Roberts von Roberts Cycles zu bringen, der ihn gebaut hatte. Die Male, die der iranische Schweißer hinterlassen hatte, waren zu abscheulich. Als ich es schließlich doch tat, erklärte ich Chas, was geschehen war. Er war entzückt und schleifte mich sofort in den Laden, wo zwei Männer gerade dabei waren, ihre brandneuen Expeditionsräder fortzuschieben – eins für eine Durchquerung Amerikas, das andere zur Umrundung Australiens. »Hier«, rief Chas, »hören Sie sich Robs Geschichte an. Deshalb haben Sie sich Stahlrahmen gekauft.«

Ich habe keine unmittelbaren Pläne, mit meinem Traumrad einen Kontinent zu durchqueren, und es soll sowieso kein Reiserad werden. Eines Tages jedoch habe ich vor, fernab aller bekannten Routen eine »Kreditkartentour« zu unternehmen – eine Fahrt ohne Gepäck außer einer Brieftasche. Dann komme ich vielleicht durch eine Stadt an einer ehemaligen Sklavenhandelsroute am Fuß einer großen Bergkette und lasse mir den Rahmen von einem kahlköpfigen, einäugigen Schweißer richten, während die Kinder umherhüpfen und lauthals um ein Almosen betteln.

Wir wissen mehr über Stahl als über jedes andere Material, das zum Fahrradbau benutzt wird. Diese Legierung von Eisen und kleinen Mengen anderer Stoffe ist ein elementares Material der industriellen und auch noch unserer post-industriellen Zivilisation. Heute werden 95 Prozent aller Fahrräder noch immer aus Stahl gefertigt. Die meisten davon werden in China und Indien aus einfachem Schmiedestahl hergestellt, der billigsten und schwersten Form der Legierung. Wenn Sie je auf ein Fahrrad in Asien gesprungen sind und sich gefragt haben, ob jemand ein Elefantenbaby an den Gepäckträger vertäut hat, haben Sie einen Rahmen aus Schmiedestahl erwischt. Die haben so ihr Gewicht.

Die meisten stinknormalen Räder, die im Handel der westlichen Länder erhältlich sind, werden dagegen aus leichterem, hochfestem Stahl mit niedrigerem Kohlenstoffgehalt gemacht – sofern sie nicht aus Aluminium bestehen. Hochfester Stahl ist immer noch relativ kostengünstig und ein haltbares Produkt. Weil er härter als Schmiedestahl ist, wird weniger davon benötigt, um einen Rahmen zu bauen.

An der Spitze steht eine Palette niedriglegierter Stähle. Alle qualitativ hochwertigen Edelstahlrahmen werden aus diesen leichten und enorm festen Eisenlegierungen hergestellt. Es gibt mehrere bekannte Marken, die Rohre für den Fahrradrahmenbau herstellen: Columbus, True Temper, Dedacciai, Tange und Ishiwata. Eine der namhaftesten unter ihnen, zumindest aus britischer Perspektive, ist die Firma Reynolds.

Alfred Milward Reynolds betrieb Ende des 19. Jahrhunderts eine Nagelfabrik in Birmingham. In seiner Freizeit knobelte er besessen an der Lösung eines Problems, an dem sich damals die gesamte Fahrradindustrie die Zähne ausbiss: Wie konnte man dünne, leichtere Rohre zusammenschweißen, ohne dabei die Verbindungsstellen zu schwächen? Ein Misserfolg nach dem anderen brachte Reynolds schließlich auf die Idee, ein Rohr »mit Enden von größerer Stärke als der Rohrschaft« zu entwickeln, wie es im ursprünglichen Patent von 1897 für »endverstärkte Rohre« hieß. Weil der Durchmesser dieser endverstärkten Rohre jedoch auf ganzer Länge gleich blieb, ließ sich Gewicht einsparen, ohne ihre Festigkeit zu mindern. Es war ein Durchbruch für die Industrie. Nun konnten sich die Fahrradhersteller daranmachen, eine neue Generation von Rahmen herzustellen, die zugleich widerstandsfähiger und leichter waren.

Die Firma Reynolds produzierte während des Ersten Weltkriegs auch Rohre für Motorräder, sie fertigte Tragflächenholme für Spitfire-Kampfflugzeuge, Rohre für Panzerfäuste, Felgen für die Edellimousinen von Rolls Royce und später Bauteile für die Concorde, doch dieser archetypische Fabrikationsbetrieb der englischen Midlands kehrte immer wieder zu Fahrradrohren aus Stahl zurück. Bei der alchimistischen Suche nach neuen Legierungen für Flugzeugrohre stolperte Reynolds über eine Mangan-Molybdän-Legierung, aus der sich wunderbare Fahrräder bauen ließen, und brachte 1935 sein legendäres 531-Rohr auf den Markt. Noch heute bekommt so manch ein Radsportfreund eines bestimmten Alters einen verklärten, ins Ungefähre schweifenden Blick, wenn man das Reynolds 531 erwähnt.

40 Jahre lang setzte es beim Bau hochwertiger Rahmen den Maßstab für Exzellenz. Insgesamt 27 Tour-de-France-Siege wurden auf Reynolds-Rahmen errungen. Lichtgestalten des Radrennsports wie Jacques Anquetil, Eddy Merckx, Bernard Hinault, Greg LeMond und Miguel Indurain fuhren Räder aus doppelendverstärkten Reynolds-Rohren. Die lange Verbindung zwischen dem professionellen Peloton und Reynolds löste sich erst in den 1990er Jahren, als sich die Eliteradler dem Karbon und Titan zuwandten. Doch gerade, als es so aussah, als seien die Tage des Stahls gezählt, schlug Reynolds zurück.

2006 führte das Unternehmen diskret das Reynolds 953 ein, ein leichtgewichtiges, rostfreies Stahlrohr für Rennräder.* Das 953 besteht aus einem eigens entwickelten, kohlenstoffarmen Stahl, der mit einem Anteil von Nickel und Chrom eine ultraharte Stahllegierung bildet und zur Gruppe der sogenannten martensitaushärtenden Stähle gehört. Seine hervorragenden Eigenschaften machen ihn für verschiedene Bereiche nützlich: Fechtklingen für Floretts und Degen, Schlagbolzen für automatische Waffen, Zentrifugen zur Urananreicherung. Und sie sind ideal für den Fahrrad-

---

* Eine Aufstellung der Rohrtypen von Reynolds findet sich unter http://fahrrad.wikia.com/wiki/Reynolds_Technology. (A.d.Ü.)

bau, weil sich damit korrosionsfreie, extrem dünnwandige Rohre herstellen lassen. Das Reynolds 953 hat damit Stahllegierungen wieder in die erste Liga der Materialien für Fahrradrohre katapultiert und neue Maßstäbe gesetzt.

Und es gibt noch ein weiteres Merkmal des Reynolds 953, das mir wichtig ist: Die Rohre sind gerade und rund. Die teuersten modernen Straßenrennräder aus der Serienfertigung haben dagegen tragflügelförmige, ovalisierte oder sogar geschwungene Rohre. Die sollen angeblich die Leistung professioneller Spitzenfahrer verbessern, aber egal, ob sie das nun tun oder nicht: Ich finde sie hässlich. Gerade, runde Rohre mögen altmodisch sein, aber sie sehen einfach besser aus.

Der Bausatz mit Reynolds-953-Rohren lugte aus einem geöffneten Karton hervor, als ich in Jasons Werkstatt trat. Er enthielt Oberrohr, Unterrohr, Sattelrohr, Steuerrohr, zwei Unterstreben, zwei Sattelstreben, zwei Ausfallenden und einen Bremssteg. Ich nahm eines der Hauptrohre in die Hand und streichelte mit Daumen und Zeigefinger darüber. Sein Gewicht und sein Glanz vermittelten den Eindruck gediegener Qualität. Ich legte es vorsichtig in den Karton zurück. Jason erklärte mir, dass aufgrund der unterschiedlichen Kräfte, die auf einen Rahmen einwirken, die drei Hauptrohre unterschiedlichen Belastungen ausgesetzt sind und sich daher in Durchmesser und Form leicht unterscheiden. »Das ist die nach unserer Meinung beste Rohrkombination für Ihr Rad«, versicherte er.

Er lief hin und her, räumte auf und bereitete die Werkbänke vor. Ein elegantes, nur in der Vordergabel gefedertes Ein-Gang-Mountainbike lehnte an der Wand. In einer Ecke schauten unter einem Staublaken die geschwungenen Kotflügel und der Kühler eines MGB-Sportwagens hervor. In einer anderen war ein großes Werkzeugarsenal untergebracht: Metallsägen, Bohrer, Feilen, Drahtbürsten, Tretlagergewindeschneider, Steuerrohrfräser, eine Fräsmaschine, Zangen, Schraubenschlüssel, Knarren und einiges mehr, was ich nicht mit Namen kannte. In der Mitte der Werkstatt befand sich die Rahmenlehre, eine kleine Einspannvorrichtung, um die Rohre exakt auszurichten und zu fixieren, bevor sie verschweißt werden.

»Zuerst schneiden wir die Rohre grob auf Länge«, erklärte Jason, zog eines aus dem Karton und hielt es in die Luft. »Das habe ich schon gemacht. Jetzt werde ich die Rohrenden auf Gehrung schleifen, sodass sie perfekt aufeinanderstoßen und eine maximale Auflagefläche haben, damit wir eine richtig gute Schweißverbindung hinkriegen.«

Jason ging zu einer riesigen Bandschleifmaschine in der Werkstattecke und machte sich daran, das Stahlrohr zu schleifen. Plötzlich war die Werkstatt von einem rauen, metallischen Kreischen erfüllt und ein Feuerwerk orangefarbener Funken sprühte durch die Luft.

Er hielt inne, um die Gehrung zu prüfen. »Die Schleifbänder nutzt es gar nicht so schnell ab« sagte er. »Aber es ist so hart, dieses 953er, man kann keinen Metallschneider benutzen. Eine Drehbank oder Fräsmaschine geht auch nicht, deshalb haben wir diesen Sandschleifer als Gehrungsmaschine so ziemlich selbst zusammengebastelt. Wir nennen ihn Marke ›Eigenbrau‹. Ganz früher, als wir noch traditionellere Rahmen mit Muffen gebaut haben, war die Gehrung nicht ganz so wichtig. Aber beim WIG-Schweißen* muss sie makellos sein.«

Ich hatte ursprünglich eher an einen traditionell gefertigten Rahmen gedacht, bei dem man Stahlmuffen benutzt, die wie Fassungen über die Rohrenden gestülpt werden und diese verbinden. Einen Großteil der Fahrradgeschichte über, vom Ende des 19. Jahrhunderts bis in die 1970er Jahre hinein, war dies die bevorzugte Art, hochwertige Stahlrahmen herzustellen, vor allem deshalb, weil aufgrund der Muffen die Rohre dünner und leichter sein konnten. Fortschritte in der Metallurgie ebenso wie die Einführung neuer Schweißtechniken wie MIG-** und WIG-Schweißen haben diesen

---

* Wolfram-Inert-Gas-Schweißen (A.d.Ü.)

** Metall-Inert-Gas-Schweißen (A.d.Ü.)

Vorteil jedoch praktisch zunichte gemacht. Heute ist die Wahl eines gemufften Rahmens im Grunde eine ästhetische Entscheidung, für die man meist auch ein bisschen tiefer in die Tasche greifen muss.

Von den 30er bis zu den 60er Jahren waren britische Rahmenbauer von Muffen besessen, vielleicht das verblassende Erbe einer verfeinerten Ästhetik, die sich unter Kunsthandwerkern in Großbritannien seit Beginn der Industriellen Revolution bewahrt hatte. Eine Werkstatt für maßgefertigte Fahrräder beschäftigte gewöhnlich einen Rahmenbauer, einen Lackierer und den Feiler, der handelsübliche Stahlmuffen in Handarbeit kunstvoll verzierte. Die Schönheit der Muffen eines Fahrradbauers wurde zum Ausweis seiner handwerklichen Meisterschaft.

Es gab viele britische Fahrradbauer, die für ihre herausragenden gemufften Stahlrahmen bekannt waren, doch eine Marke stach durch ihre filigranen Gestaltungen besonders unter ihnen heraus: Hetchins. Der in Russland geborene Hyman Hetchin war 1917 im Alter von 26 vor der Russischen Revolution nach England geflohen und stieg in den 20er Jahren in den Verkauf von Fahrrädern ein, die er von seinem Haus in Nordlondon aus vertrieb. Er verkaufte Rahmen, die von örtlichen Rahmenbauern gefertigt waren, einer davon Jack Denny. Denny war überzeugt, dass längere Muffen stärkere Rahmen ergaben – und längere Muffen bedeuteten viel Platz für Dekor. Denny und Hetchin ließen sich auch gewellte Sattel- und Unterstreben patentieren. Ihre Räder mit Modellnamen wie Nulli Secundus und Magnum Opus II hatten »erlesene Muffen« mit rokkokohaften Verzierungen. Heute sind Hetchins-

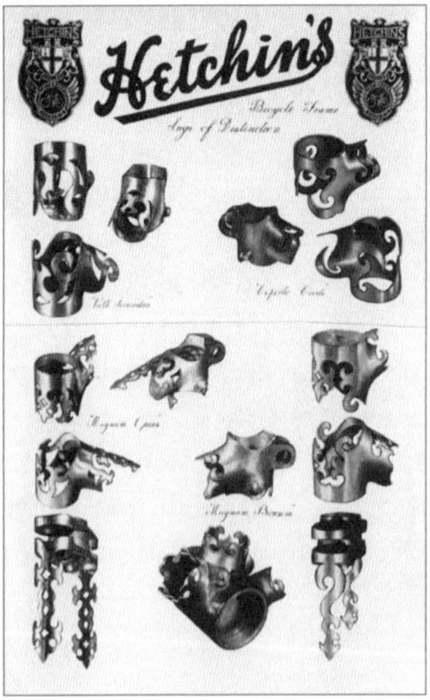

Rahmen bei Sammlern begehrt, wenngleich ihre verschnörkelten Muffen sicherlich nicht nach jedermanns Geschmack sind.

Die Muffenobsession wanderte später über den Atlantik. Mehrere der angesehenen amerikanischen Rahmenbauer, die heute maßgefertigte Fahrräder herstellen, gingen in den 70er Jahren in London und Mailand in die Lehre. Sie nahmen die darbende Tradition der Muffenmodellierung mit sich und päppelten sie auf, und die jüngste Generation idealistischer amerikanischer Rahmenbauer hat sie sich zueigen gemacht. In Großbritannien liest man allenfalls noch in Nachrufen auf den Webseiten von Sammlern antiker Fahrräder etwas über Muffenmodellierer.

Als das Feuerwerk vorüber war, begann Jason, die Rahmenlehre vorzubereiten. Er arbeitete zügig, doch noch seine raschesten Bewegungen vermittelten den Eindruck von Ruhe. Seine Hände schienen einprogrammierten Bewegungsabläufen zu folgen und führten häufig eine Aufgabe zu Ende, während er in Gedanken schon erkennbar bei der nächsten war – ein augenfälliges Merkmal seiner Könnerschaft und Beleg seiner Erfahrung, schließlich baut er durchschnittlich fünf Rahmen pro Woche.

Als die Rahmenlehre eingerichtet und die Rohre an die vorgesehenen Stellen geklemmt waren, überprüfte er alles noch einmal und blickte ein letztes Mal auf den an die Wand gehefteten Plan mit den Maßen meines Rahmens. »Steuer 73 Grad, Sitz 74 Grad«, murmelte er wie eine Beschwörungsformel vor sich hin.

Damit meinte Jason die beiden Winkel, die für die Geometrie des Rahmens fundamental sind: der Winkel des Steuerrohrs und der des Sattelrohrs. Die Geometrie eines Rahmens – das heißt die Winkel der Rahmenrohre – wird weitgehend von der angestrebten Verwendung des Rads bestimmt. Kriterium-, Triathlon-, Zeitfahr-, Trekking- und Sporträder sind alle Variationen des Rennrads für verschiedene Zwecke. Sie mögen alle aussehen, als hätten sie die gleiche Form, doch tatsächlich haben sie alle eine unterschiedliche Geometrie, was ihnen unterschiedliche Fahreigenschaften verleiht. Mountainbikes und Stadträder haben wieder eine andere Geometrie.

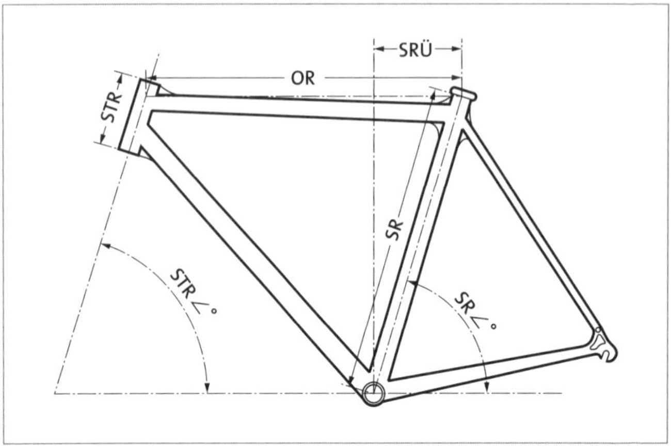

Die Rahmengeometrie bestimmt maßgeblich, wie sich ein Fahrrad fährt, wie bequem es ist und wie es auf die Manöver des Fahrers reagiert, wie es in der Kurve liegt, wie es bergab und sogar wie es bergauf fährt. Viele andere Faktoren wirken sich ebenfalls auf die Fahrqualität aus – vom Rahmen- und Gabelmaterial bis hin zum Reifendruck –, doch die Rahmengeometrie gibt die Parameter vor. Wenn Sie ein Rad von der Stange kaufen, werden Sie kaum einen Gedanken darauf verschwenden. Als ich mit einem Freund über Rahmengeometrie sprach, stöhnte er: »Rob, wie lang soll dein Bart wachsen, bis du mit dem Buch fertig bist?« Und er ist immerhin selber ein eingefleischter Radler.

Zusammen mit dem makellosen Zuschnitt auf die Maße des Fahrers und dem richtigen Rohrmaterial ist die Geometrie von wesentlicher Bedeutung, wenn man sich ein Rad bauen lässt. Verpatzt man die Rahmengeometrie, könnte man am Ende ein Rad bekommen, das bestenfalls unbequem, schlimmstenfalls gefährlich zu fahren ist. Ist die Geometrie dagegen stimmig, wird man die Fahreigenschaften bekommen, die man sich wünscht.

Sattelrohrwinkel. Er wird in Grad relativ zur horizontalen Ebene gemessen (SR ∠° in der Grafik) und kann zwischen 65 und 80 Grad variieren. Steilere Winkel (75°–80°) drücken das Gewicht des Fahrers nach vorne auf den Lenker und sind auf langen Strecken weniger komfortabel, jedoch aerodynamischer. Man findet sie bei Zeitfahrrädern, bei Bahnrädern und Triathlonrädern mit Aero-Lenker. Flachere Winkel (65°), die mehr Gewicht auf den Sattel verlegen, finden sich bei Stadträdern und anderen Zweirädern für kurze Strecken. Konventionelle Rennräder mit Rennlenker haben meist einen Sitzrohrwinkel zwischen 72 und 75 Grad. Der Winkel wird teilweise von der Ergonomie bestimmt – das heißt, er wird so gewählt, dass sich der Sattel in der effizientesten Tretposition befindet. Der Sattelrohrwinkel bei meinem Fahrrad beträgt 74 Grad.

Steuerrohrwinkel. Auch dieser wird in Grad relativ zur horizontalen Ebene gemessen (STR ∠ ° in der Grafik). Er hat eine deutliche Auswirkung auf die Lenkeigenschaften und Stoßdämpfung und kann zwischen 71 und 75 Grad variieren. Steilere Winkel bedeuten, dass sich ein Rad leichter lenken lässt – eine Drehung des Kopfes, schon dreht sich das Fahrrad mit. (Solche Räder werden häufig »zappelig« oder »italienisch« genannt und von Rennprofis bei Kriteriumrennen bevorzugt, kurzen Straßenrennen durch Stadtzentren mit vielen engen Kurven und einem dicht gestaffelten Hauptfeld.) Flache Winkel machen ein Rad stabiler, besonders bei Abfahrten, und insgesamt bequemer über lange Distanzen. Trekkingräder haben flache Winkel. Der Steuerrohrwinkel meines Fahrrads beträgt 73 Grad. Das liegt genau in der Mitte und gilt seit mindestens 70 Jahren als optimaler Winkel für Straßenrennräder. Rennräder, die bei der Tour de France zum Einsatz kommen, haben üblicherweise genau diesen Steuerrohrwinkel – sehr sportlich, aber noch vernünftig.

Andere geometrische Maße, die beträchtlich zu den Fahreigenschaften eines Rads beitragen, sind der Radstand – der Abstand zwischen der vorderen und der hinteren Radnabe – und die Höhe des Tretlagers. Beides beeinflusst wieder die Lenkbarkeit. Brian hat die Geometrie meines Fahrrads nach meinen Körpermaßen, meiner Erfahrung und dem Fahrstil festgelegt, der mir vorschwebt. Das Ergebnis wird ein sportives Rad sein: Die Lenkung wird sich sehr leichtgängig anfühlen, dennoch wird das Rad bequem genug sein, um den ganzen Tag darauf zu sitzen, und stabil, wenn ich mit 70 Stundenkilometer einen Berg in den Dolomiten hinunterrase.

Falls Sie kein sehr erfahrener Fahrer sind, werden Sie Ihre liebe Mühe haben, einen Unterschied zwischen zwei Sporträdern festzustellen, deren Steuerrohrwinkel sich nur um ein Grad unterscheidet, aber wenn Sie ein Triathlonrad fahren und dann auf ein Tourenrad umsteigen, wird bei Ihnen der Groschen fallen. Seien Sie jedoch gewarnt: Je mehr Sie sich mit Radgeometrie beschäftigen, desto länger wächst Ihr Bart.

»Wir sind bereit zum Schweißen, Rob. Sie wissen, dass Sie beim WIG-Schweißen nicht mit ungeschützten Augen zuschauen können. Es kann Sie das Augenlicht kosten. Das nennt sich ›Verblitzung‹ und fühlt sich an, als hätte Ihnen jemand Glassplitter in die Augen geworfen. Sollte man besser vermeiden, deshalb nehmen Sie lieber die Schweißmaske hier.«

Beim WIG-Schweißen werden die Rohre mittels eines Lichtbogens an einer Wolframelektrode unter einem Schutzgas direkt miteinander verschweißt.* Das Wolfram fungiert dabei als Brennernadel, die mit ihrem Lichtbogen die Rohre und das Schweißgut, das während des Schweißens in die Schweißnaht gespeist wird, stark erhitzt. Ursprünglich in der Luftfahrtindustrie entwickelt, waren es kalifornische BMX-Rahmenbauer, die das Verfahren Anfang der 80er Jahre in den Fahrradbau einführten. Es war eine Graswurzinnovation, die sehr rasch breite Anwendungen fand.

Mit der Maske auf dem Kopf fühlte ich mich wie Darth Vader in einer Dorfpantomime. Jason stellte das Schweißgerät ein und überprüfte die Wolframnadel. Ein peitschender Knall, und der Brenner war entzündet. Gut möglich, dass sich die Idee für die Lichtschwerter im *Krieg der Sterne* einem solchen Anblick verdankte.

Geschützt durch schwere Lederhandschuhe, den Brenner in der

* Das Schutzgas schirmt die Schweißstelle vom Luftsauerstoff ab, um Verunreinigungen zu vermeiden. (A.d.Ü.)

einen, den Schweißstab in der anderen Hand, führte Jason den Lichtbogen an die Rohre.

»Ich hefte es erst nur an«, erklärte er, »um die Verbindung zu fixieren. Dann ziehe ich die Klemme ab und schweiße es richtig.« Jason drehte die Rahmenlehre horizontal um die eigene Achse und bearbeitete mit ruhiger Hand gleichmäßig alle Seiten der ersten Naht. Als Steuer-, Sattel- und Unterrohr mit chirurgischer Präzision verschweißt waren, begann er die Arbeit am Oberrohr: Er schliff es auf Gehrung, hielt das Rohr am Rahmen an und richtete es abermals zu, ein ums andere Mal, bis er zufrieden war. Das vordere Dreieck nahm Gestalt an. Nackt und ohne Streben sah es zerbrechlich aus.

»Bei einem 953er hat man ganz schnell mal ein Loch ins Rohr gebrannt, die Wände sind so dünn und empfindlich. Ein Fehler kann richtig teuer werden«, sagte Jason. »Ich muss mich echt konzentrieren. Deshalb lasse ich eigentlich niemand in die Werkstatt, wenn ich schweiße. Sie, Rob, sind eine absolute Ausnahme, weil mir Papa damit in den Ohren gelegen hat.«

Als Nächstes legte Jason mit der Rahmenlehre den Radstand des Rahmens fest. »Ich lege den Rahmen für einen 23-Millimeter-Reifen aus, wie Sie es mit meinem Vater abgemacht haben. Der Rand Ihres Reifens wird bis hierher reichen.« Er legte seinen Finger auf der Rahmenlehre knapp hinter das untere Ende des Sattelrohrs. »Aber auf diesem Rahmen wird jeder Reifen zwischen 18 und 28 Millimeter Durchmesser laufen. Wenn Sie Schutzbleche gewollt hätten, dann hätten wir ihn bis hierher zurückgesetzt« – er zeigte auf die Stelle –, »aber Sie wollen ja eigentlich ein Rennrad, deshalb kommt der Reifen bis hierhin.«

Jason machte sich nun an die Kettenstreben, sägte sie zuerst mit der Metallsäge zurecht und schliff sie dann mit dem selbstgebauten Bandschleifer. Wieder war es Versuch und Irrtum: ein bisschen schleifen, an den Rahmen anhalten, wieder etwas schleifen – bis alles perfekt saß. Ich war erstaunt, wie viel Augenmaß in der Arbeit steckte.

»Weil nicht zwei Menschen gleich sind, sollten auch keine zwei Rahmen gleich sein«, kommentierte er, während er die Strebe mit einem weichen, metallischen *Tschick* zwischen Rahmen und Rahmenlehre einspannte. »Ich würde liebend gerne 20 Streben in einem Schwung vorgehren und sie einfach reinflutschen lassen, aber es geht nicht. Jede Verbindung muss per Hand eingepasst werden. Und das ist der Grund, warum der Rahmen zu Ihnen passen wird, warum er genau für Sie ausbalanciert ist.«

Die Sattelstreben waren die letzten anzuschweißenden Rohre, sie vollendeten das hintere Dreieck und die Trapezform. Es gibt mehrere Möglichkeiten, die oberen Enden der Sattelstreben an den sogenannten Sattelrohrknoten – die Verbindungsstelle von Sattel- und Oberrohr – anzubringen. Wie die Muffen, so wurde auch die Art der Anbringung der Sitzstreben bei britischen und italienischen Rahmenbauern im Lauf des 20. Jahrhunderts zu einem Unterscheidungsmerkmal, an dem sich erkennen ließ, wer welches Rad gebaut hatte. Sie war wie eine Signatur und ein Ausweis des Stolzes, mit dem sich ein Handwerker mit seiner Arbeit identifizierte. Es ist ein ästhetischer Schnörkel, der, wie es typisch für die Kunstfertigkeit der Rahmenbauer ist, zugleich eine praktische Gestaltungslösung darstellt.

Zu den verschiedenen Methoden gehören die »fließende«, die »halbfließende«, die »hellenische« und die »gegabelte« Anbringung. Bei Rourke bedient man sich vorzugsweise der Methode, die weithin als stärkste Verbindung der Sattelstreben gilt. Dabei werden diese so gegehrt, dass sie den Sitzrohrknoten umgreifen und hinter ihm wieder zusammenlaufen.

»Diese ›Schlingstrebe‹ ist seit 30 Jahren so etwas wie das Markenzeichen von Rourke«, sagte Jason, als er die Gehrung abschloss. »Ehrlich gesagt, kriege ich davon Kopfschmerzen, aber es sieht klasse aus. Zumindest finden wir das.«

Mit einem Knall glühte der Lichtbogen des Schweißgeräts wieder auf. Wir klappten unsere Visiere runter. Jason nahm sich einen frischen Schweißstab, und mit lautem Getöse schoss die Flamme auf den Sattelrohrknoten. Er bearbeitete methodisch rundum alle Nähte, indem er die Rahmenlehre drehte, und hielt die Flamme dabei stetig in genau gleicher Entfernung von den Nahtstellen.

Zehn Minuten später waren die Streben an Ort und Stelle. Die Fackel des Lichtbogens verlöschte. Jason nahm seine Maske ab, trat einen Schritt zurück und lud mich mit einer Armbewegung ein, heranzutreten, um das Werk zu begutachten, wie eine Hebamme in einem Kreissaal, die einen ehrfürchtig zögernden Vater mit seinem Kind bekannt macht. Der Rahmen meines Traumrads – die Diamantenseele – war fertig.

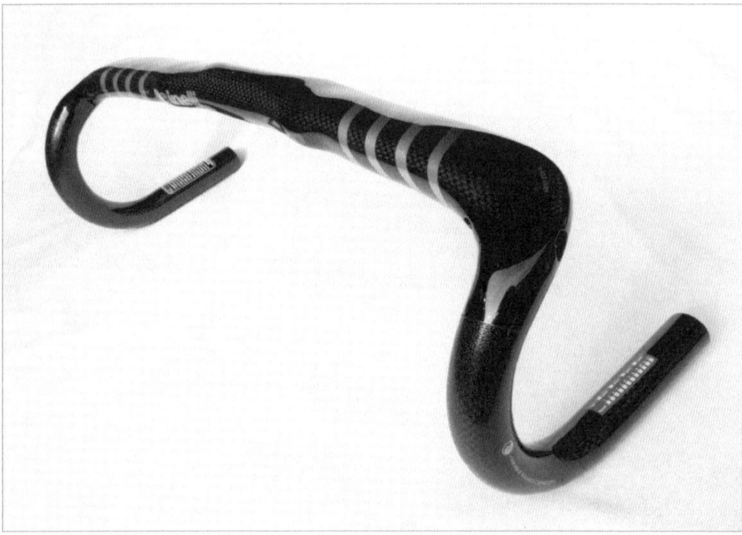

KAPITEL 2

Eine Frage des Gleichgewichts: das Lenksystem

»Das Leben ist wie ein Fahrrad. Man muss sich vorwärtsbewegen, um das Gleichgewicht nicht zu verlieren.«

Albert Einstein (1930, in einem Brief an seinen Sohn)

Im April 1815 explodierte der indonesische Vulkan Tambora. In den folgenden drei Monaten kam es immer wieder zu Eruptionen, 90 000 Menschen fanden den Tod. Der Ausbruch bleibt bis heute der größte der schriftlichen Überlieferung. Millionen von Tonnen Vulkanasche wurden in die obere Erdatmosphäre geschleudert und bildeten dort einen Aerosolschleier, der weltweit das Klima veränderte. In Europa und Nordamerika verschwand die Sonne, die Durchschnittstemperaturen fielen um mehrere Grad, die Regenfälle nahmen zu. Es war womöglich die dramatischste plötzliche Abkühlung, die sich in der Menschheitsgeschichte jemals abgespielt hatte.

Die sozialen Auswirkungen waren enorm. Viele Farmer in Neuengland mussten aufgeben, als dort im Juli Schneestürme ausbrachen. Massenauswanderungen ließen nicht nur die Bevölkerung New Yorks rasch anwachsen, sondern beförderten auch die Siedlungsexpansion in den Mittleren Westen. In Irland verhungerten 65 000 Menschen. In England gab es Hungeraufstände, und die dramatischen Farben der staubschwangeren Sonnenuntergänge inspirierten einen jungen englischen Landschaftsmaler namens William Turner. Lord Byron schrieb sein Gedicht *Finsternis*. In der Schweiz bewegte der endlose Winter die 18-jährige Mary Shelley zur Abfassung von *Frankenstein*.

1816 ging als das »Jahr ohne Sommer« in die Geschichte ein. In der gesamten westlichen Welt blieben die Ernten aus. »Im Jahre 1816 war bekanntlich im ganzen südlichen und westlichen Deutschland ein gänzlicher Misswachs«, so bemerkte der preußische General Carl von Clausewitz, »woraus im Jahre 1817 eine wahre Hungersnot entstand.« Der Haferpreis, damals so etwas Ähnliches wie heute der Ölpreis, stieg stark an. Bauern, die ihre Pferde nicht mehr füttern konnten, schlachteten sie. Ein exzentrischer deutscher Adliger, Karl Friedrich Freiherr Drais von Sauerbronn, der in Heidelberg unter anderem Mathematik studiert hatte, wurde Zeuge dieses Abschlachtens. Ohne Pferdekraft stand die Gesellschaft vor einer noch größeren Krise. Drais machte aus der Not eine Tugend und verwirklichte einen Traum, der so alt wie die Menschheit war: Er erfand ein mechanisches Pferd mit Rädern.

Die Erfindung der Draisine geht auf das Jahr 1817 zurück. Sie war das erste prototypische Fahrrad. Das Gefährt, auch Laufmaschine genannt, bestand aus zwei hintereinandergesetzten Kutschrädern, einer hölzernen Bank, auf die sich der Fahrer rittlings setzte wie auf ein Pferd, und einer einfachen Lenkvorrichtung. Pedale waren nicht vorgesehen, vielmehr trieb man das Laufrad an, indem man sich mit den Füßen vom Boden abstieß. Fuhr man bergab, hob man beide Füße hoch.

Die Laufmaschine war originell. Niemand hatte bis dahin zwei Räder hintereinander an einen Rahmen montiert und das universelle Prinzip des Radfahrens angewendet: Balance durch Lenken. Damals dachte man, dass man umfallen müsste, sobald man die Füße vom Boden hob. Die Draisine aber lehrte die Menschheit, dass es möglich ist, auf zwei in Linie angeordneten Rädern das Gleichgewicht zu halten, falls – und nur falls – man beim Rollen lenken kann.

Eine der großen unbeantworteten Fragen der Fahrradgeschichte ist, warum es so lange dauerte, bis die Draisine erfunden wurde, wo sie doch seit mindestens 3500 Jahren technisch machbar gewesen wäre. Eine Hypothese lautet, dass tatsächlich niemand glaubte, dass man auf zwei linear angeordneten Rädern das Gleichgewicht halten könnte, und möglicherweise war Freiherr von Drais selbst auch nur zufällig darauf gestoßen. Womöglich hatte er zunächst damit gerechnet, dass man die Maschine durch nahezu unablässigen Einsatz der Füße würde stabilisieren müssen, und ihm wurde erst danach, als die Laufmaschine gebaut war, er damit einen Hügel hinunterraste und seine Füße hochhob, klar, dass sich dieselbe Wirkung mithilfe des Steuerungsmechanismus erzielen ließ.

Durch den Einsatz seiner Maschine machte von Drais das Gehen und Rennen schneller, während er gleichzeitig die dafür benötigte Energie verminderte. Um die Nützlichkeit seiner Erfindung unter Beweis zu stellen, fuhr er auf Badens bester Straße in einer Stunde von seinem Wohnort Mannheim zum Schwetzinger Relaishaus und zurück. Dieselbe Strecke nahm zu Fuß drei Stunden in Anspruch.

Im Rückblick erkennen wir in der Draisine den frühesten Vorläufer des Fahrrads. Damals jedoch machte sie keinen großen Eindruck. Die Maschine war teuer und behäbig und wog an die 45 Kilo. Der Dichter John Keats nannte sie verächtlich »das Nichts des Tages«. Sie war ihrer Zeit voraus. Die Straßenverhältnisse waren, besonders im Winter, gewöhnlich zu miserabel, um mit der Draisine zu fahren, und auf den Gehwegen war sie nicht gut gelitten: Bis 1820 hatte man Laufmaschinen von den Bürgersteigen Mailands, Londons, New Yorks, Philadelphias und Kalkuttas verbannt. Als sich die Ernten erholten, fiel die Draisine in Europa der Vergessenheit anheim, und der Traum von einem mechanischen Pferd wurde für 40 Jahre aufgegeben. Ironischerweise erlebt die Draisine heute eine breite Renaissance – in Form des Laufrads für kleine Kinder, das nun als ideales Mittel zur Schulung des Gleichgewichtssinns der Kleinen gilt. Ein schönes Beispiel für einen Kreis, der sich schließt.

Heute ist für uns die Fähigkeit, ein Fahrrad zu fahren, selbstverständlich. Das liegt zum Teil daran, dass wir es für einfach halten – wer's einmal beherrscht, vergisst es nie wieder –, zum anderen, dass die meisten es schon im Kindesalter lernen. Das war nicht immer so. Es gab Zeiten, da gingen Erwachsene in »Fahrschulen«, um zu lernen, wie man das Vehikel im Gleichgewicht hält, so wie wir heute Autofahrstunden nehmen. Denis Johnson, ein geschäftstüchtiger Londoner Kutschenmacher, der Draisinen nach Maß herstellte, eröffnete 1819 im Londoner Stadtteil Soho die erste Fahrschule. Er nahm einen Schilling pro Stunde und sprach mit seinem Angebot vor allem die Dandys der Regency-Zeit an, unter denen die Maschine einen Sommer lang in Mode kam – daher ihr Spitzname *dandy horse*, zu deutsch: Stutzerpferd.

Der nächste revolutionäre Sprung nach vorn ereignete sich in Paris in den 1860er Jahren. An das Vorderrad wurden Pedalkurbeln montiert, und damit war das »Veloziped« geboren. Zwischen 1868 und 1870 löste es auf beiden Seiten des Atlantiks eine wahre Velozipedmanie aus. Aufgrund der Tretkurbeln schwebten die Füße des Fahrers nun die ganze Zeit über dem Boden. Da die Pedale am Vorderrad angebracht waren, musste beim Treten gegengelenkt werden, um den von Seite zu Seite alternierenden Pedaldruck auszugleichen, und dieser behinderte auch das Steuern, da sich in Kurven das Vorderrad ja beim Einschlagen aus der Radflucht her-

ausdrehte und in Schiefstellung zur Beinachse geriet. Daher gingen alle zur »Schule«, um das Fahren zu erlernen. Der erste Pariser Velozipedhersteller, Michaux et Compagnie, eröffnete 1868 neben seiner Fabrik eine Halle, in der man das Velozipedieren erlernen konnte. Wer ein Veloziped kaufte, erhielt Gratisstunden, alle übrigen mieteten sich stundenweise einen Fahrlehrer. Nach einem halben Dutzend Fahrstunden wurden die Fahrer hinausgeschickt, um der Straße die Stirn zu bieten.

Als 1869 ein Veloziped aus Paris in einer Londoner Turnhalle vorgeführt wurde, war das Staunen groß. Die Sportzeitschrift *Ixion. A Journal of Velocipeding, Athletics, and Aerostatics* brachte einen Bericht von John Mayall, später ein großer Fürsprecher des Radfahrens:

> Ich werde nie unsere Verblüffung beim Anblick von Mr. Turner vergessen, wie er sich selbst durch die Halle wirbelte, wobei er auf einem Bänkchen über zwei hintereinandergesetzten Rädern saß, die, wie wir ahnungslos vermuteten, sofort hätten umfallen müssen … Ich wandte mich Mr. Spencer zu und rief aus: »Beim Jupiter, Charley, es gibt ein Gleichgewicht!«

Später in jenem Jahr kam ein Artikel in der Zeitschrift *Scientific American* zu dem atemlosen Schluss: »Dass ein Veloziped eine aufrechte Position beibehält, ist eine der überraschendsten Leistungen der angewandten Mechanik.«

Im April 1869 eröffneten die Gebrüder Pearsall am New Yorker Broadway ihre Grand Velocipede Academy or Gymnaclidium. Hunderte von einflussreichen Bürgern der Stadt besuchten diese »Veloakademie«, um die neue Modesensation auszuprobieren. Eine berühmte Akrobatentruppe, die Hanlon-Brüder, eröffnete ebenfalls eine Schule. Einige Velozipedschulen warben mit reinen Damenkursen und stellten Fahrlehrerinnen ein. Bücher mit Fahrinstruktionen wurden veröffentlicht. Unternehmer verbreiteten die modischen Veloakademien im ganzen Land. Im Spätfrühling jenes Jahres hatte Boston bereits 20 solcher Schulen, die meisten größeren Städte mindestens ein Dutzend und jede Kleinstadt eine.

1869 fasste ein amerikanischer Journalist im Magazin *Harper's Weekly* die Gründe für die Popularität dieser Schulen so zusammen:

> Velozipede sind schön anzusehen, wie sie so geschwind und anmutig dahinsausen, bedient nur von einer geübten Hand. Aber sind Sie jemals auf einem gefahren? Es scheint die leichteste Sache zu sein, sich auf den kleinen gepolsterten Sitz zu hocken, die Füße auf die Tretkurbeln zu setzen und alle Welt mit der eigenen Geschwindigkeit in Erstaunen zu versetzen – aber versuchen Sie es nur einmal! Und laden Sie auch nicht Ihre Damenbekanntschaften ein, um Ihre erste Vorführung mitzuerleben. Man besteigt die Maschine mit einem hohen Maß an Würde und Zuversicht, alles erscheint einem klar, doch kaum dass man sich anschickt, die Füße in die richtige Position zu setzen – schon beginnt der Ärger. Ihre erste halbe Stunde geht [mit der Entscheidung] dahin, wer oben sein soll, Sie selbst oder die Maschine, und dabei legt Letztere ein Ausmaß an Geschicklichkeit und Hartnäckigkeit an den Tag, das einen verblüfft.

Als sich das Veloziped 1870 zum Hochrad oder »Ordinary« weiterentwickelte, war ein Fahrlehrer äußerst empfehlenswert. Die Pedale waren immer noch am Vorderrad befestigt und beeinträchtigten die Lenkung, doch nun saß der Fahrer hoch oben über dem Vorderrad, sodass die Fallhöhe beträchtlich war. Wieder schossen in Hülle und Fülle Schulen aus dem Boden, die gewöhnlich mit einem Hochradhersteller verbunden waren. Als Columbia Bicycles in Connecticut einen neuen Hauptsitz bezog, gehörte zu den Werkstätten im fünften Stock des Gebäudes à la mode auch »die vollendetste Fahrschule, die es gibt«.

1884, im Alter von 48 Jahren, bemerkte Mark Twain: »Ich bekannte mich zum Alter, indem ich mir zum ersten Mal eine Brille auf die Nase setzte, und zur gleichen Stunde erneuerte ich meine Jugend dem äußeren Anschein nach, indem ich mich zum ersten Mal auf ein Fahrrad setzte. Die Brille blieb oben.« Twains humoristische Skizze *Wie man das Hochrad zähmt*, in der er über das Erlernen des Hochradfahrens mit einem Fahrlehrer oder »Experten« berichtet, illustriert trefflich die Gefahren, denen man sich auf dieser Maschine aussetzte:

> Er [der Experte] sagte, dass das Absteigen die vielleicht schwierigste Sache der Welt sei, deshalb würden wir uns das bis zum Schluss aufsparen. Da hatte er sich aber getäuscht. Zu seiner freudigen Überraschung brauchte er mich nur auf der Maschine zum Rollen zu bringen und aus dem Weg zu gehen, und schon kam ich von alleine herunter. Obgleich ich doch völlig unerfahren war, stieg ich in Rekordzeit ab. Er befand sich just auf jener Seite, um die Maschine anzuschieben; krachend gingen wir alle zu Boden – er zuunterst, dann ich und obenauf die Maschine.

Nach mehreren weiteren Versuchen – »mit demselben Ergebnis wie gehabt …, man kommt nicht herunter wie von einem Pferd; man kommt herab wie aus einem brennenden Haus« – gelang es Twain schließlich, die Maschine zu besteigen:

> Wir erlangten eine hübsche Geschwindigkeit und fuhren gerade über einen Stein, als ich über die Pinne flog und kopfüber auf dem Rücken des Fahrlehrers landete, wobei ich die Maschine zwischen mir und der Sonne durch die Luft flattern sah. Nur gut, dass sie auf uns landete, denn das bremste ihren Fall, so dass sie nicht zu Schaden kam.
>
> Fünf Tage später konnte ich wieder aufstehen, und es trieb mich zum Hospital, wo ich den Experten in leidlicher Verfassung fand. Nach ein paar Tagen war ich ganz gesund. Ich führe dies auf meine weise Voraussicht zurück, immer auf etwas Weichem abzusteigen. Manche Leute empfehlen ein Federbett, aber ich finde einen Experten besser.

Der Experte kehrte mit vier Helfern zur Walstatt zurück, und Twain lernte schließlich doch noch, das Gleichgewicht zu halten und zu lenken:

> Das Hochrad hatte, was man das »Eiern« nennt, und dies ziemlich schlimm. Um mich in der Fahrposition zu halten, wurde von mir ein Haufen Dinge verlangt, und jeden Augenblick war die Anforderung gegen die Natur. Gegen die Natur, aber nicht gegen die Naturgesetze. Will sagen, wie immer das Erfordernis auch sein mochte, dass mich meine Natur, Gewohnheit oder Erziehung ihm auf die eine Weise nachkommen ließ, während irgendein unverrückbares und unerwartetes Gesetz der Physik verlangte, dass es genau auf die andere Art zu machen war ... Zum Beispiel, wenn ich mich nach rechts fallen sah, drehte ich als recht natürliche Reaktion die Pinne abrupt in die andere Richtung und verletzte so das Gesetz und fiel weiter. Das Gesetz verlangte das Gegenteil – das große Rad muss genau in die Richtung gedreht werden, in die man fällt. Es ist kaum zu glauben, wenn es einem gesagt wird ... Der Intellekt muss jetzt nach vorn. Er muss die Glieder lehren, ihre alte Erziehung abzustreifen und die neue anzunehmen.

Twain schloss mit den denkwürdigen Worten: »Nimm ein Hochrad. Du wirst es nicht bereuen, falls du es überlebst.«

Viele, die Hochrad fuhren, überlebten es nicht. Mit der Erfindung des Sicherheitsrads 1885 hatte die Welt endlich eine zweirädrige Maschine, die sowohl sicher war (zumindest im Vergleich zum Hochrad) als auch leicht zu lenken. Da die Tretkurbeln über eine Kette mit dem Hinterrad verbunden waren, war das Vorderrad wieder frei, um seine Hauptaufgabe zu erfüllen: das Steuern. Nur alte Menschen und Übervorsichtige benötigten nun noch »Experten«. Leo Tolstoi nahm 1895 im Alter von 67 Jahren Fahrstunden, und Jerome K. Jerome berichtete, was sich etwa zur gleichen Zeit in den Parks von London abspielte: »Ältliche Gräfinnen [und] transpirierende Hochadlige, noch im Wackelstadium, kämpften tapfer mit den Gesetzen des Equilibriums; gelegentlich besiegt, warfen sie ihre Arme um die Hälse kräftiger junger Wüstlinge, die als Fahrradlehrer eine reiche Ernte einfuhren: ›Garantierte Könnerschaft in zwölf Stunden‹.«

Für den überwiegenden Teil der Menschheit war das Balancieren auf einem Sicherheitsrad einfach. »Was jeder Fahrschüler in

Erinnerung behalten muss«, so schrieb A. C. Pemberton in seinem 1897 erschienenen Leitfaden *The Complete Cyclist*, »ist schlicht, den Lenker in die Richtung zu drehen, in die er fällt …, der Rest ist leicht.« Nicht zuletzt dieser Tatsache verdankt das Fahrrad bis heute seinen universellen Reiz.

Um das Gleichgewicht zu halten, so belehrt uns David G. Wilson in seiner Velobibel *Bicycling Science*, einem populärwissenschaftlichen Buch über die physikalischen Grundlagen des Radfahrens, muss man nur »die kleinen Gegenbewegungen ausführen, um dem Kippmoment, sobald es einsetzt, entgegenzuwirken, indem man die Basis horizontal in die Richtung beschleunigt, in die sie sich neigt, und zwar in hinreichendem Maße, damit die Reaktion auf die Beschleunigung (die Neigung des Schwerpunktes, zurückzubleiben) die Kippwirkung des Ungleichgewichts überwindet«.

Mark Twain hat es vielleicht schöner ausgedrückt, aber die Balance, darauf kommt es hier an, steht im Zentrum der Geschichte des Radfahrens. Freiherr von Drais hatte es verstanden, mochte er auch nur durch Zufall darauf gestoßen sein. Und der Schlüssel zum Erlernen des Gleichgewichts beim Radfahren liegt darin, mit dem Lenker in die Richtung zu steuern, in die sich das Fahrrad neigt, dabei den Schwerpunkt zurück über seinen Auflagepunkt zu bewegen und so das Gleichgewicht zurückzuerlangen. Nur vorübergehend natürlich, denn das Fahrrad folgt einer mehr oder weniger kurvigen Bahn, indem es beständig ein wenig zur einen oder anderen Seite hin ausschert. Ich habe mich oft gefragt, ob es nicht dies ist – das ewige Schlängeln des Fahrrads, die »würdevolle Kurvenlinie des Pfads«, wie es H. G. Wells in seinen *Wheels of Chance* beschrieb –, was meine eigentliche Liebe zum Rad ausmacht.

Wenn ein Kind Radfahren lernt, wird es sich zunächst dagegen sträuben, in die Richtung zu lenken, in die sich das Fahrrad neigt. Hat es das Prinzip einmal begriffen, wird es zu stark korrigieren, den Lenker nach links und rechts herumreißen und wie ein volltrunkener Seemann an Land dramatisch von einer Seite zur anderen torkeln. Mit der Zeit wird das Gegenlenken behutsamer und geht in Fleisch und Blut über.

Wenn man den Lenker eines Rads hemmt oder blockiert, kann man es nicht fahren. Wenn Ihnen jemals das Vorderrad Ihres Fahrrads auf der Straße in die Rille einer Straßenbahnschiene oder im Gelände in eine enge Furche geraten ist, wissen Sie, wovon ich rede. Außerdem muss sich ein Fahrrad vorwärtsbewegen, um sich ausbalancieren zu lassen. Ein Fahrrad im Stehen zu balancieren – ein Manöver, das im Radsport Stehversuch (*track stand*) genannt wird –, ist schwer. Radler auf Fixies, auf Starrgangrädern, die man in der Stadt dabei beobachten kann, wie sie vor Ampeln stehen bleiben, ohne die Füße auf den Boden zu setzen, sind nur scheinbar regungslos. Sie halten ihr Vorderrad abgewinkelt, während sie das Rad ständig ein klein wenig vor- und zurückfahren. Sie geben auch an damit. Ich weiß das, weil ich es selbst gemacht habe.

Ein Jahr lang packte mich der Fimmel, keinen Fuß auf den Boden zu setzen, wenn ich in London mit dem Rad unterwegs war. Vor einer Ampel stillzustehen, war eine der Fähigkeiten, die man dazu brauchte. Sich Ampelphasen auszurechnen, früh zu bremsen, zu wissen, wann man eine Ampel bei dunkelgelb nehmen muss, und die Manöver der Autofahrer zu antizipieren, gehörte ebenfalls dazu. Ich fuhr regelmäßig von meiner Wohnung in Paddington nördlich des Hyde Park zum College in der City, wo ich Fotojournalismus studierte, ohne je einen Fuß auf den Boden zu setzen. Das war leicht: Die Strecke war nur sechs Kilometer lang, ich kannte die Ampelphasen an den großen Kreuzungen und mied die Hauptstraßen. Schwieriger war die Fahrt von Paddington nach Camberwell im Süden der Themse, wo meine Freundin wohnte. Wenn ich ankam und wie ein Irrer grinsend den Gartenweg hinunterfuhr, wusste sie, dass ich es geschafft hatte. »Im Vergleich zu dir wirken Leute, die nicht auf die Fugen im Pflaster treten wollen, geradezu normal. Du solltest dich therapieren lassen«, fand sie. Ach, unsere Liebe war dann nicht von Dauer.

Selbst heute gibt es eine kleine Minderheit von Erwachsenen, die nicht Rad fahren kann. In Großbritannien sind es nach einer vor kurzem durchgeführten Umfrage der Londoner Verkehrsbetriebe ungefähr acht Prozent der Frauen und ein Prozent der Männer. Anscheinend gelingt es den meisten körperlich gesunden Erwachsenen, die Grundlagen des Fahrens in drei Stunden zu verinnerlichen, und das Beste am Erlernen des Radfahrens ist, dass man es nur einmal bewältigen muss.

Es gibt eine neurowissenschaftliche Erklärung dafür, warum wir das Radfahren nie verlernen. Unser Gehirn verfügt über einen Typ von Nervenzellen, der offenbar die Erinnerung an motorische Fähigkeiten speichert. Diese Interneuronen enkodieren elektrische Signale, die das für die Bewegungskoordination zuständige Kleinhirn verlassen, in eine »Sprache«, die in anderen Teilen des Gehirns abgespeichert werden kann. Natürlich verschlüsseln diese Zellen nicht nur die Bewegungsabläufe, die zum Radfahren nötig sind, sondern alle motorischen Fähigkeiten, vom Kriechen über das Skifahren und Stricken bis hin zum Tangotanzen.

Das erklärt allerdings noch nicht, warum für den Volksmund im englischen Sprachraum ausgerechnet das Radfahren exemplarisch für erlernte Fähigkeiten steht, die sich so unauslöschlich ins Gedächtnis eingraben, dass sie stets abrufbar bleiben. Wenn man im Englischen sagt »It's like riding a bike«, dann meint man damit etwas, das so einfach ist, dass man es nie wieder vergisst. Warum sagt man nicht »so leicht wie das Rudern«, »so leicht wie mit Stäbchen zu essen« oder »so leicht wie Brustschwimmen«? Aus irgendeinem Grund wurde hier das Radfahren zur exemplarischen motorischen Fertigkeit, die als Beurteilungsmaßstab für die Speicherfähigkeit unserer grauen Zellen dient. Ich weiß nicht, warum oder ob es sich überhaupt jemand erklären kann.

Vielleicht hat es mit der Beziehung zwischen dem Fahrrad und der Kindheit zu tun. Wie gesagt lernen die meisten von uns das Radfahren früh im Leben, »bevor die dunkle Stunde der Vernunft heranzieht«, wie der Dichter John Betjeman es formulierte. Vielleicht sendet das Kleinhirn in der Jugend stärkere elektrische Signale aus, die ihrerseits sehr sorgfältig enkodiert und an einem sicheren Platz gespeichert werden – das zerebrale Äquivalent eines Panzerschranks in einem Stahlgewölbe im Keller einer Züricher Bank. Oder vielleicht hat es etwas mit der Tatsache zu tun, dass Radfahren so perfekt zur menschlichen »Software« passt, dass unsere Neuronen die damit verbundenen motorischen Fähigkeiten leicht verschlüsseln und sicherstellen können, dass sie zeitlebens nicht korrumpiert werden.

Es könnte auch etwas damit zu tun haben, wie unglaublich gut ausbalanciert das Sicherheitsrad ist. Es ist so schön im Gleichgewicht, dass es überhaupt keinen Fahrer braucht. Lässt man ein gut ausgerichtetes, fahrerloses Rad mit frei beweglicher Lenkung einen Abhang hinunterrollen, wird es bis zu einer Geschwindigkeit, die je nach Bauart schwankt, gerade und aufrecht bleiben. Ein fahrerloses Rad kann sogar automatisch die kleinen Lenkbewegungen ausführen, die erforderlich sind, um nach einem kleinen Stoß oder einer anderen Störung die Abweichung wieder auszugleichen. Physiker nennen das »intrinsische Stabilität«. Es steht häufig zu lesen, dass schon der sogenannte gyroskopische Effekt der rotierenden Räder ausreiche, um ein Fahrrad wie einen Kreisel aufrecht zu halten, doch das ist nicht ganz richtig. Der gyroskopische Effekt ist nur einer von mehreren subtilen physikalischen Gründen, darunter Geometrie und Massenverteilung, mit denen sich die Fähigkeit eines Vehikels erklärt, selbsttätig im Gleichgewicht zu bleiben.

Mit oder ohne Fahrer braucht ein Fahrrad ein gut ausbalanciertes Steuersystem, um sich aufrecht zu halten. Dazu gehören Lenker, Lenkervorbau, Vordergabel und Steuersatz. Die Gabel hat einen Gabelschaft, der im Steuerrohr des Rahmens steckt; Vorbau und Lenker sind mit dem Gabelschaft verklemmt. Der Steuersatz besteht hauptsächlich aus Wälzlagern, gemeinhin Kugellager genannt, und ihren Schalen, die oben und unten in das Steuerrohr eingepresst sind. Der Steuersatz macht es möglich, dass sich die Gabel zum Lenken und Balancieren unabhängig vom Rahmen drehen lässt.

»Wir betrachten es als eine Probe der Entschlusskraft«, sagte Chris DiStefano, als er mich mit einem kräftigen Handschlag begrüßte. Er stand an der Tür eines unauffälligen Fabrikgebäudes ohne Firmenschild am Ende der Nela Street, einer Sackgasse im hintersten Winkel eines Industriegebiets in Nordwest-Portland im

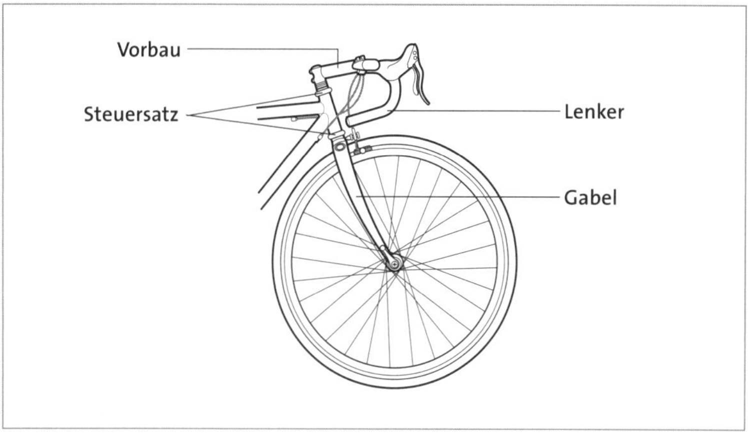

US-Staat Oregon. Diese verdammte Sackgasse kam gänzlich ohne Straßenschild und irgendwelche Fahrbahnmarkierungen aus. Es hatte mich einen halben Morgen gekostet, Chris King Precision Components zu finden. Ich hatte zwei Dutzend Mal nach dem Weg gefragt und immer wieder die gleiche Antwort erhalten: »Nee, nie gehört.« Dabei steht die Firma in dem Ruf, Fahrradbauteile von exzellenter Qualität herzustellen: Naben, Tretlager und, insbesondere, Steuersätze. Ihr Ruf ist um die Welt gewandert, doch Leute, die gleich um die Ecke arbeiteten, hatten noch nie von Chris King gehört. Himmel, sie kannten noch nicht mal die Nela Street. So bestätigte sich aufs Neue, was ich auf langen Radreisen gelernt habe: Wer sich an einem Ort zurechtfinden will, darf, um Himmels Willen, bloß nicht die Einheimischen fragen. Am Ende fand ich die Firma, wie man das Gleichgewicht auf einem Fahrrad entdeckt: durch Versuch und Irrtum.

Chris DiStefano ist der Marketingdirektor von Chris King. Als ich ihm das erste Mal mein Vorhaben in einer E-Mail skizzierte und die Idee erwähnte, die Fabrik zu besuchen, um zu sehen, wie der Steuersatz für mein Traumrad gefertigt wird, klappten sämtliche Luken zu. Umfassende Führung, Fotos vom Gebäude, Einzelbestellung von Komponenten vor Ort? Das alles sollte ich mir aus dem Kopf schlagen. Auch ein Interview mit Chris King war, wie der Marketingchef schrieb, keine Option. »Tut mir echt leid, ich weiß, ich habe nur schlechte Neuigkeiten für Sie.« Zum Glück war Chris DiStefano bis zu meinem Eintreffen aufgetaut, wenn es auch auf keinen Fall ein Treffen mit Chris King geben würde. Der war »im Urlaub«.

»Die Führung aller anderen endet hier«, beteuerte Chris in der Tür zwischen Rezeption und Fabrikhalle. Er ist ein geschmeidiger Bursche – mit der Drahtigkeit eines fleißigen Amateurradlers, den langen Armen eines Boxers und der unvorhersehbaren Gestik eines Stegreifkomikers. »Aber weil es Ihr *Traum*fahrrad ist *und* Sie den ganzen Weg von Wales hierher gekommen sind, haben wir beschlossen, Sie hinter die rote Tür einzuladen.«

Wir durchquerten die Bereiche der Endfertigung und Montage. Am Ende der Fertigungsstraße wurden Steuersätze gestapelt und abgepackt – und Chris konnte sich den Hinweis nicht verkneifen: »Jeder davon ist für jemandes Traumrad bestimmt.« In einer Ecke brannte ein Laser das Logo der Firma in Radnaben. Die Beschäftigten – es sind weniger als 100 – dürfen ihren Arbeitsbereich selbst gestalten, was, wie Chris erläuterte, dazu beitrage, sich stärker mit dem Unternehmen zu identifizieren.

»Chris King ist 1976 in dieses Geschäft eingestiegen. Er war ein begeisterter Tourenradler und konnte die Klagen seiner Radfreunde über mangelhafte Steuersätze nicht mehr hören«, erzählte Chris. »Mit seiner Erfahrung als Ingenieur im Medizingerätebau war er überzeugt, es besser machen zu können, und entwarf den ersten Steuersatz mit *gedichteten* Lagern.«

Wir waren auf einer Stahlgalerie angelangt, von der aus wir die Abteilung für Prototypen und Entwicklung in der Maschinenhalle unter uns übersehen konnten. Nur eine Maschine lief, und ich fragte mich, ob die Arbeit an den Prototypen für die Dauer meines Besuchs eingestellt worden war. Wenn man Steuersatz-Spionage betreiben wollte oder es allgemein auf die Auskundschaftung von Konstruktionsgeheimnissen des Fahrradbaus abgesehen hätte, wäre es keine so schlechte Tarnung, ein Buch über die Zusammenstellung eines Traumrads zu schreiben.

Der Steuersatz ist eine glanzlose, aber grundlegende Komponente des Fahrrads. Dieses Teil ist einer enormen Belastung durch die Straße ausgesetzt. Das in der unteren Pfanne eines Steuersatzes enthaltene Kugellager wird – anders als alle anderen rotierenden Teile des Rads – axial belastet und rotiert kaum, eine nicht gerade wünschenswerte Situation, da Stöße von der Straße so auf ein zumeist ruhendes Kugellager treffen. Diese Stoßbelastung kann zu Lochkorrosion oder Riffelbildung der Kugellager führen. Die Gefahr solcher Schäden wird noch größer, wenn man durchs Gelände fährt oder sein Trekkingrad schwer bepackt.

»Mit dem Aufkommen des Mountainbikes hat sich das Problem schlechter Lenkkomponenten noch ausgeweitet«, erklärte Chris. Wir gingen durch die Hauptmaschinenhalle, die vom Klirren, Scheppern, Rasseln, Dröhnen und Donnern von Metallteilen erfüllt war, welche durch Ingenieurskunst zum Leben erwachten. »Sie fahren doch Mountainbike, stimmt's? Da geht's Ihrem Steuersatz so, als würde er mit Presslufthämmern traktiert. Und wenn Sie bei feuchtem Wetter fahren, wird's für den Steuersatz noch schlimmer. Deshalb brauchen Sie gute Kugellager. Und das ist es, was wir hier bauen: Wir stellen erstklassige Kugellager her. Klar, wir produzieren auch schöne Aluminiumgehäuse für diese Kugellager in einer ganzen Bandbreite wunderhübscher Farben, und die Leute nennen unsere Komponenten mit Recht ›Radjuwelen‹. Aber in erster Linie sind wir ein Produzent von erstklassigen Kugellagern.«

Die Fahrradindustrie war die erste, die Kugellager auf breiter Linie einsetzte, auch wenn deren Prinzip schon viel früher verstanden worden war. Galileo beschrieb sie um 1600, Leonardo da Vinci noch ein Jahrhundert früher, und Überreste eines hölzernen Kugellagers wurden in römischen Galeeren gefunden und auf 40 n. Chr. datiert. Wie Kugellager funktionieren, ist sehr einfach: Wenn zwei Oberflächen aufeinander rollen, statt zu gleiten, vermindert das die Reibung erheblich. Ein modernes Fahrrad hat Kugellager – in einem Schmiermittel eingebettete Hartstahlkugeln – zwischen den festen und rotierenden Teilen der Naben, des Tretlagers, der Pedalen, des Freilaufs und des Steuersatzes. Ohne Kugellager würde sich das Radfahren anfühlen wie eine Schlittenfahrt über quietschendes Metall.

An einem nasskalten Pariser Novembertag des Jahres 1869 trat das bescheidene Kugellager in dramatischer Weise in die Fahrradgeschichte. Über 100 Radler, darunter eine Handvoll Frauen, hatten unter dem Arc de Triomphe vor einer Menge von Tausenden von Zuschauern Aufstellung genommen. Um 7:30 Uhr wurde eine Fahne geschwenkt, das Startzeichen für die Fahrer, sich auf ihre Räder zu schwingen und loszustrampeln. Ihr Ziel war Rouen, ein Städtchen 125 Kilometer nordwestlich von Paris.

Es war das erste organisierte Radrennen der Welt. Auf unsäglich schlechten Straßen war es die bis dahin ehrgeizigste Probe, auf dic Mcnsch und Maschine gestellt wurden. Das Preisgeld betrug 1000 Franc, und der Sieger hieß James Moore, ein Engländer, der in Paris gegenüber einer Schmiede- und Kutschenbauerfamilie namens Michaux aufgewachsen war, die unlängst damit begonnen hatte, auch Velozipede herzustellen. Moore, in Großbritannien als »Flying Frenchie« (»Fliegender Franzmann«) und in Frankreich als »Anglais Volant« (»Fliegender Engländer«) bekannt, wurde einer der berühmtesten Radrennfahrer seiner Tage. Er gewann viele Rennen, stellte einen Stunden-Distanz-Rekord auf und hielt mehrere Weltmeistertitel, doch am stärksten in Erinnerung geblieben ist er wegen seines Siegs im Langstreckenrennen Paris – Rouen.

1870 wurde dieses Rennen wegen des Ausbruchs des Deutsch-Französischen Krieges ausgesetzt, trotzdem diente Paris-Rouen allen klassischen europäischen Straßenrennen, die ihm nachfolgten und bis heute überdauern, als Vorbild. Jedes neue Rennen – Bordeaux–Paris, ein Nacht-Tag-Rennen über 560 Kilometer, das 1891 zum ersten Mal veranstaltet wurde; Paris–Brest–Paris, im selben Jahr begründet; Lüttich–Bastogne–Lüttich von 1892; Paris–Roubaix von 1896 und die Tour de France, die 1903 zum ersten Mal abgehalten wurde, um nur ein paar zu nennen –, sie alle schienen ihren Vorgänger übertrumpfen zu wollen und konnten doch Paris–Rouen nicht den Rang streitig machen, das erste Fanal in der unverbrüchlichen Liaison zwischen Radrennsport und menschlicher Selbstquälerei gesetzt zu haben. »Ich werde als Erster ankommen, oder ihr findet mich tot auf der Straße«, soll Moore vor dem Rennen gesagt haben.

Das ist heroische Emphase – eine Stimmung, die seit damals ein tragender Bestandteil des Straßenrennsports ist, ein unerschöpflicher Quell für die Werbung und Vermarktung von Rennrädern, Radkomponenten, Radlerbekleidung, Radreisen, von Zeitschriften, Büchern und Filmen über das Fahrrad bis hin zu den Radrennen selbst. Natürlich hat dieses hehre Sentiment auch ein Jahrhundert lang die Tatsache übertüncht, dass man beim Drogenmissbrauch und beim Doping beide Augen fest zudrückte – ein Grund, der mitverantwortlich war für den Tod von Tommy Simpson bei der Tour de France 1967. Als Simpson anderthalb Kilometer vor dem Gipfel des berüchtigten Mont Ventoux kollabierte, zirkulierten in seinem Blut, wie man später feststellte, Amphetamine und Cognac. Er hatte sich zu Tode gefahren. Die Legende will, dass seine letzten Worte gewesen seien: »Setzt mich wieder aufs Rad«, was allerdings nicht stimmt. Doch lautet die Inschrift auf seinem Grabstein auf dem Friedhof von Harworth in Nottinghamshire, wo er begraben liegt: »Sein Körper schmerzte, seine Beine waren müde, aber er gab nicht auf.«

Tatsächlich hatte Moores Sieg beim Rennen Paris–Rouen 1869 mehr mit einem technischen Vorsprung als mit menschlicher Entschlossenheit zu tun. Er fuhr das einzige Rad, dessen Pedalachsen auf Kugellagern liefen. Mir ist klar, dass Kugellager nicht so glanzvoll sind wie die physische und moralische Durchhaltekraft eines heldenhaft radelnden Menschen, aber es ist die Wahrheit. An jenem

7. November 1869 machten sich alle möglichen Maschinen auf den Weg die Avenue de la Grande Armée hinunter, darunter auch Ein-, Drei- und Vierräder. James Moore und alle anderen ernsthaften Rennfahrer fuhren Velozipede. Das Rennen wurde von der Zeitschrift *Le Vélocipède Illustré* und von den Brüdern Olivier gefördert, mittlerweile Eigentümer einer erfolgreichen Velozipedfabrik namens Michaux et Compagnie.

Leider finden sich in den zeitgenössischen Berichten keine näheren Angaben zu den Konstruktionsdetails von Moores Gefährt. Er könnte eine schwere hölzerne Maschine mit Vollgummireifen gefahren haben, gefertigt von Pierre Michaux, dem alten Freund seiner Familie. Oder er benutzte vielleicht ein Rad, das der französische Mechaniker Jules Suriray eigens für das Ereignis gebaut hatte. In einem jedoch sind sich alle Berichte einig: Sein Fahrrad an jenem Tag war das erste Zweirad mit kugelgelagerten Pedalachsen, die einen gleichmäßigeren, effizienteren Kurbellauf ermöglichten. Moore gewann das Rennen mit einem Vorsprung von 15 Minuten.

Das erste Kugellagerpatent erhielt der walisische Erfinder und Eisengießer Philip Vaughan 1794. Er versah die Achsen von Fuhrwerken mit Radialkugellagern, damit sie sich leichter ziehen ließen. Seltsamerweise geriet seine Idee wieder in Vergessenheit. Jules Suriray erhielt Anfang 1869 das erste französische Patent auf ein Kugellager. Dem Historiker Herbert Duncan zufolge waren es Insassen des Gefängnisses Sainte-Pélagie bei Paris, die im Auftrag von Suriray die Kugellager für Moores Fahrrad von Hand feilten. Allerdings hielten solche handgefertigten Kugellager keinen großen Beanspruchungen stand. Die frühen Kugellager wurden unter der Belastung, der sie beim Radfahren ausgesetzt waren, recht bald zu Staub zerrieben.

Zwischen Ende der 1860er und Ende der 1870er Jahre meldeten zwei Werkzeugmacher aus Birmingham, William Brown und Joseph Hughes, Patente für das Schmieren von Kugellagern und einen Kugellagerkranz an – der glatte Ring, in dem die Kugeln laufen – und brachten ihre Ideen unter dem Markennamen Aeolus bei Fahrrädern, Wagenrädern und Rollschuhen zur praktischen

Anwendung. Hughes' Kugellager war justierbar und wurde bald zum Standard in der Fahrradindustrie. Der große Durchbruch kam jedoch aus Deutschland. Friedrich Fischer gilt bei Kugellagerenthusiasten überall als »Vater des modernen Kugellagers«. Das mag keine Ehre sein, die viele begehren würden, aber wenn Sie ein Fahrrad fahren, sind Sie Fischer zu großem Dank verpflichtet. Er erfand 1883 die Kugelschleifmaschine. Zum ersten Mal ließen sich damit Kugeln in großer Menge in perfekter Rundform herstellen. Das von ihm gegründete Unternehmen ist bis heute erfolgreich. Und die Entwicklung von perfekt runden Präzisionsstahlkugeln mit extrem harter Oberfläche ermöglichte es, dass Kugellager bei jedem rotierenden Teil nicht nur des Fahrrads zur Anwendung kamen, sondern in der Folge auch bei Motorrädern, Autos, Schiffen, Flugzeugen, Skateboards, Druckerpressen – so ziemlich bei jeder Maschine, die man sich vorstellen kann.

Heute werden Kugellager mithilfe hochkomplexer Maschinen hergestellt. Wie gut sie laufen, hängt von verschiedenen subtilen Faktoren ab, vor allem von der Güte ihrer technischen Ausführung. Hochpräzise gefertigte, richtig ausgelegte und montierte Kugellager, die sauber gehalten und gut geschmiert werden, können Millionen von Umdrehungen – oder einen ziemlichen Haufen Fahrradkilometer – halten. Es gibt bei der Herstellung von Fahrradkomponenten allerdings eine Tendenz, Kugellager aus leichterem oder billigerem Material zu fertigen und ihre Lebensdauer auf ein gerade noch erträgliches Minimum zu reduzieren. Ich habe schon Kugellager in Naben, Tretlagern und Pedalen verschlissen und miterlebt, wie meine Steuersätze versagten. Wenn Letztere ihren Geist aufgeben, ist das meist nicht dramatisch, da sich dieses Dahinscheiden gemeinhin rechtzeitig bemerkbar macht. Wenn es aber plötzlich geschieht, kann das schlimm ausgehen, denn dann versagt auch die Lenkung. Hat man einmal die kleinste Ungenauigkeit in der Lenkung gespürt und reflexartig korrigiert, nur um zu erleben, dass der Lenker in eine andere Richtung zieht als das Vorderrad, darf man diesem Rad nicht mehr über den Weg trauen.

Die Zahl der Steuersätze, die Chris King in 15 Jahren produziert hat, ist nicht übermäßig groß, aber sie haben eine Kultgemeinde entstehen lassen. Ich habe nie Werbung für sie gesehen und kannte sie bis vor fünf Jahren auch nur vom Hörensagen, bis sie mir an schönen Rädern auffielen – nicht notwendigerweise teuren Rädern, sondern solchen, die Sorgsamkeit und einen Hauch von Klasse ausstrahlten.

»Die meisten unserer Kunden sind Fahrradenthusiasten. Sie schätzen die Präzision, Haltbarkeit und Qualität unseres Zubehörs. Und sie teilen unsere Einstellung: Wenn du etwas machst, dann mach es richtig und sorg dafür, dass es hält«, sagte Chris DiStefano. Wir gingen durch die Hauptmaschinenhalle, die bemerkenswert sauber wirkte. Chris zeigte auf die Belüftungsanlage, mit der sich Öldunst aus der Luft herausfiltern und sogar wiederverwerten ließ.

»Wir haben keine preislich abgestuften Modellreihen«, fuhr er fort. »Man kauft bei uns nicht das CK-Grundmodell mit dem Ehrgeiz, bald das nächsthöhere zu besitzen, um dann so lange zu sparen, bis man das alte ersetzen kann, und sich so allmählich nach oben vorzuarbeiten. Sie kaufen nur einen Steuersatz. Er überdauert vielleicht in sechs verschiedenen Rahmen, oder er bleibt in nur einem Fahrrad, jahrelang, ein Jahrzehnt oder zwei. Worauf es ankommt, ist, ihn einmal zu bauen, und zwar auf die bestmögliche Weise, sodass man das Material nicht wieder herausholen und von vorn anfangen muss.«

Das ist ein guter Grundsatz. Es ist bei weitem nicht die profitabelste Fabrikationsmethode, aber sie kann – nach Chris King zu urteilen – erfolgreich sein.

»Bei uns gibt es keine kalkulierte Veralterung. Wir haben keine Jahresmodelle, wir tauschen unsere Produkte nicht alljährlich aus. Tatsächlich ist der 1-Zoll-Gewindesteuersatz, den wir heute verkaufen, exakt das gleiche Modell, das Chris King 1976 zuerst produziert und in seinem Bekanntenkreis vertrieben hat.«

Wir waren durch die Gänge zwischen den nun ruhenden Maschinen zurückgegangen, vorbei an den Verwaltungsbüros, wo DiStefano mir Chris Kings leeres Büro zeigte – der ja im Urlaub war, wie er noch zwei weitere Male hervorhob –, bis zur Kantine. Die Beschäftigten saßen beim Mittagstisch. Ich merkte an, dass sie eher wie ein Ortsverband der Hell's Angels wirkten als eine Belegschaft von Feinmechanikern.

»Ach das«, erwiderte Chris. »Das ist der Portland-Look: Je länger man hier lebt, desto mehr Tätowierungen hat man. Das ist ungefähr so wie die Jahresringe einer Eiche. Haben Sie Hunger? Wir haben hier gutes Essen.«

Das Menü klang für eine Werkskantine eher ungewöhnlich: Benedict-Eier zum Frühstück, Cäsar-Salat zum Mittag. »Essen ist Chris King wichtig – für ihn persönlich und die Firma«, sagte Robert, der Küchenchef, während er eine Hühnerbrust tranchierte. Es ist natürlich auch ein wichtiger Teil des Radfahrens. Wann immer ich einen ganzen Tag auf dem Rad gesessen habe, ist meine Esslust in jeder Hinsicht am größten: Ich verdrücke die größten Portionen, empfinde den stärksten sinnlichen Genuss beim Essen und verspüre danach das stärkste Urgefühl zufriedener Sättigung. Radfahren macht einen Appetit, der beinahe so mächtig ist wie die Lust auf Sex. Zusammen mit dem Frieden und der spirituellen Erfüllung, mit der ich nach einer langen Radfahrt ins Bett falle, ist die Stillung des Hungers eine der größten Freuden des Radelns.

»Genau«, stimmte Chris zu. »Gestern Abend, als ich von einer sechsstündigen Mountainbike-Tour zurückkam – Sie wissen schon, einer von diesen dreistündigen Ausflügen, die kein Ende finden –, habe ich gleich zweimal zu Abend gegessen.«

Wir setzten uns mit Diane Chalmers, der Stellvertretenden Geschäftsführerin, zum Lunch. Die hohe Qualität der Mahlzeiten in der Kantine sei, so erklärte sie mir, Teil einer Initiative, um die Beschäftigten zu ermutigen, mit dem Fahrrad zur Arbeit zu kommen:

> In erster Linie geht es um das Offensichtliche: sichere Fahrradstellplätze, Duschen, belüftete Spinde. Portland kann sehr feucht sein. Und wir geben Streckentipps. Das alles gehört bei uns dazu. Eines

> der innovativeren Mittel, um das Radfahren zu fördern, sind die Mahlzeiten. Wenn Sie mit dem Rad zur Arbeit kommen, erhalten Sie Punkte, die Sie in der Kantine einlösen können. Ein weiterer Anreiz sind Urlaubstage fürs Durchhalten. Wenn Sie während zweier Monate, im Mai und September, jeden Tag mit dem Rad zur Arbeit kommen, verdienen Sie sich jeweils zwei zusätzliche Ferientage, insgesamt also maximal vier pro Jahr, wenn man beide Monate schafft. Wir sind unseres Wissens die Einzigen, die das anbieten. Es läuft gut. Es schafft ein größeres Zusammengehörigkeitsgefühl unter den Beschäftigten und bindet uns stärker in die Stadt ein, denn in einem der Monate ist das eine in ganz Portland durchgeführte Initiative. Aber uns geht es hauptsächlich um die Förderung des Radfahrens.

Was mich zu Chris Kings Firma für Präzisionskomponenten gezogen hatte, war die Eleganz und Verlässlichkeit ihrer Produkte. Ich hatte halb damit gerechnet, eine schmutzige Maschinenhalle mit bedrohlichem Lärm und einsilbigen Arbeitern vorzufinden, die süßen Tee durch ihre Zahnlücke schlürften – eine Werkstatthöhle, die auch ein James Moore wiedererkannt hätte. Ich hatte mir ausgemalt, wie ich vor einem großen Mann im Blaumann mit ZZ-Top-Bart stehen würde, der auf meine Frage, ob er Chris King sei, nur erwiderte: »Wer will das wissen?« Stattdessen sitze ich neben einer einnehmenden jungen Dame in einer modernen Cafeteria, esse Cäsar-Salat und diskutiere über aufgeklärte Methoden zur Förderung des Fahrradverkehrs.

Das Unternehmen Chris King gefiel mir. Und ich mochte auch Portland. Die Stadt hatte 1993 ernsthaft damit begonnen, ihre Fahrradinfrastruktur auszubauen. Im letzten Jahrzehnt hat sich hier die Zahl der Radfahrer verzehnfacht. Heute ist Portland die amerikanische Großstadt mit den meisten Radpendlern pro Kopf der Bevölkerung. Es gibt ein ausgedehntes Netz von Radwegen und Fahrrad-»Boulevards«, die für den motorisierten Verkehr gesperrt sind, ebenso wie eine eigene Beschilderung und Fahrbahnmarkierungen für Radler. In der Innenstadt regeln die Ampelphasen die Verkehrsgeschwindigkeit so herunter, dass Radfahrer damit Schritt halten können. Man kann sein Rad in allen Bussen, Straßen- und Stadtbahnen mitnehmen. Die Zahl der Parkplätze wurde vermindert; überall stehen Fahrradständer. An der Portland State University gibt es ein Institut, das sich eigens mit Themen der Rad- und Fußgängerforschung befasst. Ich habe gelesen, dass die Leute sogar mit dem Fahrrad umziehen: Man startet einen Rundruf, und eine Flotte von Radlern taucht auf, um die Küchenspüle abzutransportieren.

Oregon ist die Heimat der Holzindustrie. Als ich den Bundesstaat vor anderthalb Jahrzehnten mit dem Rad durchquerte, war der Kampf zwischen Umweltschützern und Holzfällern in vollem Gange. Eines Tages fuhr ich den Pacific Coast Highway hinunter Richtung Kalifornien. Vom Meeresniveau aus steigt und fällt die Straße über steile Klippen. Es schüttete aus Gießkannen, der Wind rüttelte heftig am Rad, und Regengischt nahm mir die Sicht. Ich sauste in ziemlichem Tempo bergab, als ein Pritschenwagen an mir vorbeifuhr und dann vor mir bremste. Als ich ihn wieder eingeholt hatte und rechts neben ihm fuhr, steuerte der Fahrer bedrohlich dicht an mich heran – ein Ruck an seinem Lenkrad, und ich wäre über die Böschung in den Tod gestürzt. Das Beifahrerfenster senkte sich, durch den Regenvorhang erkannte ich den Schirm einer Baseballmütze, dann einen Bart und eine Zahnreihe. Als sich unsere Blicke trafen, belferte der Mann: »Du verfickter Karnickelknutscher!«

Portland, die bevölkerungsreichste Stadt Oregons mit ihrer angestammten Konserven- und Tiefkühlkostindustrie und dem Kranz von achtspurigen Autobahnen, der die Stadt einschnürt, hat eine beträchtliche Verwandlung hinter sich. Früher eine Stadt ohne Fahrradtradition, hat sie sich mittlerweile zur Fahrradhauptstadt Amerikas gemausert.

»Wenn Sie für Verkehrssicherheit sorgen, dann benutzen die Leute das Rad auch«, versicherte Bürgermeister Sam Adams, als er mir einen Tag vor meinem Besuch bei Chris King auf der jährlichen Brückenfahrt von Portland, dem »Bridge Pedal«, ein Interview gewährte. Beim Bridge Pedal werden die Stadtbrücken über den Willamette River einen Tag lang für den motorisierten Verkehr gesperrt und für Radler freigegeben. 17 000 Menschen waren an diesem Tag gekommen, um sie mit ihren Rädern in Beschlag zu nehmen.

»Viel von dem, was wir hier getan haben, kann jede andere Stadt leicht nachmachen«, ist der Bürgermeister überzeugt. »Und dabei haben wir eben erst angefangen. Unser Ziel ist es, 25 Prozent des gesamten Verkehrs in der Innenstadt auf das Fahrrad zu verlagern. Das ist machbar.« Die radfreundliche Politik der Stadt hat mittlerweile Fahrradfirmen und Fahrradfreunde aus den ganzen Vereinigten Staaten nach Portland gelockt. Auch Chris King ist aus Kalifornien hierher umgezogen.

»Man könnte sagen, Portland hat sich der Energie bemächtigt, die das Rad freisetzt«, so formuliert es Slate Olson, den es von San Francisco nach Portland gezogen hat und der hier die US-Vertretung der britischen Radsport-Bekleidungsfirma Rapha leitet. Wir trafen uns zum Kaffee auf der Mississippi Avenue, einer flippigen Straße in Portlands Norden, auf der es von morgens bis abends von Fahrrädern nur so wimmelt.

> Ja, Zehntausende fahren hier jeden Tag mit dem Rad zur Arbeit, aber auch an den Wochenenden ist was los. 1200 Leute nehmen an Querfeldeinrennen teil. Es gibt eine Szene von Leuten, die Mutantenräder bauen und fahren. Es gibt Radpolo und Lanzenturniere auf dem Rad. Jede Woche findet ein Spaßrennen, das »Zoo-Bombing« statt: Die Leute rasen auf Kinderrädern vom Washington Park den Berg runter. Wir haben hier Fahrradsubkultur satt. Oh, und wir haben die größte Nacktradfahrt Amerikas. Man sagt, es gibt in Portland alle 27 Minuten ein Fahrrad-Event. Als Politiker kann man ohne eine Radlerplattform nicht gewählt werden. Es sind hier mindestens 25 Rahmenbauer im Geschäft und machen Portland zum Zentrum der Wiedergeburt des Maßrads. Und das macht auch anderen Mut. Eine Menge amerikanischer Städte blickt auf Portlands Radlerszene und fragt sich: Wie können wir das auch erreichen?

Ich besuchte die Werkstatt von Sacha White, einem bekannten Rahmenbauer in Portland. Er erzählte mir von den kleinen Gemeinschaften, die in der Stadt aus der Fahrradkultur entstehen.

> Die Hälfte der Mitschüler meiner Kinder fährt jeden Tag mit dem Rad zur Schule. Wenn man am selben Ort lebt, arbeitet und einkauft, entwickelt sich eine starke Zugehörigkeit. Das große Haus in der Vorstadt mit einem Zaun drum herum, dann jeden Tag 15 Kilometer zur Schule fahren und 30 Kilometer zur Arbeit – sowas macht Gemeinschaften kaputt. Ich glaube, heute stellt eine ganze Generation den amerikanischen Traum auf den Prüfstand. Radfahren gewinnt seine soziale Anerkennung zurück. Wir versuchen, das zu unterstützen, indem wir gute Räder für den Alltagsverkehr bauen, Fahrräder, die wirklich nützlich sind und nicht nur Spielzeug.

White sprach mit sanfter Stimme und großem Sendungsbewusstsein. Er macht Fahrräder für eine schöne neue Welt. Es muss nicht eigens erwähnt werden, dass seine Räder natürlich samt und sonders mit Steuersätzen von Chris King ausgerüstet sind.

Nach dem Lunch in der Werkskantine führte mich Chris DiStefano die Treppe hinunter zurück in die Montageabteilung. Auf der Ecke einer Werkbank wartete mein Steuersatz auf mich. Er legte eine Hand um meine Schulter und hielt mit der anderen den Steuersatz zwischen Daumen und Zeigefinger über uns ins Licht. »Ein 1⅛-Zoll-NoThreadSet mit Sotto-Voce-Logo in Silber.* Ich garantiere Ihnen, dass er zu jeder Farbe passen wird, in der Sie Ihr Rad lackie-

* Im Klartext: ein gewindeloser Steuersatz von 1⅛ Zoll mit einem Logo in der abgetönten Grundfarbe. (A.d.Ü.)

ren«, war er überzeugt. »Wir geben zehn Jahre Garantie darauf – so viel halten wir von unseren Kugellagern. Ein Traumsteuersatz – für ein Traumrad.«

Der Name Cino Cinelli hat in der Geschichte des modernen Radrennsports einen Ruf wie Donnerhall. Heute braucht man ein Chemiestudium und einen Doktor in Polymerverbundsystemen, um in einer Forschungs- und Entwicklungsabteilung der Fahrradindustrie arbeiten zu dürfen. Cino Cinelli verließ 1930 mit 14 Jahren die Schule und verbrachte seine Lehrjahre als Radrennfahrer auf der Straße. Seine Profikarriere währte über ein Jahrzehnt und trug ihm Siege im Giro di Lombardia, Giro di Piemonte und Giro di Campania ein. Die Krönung seiner Laufbahn im Sattel war 1943 der Sieg des einstigen Klassikers Mailand–San Remo, ein mörderisches Tagesrennen über 298 Kilometer.

Überzeugt, dass sich an diesem Gefährt noch allerhand verbessern ließe, zog Cinelli nach Mailand und stieg 1948 bei seinem Bruder ins Fahrradgeschäft ein. Ein Zweig der Firma vermarktete erstklassiges Zubehör anderer Hersteller, was Cino zu einer Art Paten der Radsportindustrie in Italien machte. So hoch war die Qualität der Komponenten in seinem Lager, dass es schon einer Auszeichnung gleichkam, nur darin aufgenommen zu werden. Der andere Geschäftszweig, Entwicklung und Vertrieb von Cinellis eigenen Innovationen, erwarb der Marke bis heute einen Rang in der allerersten Liga der Rad- und Komponentenhersteller.

Ohne sich groß um Moden zu scheren, verwandte Cinelli seinen unkonventionellen Erfindergeist auf die Produktion einer breiten Palette maßgeschneiderter Rahmen – von Bahnrädern, die bei Olympischen Spielen Medaillen holten, bis hin zum Modell Supercorsa, einem Straßenrennrad, das als Porsche Carrera unter den Fahrradrahmen zur Ikone des Radsports des späten 20. Jahrhunderts wurde. In Partnerschaft mit Unicanitor entwarf Cinelli den ersten Kunststoffsattel. Er erfand in den 50er Jahren den ersten Gabelkopf mit Innenmuffen und in den 70er Jahren das M-71, das erste Systempedal. Er gründete den italienischen Radrennfahrerverband und schrieb ein bedeutendes Trainingslehrbuch. Am berühmtesten sind Cino Cinelli und die Firma, der er drei Jahrzehnte lang vorstand, jedoch für ihre Lenker und Vorbauten.

Anders als beim Fahrradrahmen, dessen Geometrie nur geringfügig je nach beabsichtigter Nutzung variiert, gibt es je nach Radtyp ein Wirrwarr verschiedenartiger Lenkerformen. Mountainbikes haben eher breite und flache oder leicht ansteigende Lenkstangen (*riser*). BMX-Lenker sind tief U-förmig eingeschnitten und mit einer Querstrebe verstärkt. Die meisten Mehrzweck- oder Gebrauchsräder haben entweder einen geraden Lenker oder einen mehr oder weniger aufwärts geschwungenen Lenkerbügel, mit Griffenden, die parallel zur Längsachse des Rads nach hinten zum Fahrer umgebogen sind. Ähnlich sehen die markant nach hinten geschwungenen Tourenbügel oder Stuttgarter Lenker aus, mit denen manche Tourenräder ausgestattet sind. Die Lenker von Bahnrädern gehen von der Mitte in einem Schwung in die abfallenden Bögen über. Sie sind für die Nutzung ohne Bremshebel entworfen und bieten mehr Armfreiheit für das Sprinten im Wiegetritt. Dieser Lenkertyp hat in der urbanen Biker-Szene bei Ein-Gang-Rädern (Singlespeed) und Starrgangrädern (Fixies) in jüngster Zeit an Popularität gewonnen. Triathlonräder haben Tria- oder Aero-Lenker, d. h. Zeitfahraufsätze, auf denen die Arme des Fahrers in der sogenannten amerikanischen Position nebeneinanderliegend vorgestreckt sind, was die Lenkfähigkeit beeinträchtigt, aber die Aerodynamik verbessert.

Der bekannteste Sportlenker jedoch, den die meisten von uns in die unfertige Skizze einer Rennmaschine einzeichnen würden, ist der konventionelle Rennlenker (*drop bar*), den man bei allen Straßenrennrädern findet. Die beträchtlichen Vorteile dieses Lenkertyps liegen in der gleichmäßigen Verteilung des Körpergewichts über das ganze Rad und der Variabilität der Griffpositionen. Wer jemals 150 Kilometer am Tag gefahren ist, weiß diese Möglichkeit des Positionswechsels hoch zu schätzen. Man kann den geraden »Rücken« des Lenkers umfassen und die Aussicht genießen; man kann die Hände an den Bogenansätzen platzieren und in den Windschatten des Vordermanns eintauchen; man kann die Bügelenden umklammern, aus dem Sattel steigen und im Wiegetritt die steilsten Hänge hochächzen; oder man kann in die Bögen greifen, um zum Sprint auf die Ziellinie anzusetzen oder eine Abfahrt hinunterzuschießen.

Als Cino 1948 ins Geschäft seines Bruders Giotto eintrat, wurden Lenker aus Stahl noch von Hand in Rohrbiegevorrichtungen gefertigt. Rennlenker hatten meist eine einheitliche Form: Von der Mitte strebt der Bügel zu beiden Seiten in gerader Linie fort und knickt in kurzen, kontinuierlichen Biegungen nach vorn in die Bögen ab, die parallel zum Rahmen einen sanften Radius von ungefähr 160 Grad nach unten beschreiben, um zu den Enden hin wieder gerade auszulaufen. Es ist eine klassische, elegante Form.

In den 50er Jahren fing Cinelli an, leichte Veränderungen bei den Bögen, dem Kurvenradius, der Länge der Bogenansätze und dem Neigungswinkel einzuführen. Die Modelle wurden damals gern nach großen Rennen, berühmten Bergfahrten und Legenden der Zeit benannt. Bei Cinelli trugen sie Namen wie San Remo, Gran Fondo, Giro d'Italia. In den 60er Jahren stellte ein anderer italienischer Zubehörhersteller namens TTT, gegründet von einem ehemaligen Ingenieur der Ambrosio-Werke, die Lenkermodelle Bobet, Anquetil, DeFilippis und Coppi her. Die Bögen oder *drops* variierten zwischen 145 und 210 Millimeter Länge. Die Länge der Bogenansätze, ein vertikales Maß von der Lenkeroberseite zum Bogenscheitel, betrug zwischen 90 und 125 Millimeter.

Die Turiner Brüder Giuseppe und Giovanni Ambrosio waren Pioniere – die ersten, die bei Fahrrädern Aluminium eingesetzt haben. Ambrosio war die erste und eine Zeitlang die einzige italienische Firma, die Lenker und Vorbauten aus Alu herstellte. Man glaubte, dass Aluminium, das nachgiebiger als Stahl ist, die Erschütterungen von der Straße besser dämpft. Das erste Aluminiumrad wurde bereits 1935 gebaut, aber besonders die professionellen Rennfahrer hegten den Verdacht, dass dieses Metall für Lenkerbügel nicht stark genug sei. Heute hält sich im Hauptfeld eine ähnliche Meinung über Karbonverbundlenker. Obwohl der Einsatz von Karbon bei Komponenten in den letzten Jahren rasant zugenommen hat, bestehen einige Profifahrer weiterhin auf Alu-Lenker an ihrem Rennrad.

Ein Lenkerbruch, aus Gründen, die von Materialermüdung bei Aluminium bis hin zu einem unbemerkten Riss in den Kohlefasern reichen kann, ist für Radrennfahrer ein Alptraum. Bricht der Lenker ohne Vorwarnung bei langsamer Fahrt, spießt man sich selbst auf dem Vorbau auf; brettert man in den Alpen eine Abfahrt mit 80 Stundenkilometern hinunter, wird man umstandslos in die ewigen Jagdgründe katapultiert. Stellen Sie sich vor, bei einer ähnlichen Geschwindigkeit aus dem Auto geschleudert zu werden, und Sie bekommen eine Idee davon.

Als Cinelli 1963 die Lenkerproduktion auf Aluminium umstellte, änderte die Rennelite ihre Meinung. Während Cinelli-Lenker bald allgegenwärtig waren, kamen Stahllenker rasch aus der Mode. Das Vorbaumodell IA kam 1964 auf den Markt und wurde zum Industriestandard. Es hatte nicht nur ein innovatives Design und war robust, sondern sah auch noch fantastisch aus. Ein Jahrzehnt lang sah man kaum je einen professionellen Straßenrennfahrer seine sehnigen Finger um etwas anderes schließen. Das Unternehmen verkaufte Mitte der 60er Jahre 7500 Lenker und Vorbauten im Jahr. Als sich Cino 1978 zur Ruhe setzte, waren es 150 000. Trotz des Produktionszuwachses blieb der Standard hoch: Cinellis Lenker und Vorbauten gehörten nach wie vor zu den begehrtesten Radkomponenten, die damals hergestellt wurden. Die Liste begeisterter Champions – wie Greg LeMond, Laurent Fignon, Bernard Hinault, Claudio Chiappucci, Mario Cipollini, Lance Armstrong –, die sich für einen Cinelli-Lenker entschieden haben, setzt sich bis zum heutigen Tag fort.

Antonio Colombo, Sprössling der berühmten Columbus-Rohr-Dynastie, kaufte Cinelli 1978. Mit technischen und gestalterischen Innovationen trieb er beide Unternehmen weiter voran. Schon ein Blick auf den Cinelli-Katalog auf der Firmenwebseite nährte in mir den Verdacht, dass der Firmenchef eine gewisse Exzentrik pflegt, ein Eindruck, der sich bestätigte, als ich ihn in seiner Fabrik am Stadtrand von Mailand kennen lernte. Antonio kam, gekleidet in einen Anzug von Paul Smith und Wanderschuhen, auf einem Roller den Gang hinunter auf mich zugefahren.

»Ja, ja, der Roller«, sagte er, als wir unsere »Ciaos« gewechselt hatten, »der Roller ist spitze. Seine Komponenten sind mit CNC-Maschinen gefertigt. Aber er kostet mehr als ein Fahrrad. Hat natürlich niemand gekauft – außer mir … hah! Wie wär's mit einer Tour?«

Antonios Vater, Angelo Luigi, gründete Columbus 1919 mit diesen Worten: »Ich will ins Eisen- und Stahlgeschäft einsteigen und einen fairen und ehrlichen Gewinn machen.« Zusammen mit Reynolds dominierte Columbus während eines Großteils des 20. Jahrhunderts den Markt für hochwertige Fahrradstahlrahmen. Immer wieder wurden Anstrengungen zur Diversifizierung unternommen und Motorräder, Skistöcke, Autokarosserien und sogar Stahlrohrmöbel produziert, doch das Rennrad blieb stets das Kerngeschäft. Die bedeutendste Innovation von Columbus war vielleicht das Nivachromstahlrohr. Es war die erste Legierung, die eigens für den Bau von Fahrradrahmen entwickelt wurde. Weil es so wenig von seiner Härte verliert, wenn es geschweißt wird, waren die Rohre dünner und leichter als alles, was es zuvor gegeben hatte. Das Rad, mit dem ich die Welt umrundet hatte, war aus Nivachromstahl gewesen. Als ich Antonio davon erzählte, bekam er leuchtende Augen. Wir blieben vor einer Reihe von Maschinen stehen, in denen Stahlrohre gezogen wurden.

Ich sag's Ihnen ehrlich, eins der Probleme, die ich als Arbeiter hatte – und ich habe mit 22 in der Fabrik meines Vaters angefangen –, war der Krach: Stahlrohre, die gezogen, geschnitten und hier und dorthin befördert wurden und dabei gegeneinander schlugen … als wir 2 000 000 Rohre pro Jahr machten, als es 150 Rahmenbauer in Italien gab – Lärm, Lärm, Lärm den lieben langen Tag. Und dann, vor fünf Jahren, war mein Problem die Stille. Jeder wollte Karbon. Heute holt Stahl wieder etwas auf, langsam, besonders in den USA. Es freut mich, dass sogar einige italienische Rahmenbauer wieder mit Stahl zu arbeiten beginnen. Ein Stahlrahmen hält ein Leben lang. O. k., Kohlefaser ist eine Konkurrenz, aber wenn Sie einen Rahmen für jeden Tag Ihres Lebens wollen – Stahl. Wir haben früher 20 000 Rohre in einem Schub gemacht – heute sind es gerade mal 20. Aber wir machen sie wieder, und schauen Sie nur, wie glücklich unsere Arbeiter sind.

Antonio grüßte über eine Werkbank hinweg einen Arbeiter, der gerade eine Sitzstrebe aus Chrom-Molybdän (Kosewort: Chromoly oder Cromoly) in einer Biegevorrichtung von Hand bearbeitete. Mit seiner behandschuhten Hand erwiderte er den Gruß.

»Man kann kein gutes Fahrrad mit unglücklichen Arbeitern bauen.«

Angelo Luigi Colombo ist berühmt für seine Stahlgabelbeine mit elliptischem (eher denn ovalem) Querschnitt. Diese Gabeln mit »italienischem Querschnitt« verbesserten die Lenkeigenschaften des Rads und machten das Fahren komfortabler. Sie waren ungeheuer populär. Heute kann Columbus aus seiner über fünfzigjährigen Erfahrung innovativer Gabelgestaltung schöpfen und fertigt eine ganze Bandbreite hervorragender Karbongabeln – eine der Komponenten, die in Mailand auf meiner Einkaufsliste stehen.

Antonio führte mich durch die Fabrik zu der Abteilung, wo Stahlrohre, ein Lenker und einige Karbongabeln getestet wurden. Ermüdung, Stöße, statische, frontale und seitliche Belastung: Es gab offenbar keinen möglichen Test, der hier nicht durchgeführt wurde, wobei eine unheimliche Kakophonie entstand: *Tschicka-tschicka-tschicka … tack-tack-tack … dink-puh-dink-puh.* Ich wusste, dass die Gabeln in Taiwan gefertigt wurden. Statt bei ihrer Herstellung zuschauen zu können, musste ich mich also mit ihrem Ermüdungstest begnügen.

Auf Brian Rourkes Empfehlung hin war ich auf das Modell Carve scharf. Diese Gabel wird in Schalenbauweise gefertigt, die mit der Außenhaut statt einer Innenstruktur als Baugerüst beginnt und Schale und Kern unlösbar verbindet. Sie fand bei der Produktion von Karbonrahmen zuerst in den 80er Jahren Anwendung und ist heute weit verbreitet. Der Gabelschaft, der durch das Steuerrohr geführt wird, und die Gabelbeine sind in einem Stück aus übereinander geschichteten Lagen von Kohlefasern gearbeitet. Das Modell Carve hat eine traditionelle Form, Ausfallenden aus Aluminium sowie eine Gabelvorbiegung von 45 Millimeter. (»Ach, es sieht magisch aus!«, hatte Brian geseufzt.)

Wie sich ein Rad lenken und manövrieren lässt, hängt weitgehend von etwas ab, das man Nachlauf nennt. Verlängert man die Achse des Steuerrohrs mit einer imaginären Linie zum Boden, so trifft sie vor dem Punkt auf, an dem das Rad den Boden berührt. Der horizontale Abstand zwischen diesen beiden Punkten ist der Nachlauf (so benannt, weil das Rad der Steuerachse gewissermaßen »hinterherläuft«). Ein großer oder langer Nachlauf verleiht einem Rad Stabilität, es spricht dadurch aber auch langsamer auf die Lenkbewegungen an. Ein kurzer Nachlauf vermindert die Stabilität, erhöht aber die Beweglichkeit. Dasselbe Prinzip gilt für Motorräder. Rennräder, die speziell für Kriteriumrennen (Straßenrennen in

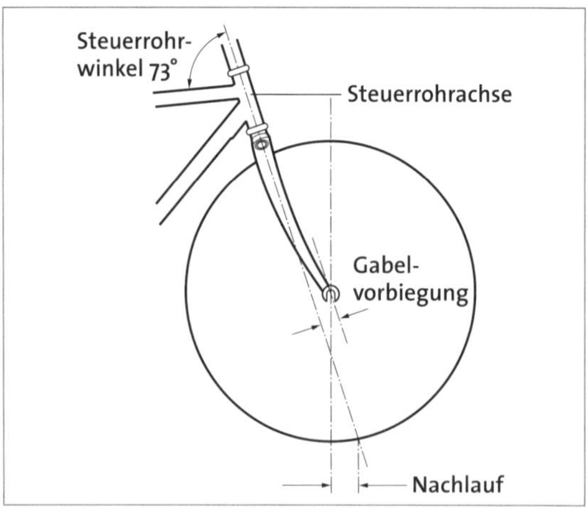

Stadtzentren) ausgelegt sind, haben einen kurzen Nachlauf, um ihre Manövrierfähigkeit zu erhöhen. Komfort ist hier kein Kriterium.

Die Gabelvorbiegung (englisch *fork rake* oder *offset*) ist der rechtwinklige Abstand zwischen der Steuerachse und der mit dem Lot bestimmten Radmitte – also, wie das Wort schon sagt, schlicht das Maß, wie weit sich die Gabelbeine nach vorn biegen. Zusammen mit dem Steuerrohrwinkel und dem Radius des Laufrads ist die Gabelvorbiegung eine der Variablen, die den Nachlauf bestimmen. Bei einem gegebenen Winkel der Steuerrohrachse und einem gegebenen Radradius bedeutet eine größere Gabelvorbiegung weniger Nachlauf und umgekehrt. Die Gabelvorbiegung beeinflusst auch die Bequemlichkeit: Trekkingräder haben gewöhnlich eine längere Vorbiegung, da sie, in Verbindung mit einem längeren Radstand (der Abstand zwischen den beiden Naben von Vorder- und Hinterrad), eine stoßdämpfende Wirkung hat.

Die Gabelvorbiegung und der Winkel der Steuerrohrachse dienen noch einem anderen baulichen Erfordernis: Sie verhindern, dass das Vorderrad mit dem Fuß des Radlers am vorderen Ende des Pedalkreises kollidiert. In den frühen Tagen des Sicherheitsrads waren Steuerrohre und Gabeln kaum geneigt. Die Geschichtsschreibung ist leider über den Tüftler hinweggegangen, der zuerst auf die Idee kam, die Steuerachse des Fahrrads zu neigen, die Erfindung dürfte sich allerdings wohl weniger einer tieferen Einsicht in die Notwendigkeiten der Radstabilität verdankt haben als dem einfachen Umstand, dass die Füße beim Radeln mit dem Vorderrad ins Gehege kamen.

Wie bei der Rocksaumhöhe, so ging es auch mit der Gabelvorbiegung im vergangenen Jahrhundert hoch und runter. Von den 30er bis zu den 50er Jahren hatten Fahrräder üblicherweise eine Gabelvorbiegung von 90 Millimetern (und einen Nachlauf von null). Vor allem aufgrund der schlechten Straßen waren Räder mit reichlich Gabelvorbiegung und einem langen Radstand gefragt, um Stöße abzufedern. Als die Straßen besser wurden, baute man Räder mit kürzeren Radständen und schmaleren Reifen, wodurch es nötig wurde, den Nachlauf zu vergrößern, damit sie sich sicherer manövrieren ließen. Heute haben Gabeln eine geringere Vorbiegung – im Schnitt 45 Millimeter –, und die Räder lassen sich insgesamt leichter lenken.

Antonio hat bei Columbus und Cinelli den innovativen Geist entschlossen lebendig gehalten. Das Rad ist für ihn ein »unendliches Projekt«, so hat er es einmal formuliert. Tatsächlich verkörpert er jenen Erfindergeist, der Mitte des 20. Jahrhunderts Italien an die Spitze der Fahrradindustrie und Großbritannien ins Hintertreffen brachte. Cinelli, Campagnolo, Bianchi, Pinarello, De Rosa, Columbus, Selle Italia, TTT, Ambrosio, Colnago, Magistroni, Wilier Triestina: Das sind die Marken, die, angetrieben von der Radsportleidenschaft der Menschen ebenso wie vom Wirtschaftsboom nach dem Zweiten Weltkrieg, ihren Teil dazu beitrugen, dass sich das Fahrrad von einem zweckdienlichen Vehikel zu einem ästhetischen Objekt der Begierde entwickelte.

Die Radindustrie in Italien konzentrierte sich obsessiv auf den Sport und die Geschwindigkeit. In den späten 40er Jahren schlug die große Rivalität zwischen zwei italienischen Giganten des Radrennsports, Gino Bartali und Fausto Coppi, die Nation in den Bann. 1948 machte der Straßenrennsport in Italien sogar Politik: Als ein Mordanschlag auf Palmiro Togliatti, den populären Führer der italienischen Kommunisten, zu einer landesweiten Revolte zu führen drohte, rief der italienische Parlamentspräsident während der Tour de France Bartali an und bat ihn inständig, doch zu gewinnen. Man nahm an, dass ein Sieg Bartalis seine Landsleute von einer Revolution ablenken könnte. Dieser siegte pflichtschuldig, und die Gefahr einer Volkserhebung ging vorüber.

In den 50er Jahren war das Radfahren in Großbritannien noch immer von Pragmatismus und der Vorliebe für idyllische Ausflüge aufs Land gekennzeichnet. Die Radrennszene war, verglichen mit dem europäischen Festland, ausgesprochen unterentwickelt – einer der Gründe, warum so wenige britische Radrennfahrer bei der Tour de France eine gute Figur machten. Das Rad diente unter der Woche dazu, zur Arbeit zu pendeln; an den Wochenenden unternahm man damit, eine Flasche Dandelion and Burdock* im Gepäck, Ausflüge zu Jugendherbergen. Ein noch aus viktorianischer Zeit stammendes Verbot von Straßenrennen mit Massenstarts sorgte dafür, dass der Radrennsport auf der Insel nicht in die Pedale kam. Man beschränkte sich daher weitgehend auf das Zeitfahren, dem Frederick Thomas Bidlake – ein Mann, der der Zeitmessung leidenschaftlich ergeben war – in den 1890er Jahren ein Regelwerk gegeben hatte. Praktisch sah das so aus, dass die Wettbewerber in Intervallen starteten und allein gegen die Zeit eine windgepeitschte Landstraße hinunterfuhren. Es war so langweilig, wie Bocciakugeln über den Rasen zu kullern. Auf dem europäischen Festland genossen dagegen Rennen mit Massenstarts die größte Popularität. Zu diesen Rennen gehörten Ausbrüche und Sprints über die Ziellinie, Verfolgungsjagden und Stürze, Leiden und Solidarität, Taktik und Bündnisse, Kooperation und Wettstreit, Eitelkeit und Ehre. Straßenrennen mit Massenstarts werden von den ungeschriebenen Regeln des Pelotons beherrscht, etwas so Komplexes, dass nicht einmal ein viktorianischer Engländer es in ein Regelheft hätte fassen können. »*Courir, c'est mourir un peu*«, wie die Franzosen sagen: »Jedes Rennen ist ein kleiner Tod.«

Bidlake, auch selbst Rennfahrer und später ein wichtiger Funktionär des britischen Radsports, nannte den kontinentaleuropäischen Stil der Massenstartrennen einen »überflüssigen Auswuchs«. Er hätte sich wohl gar nicht so ins Zeug legen zu brauchen. Die Wahrheit ist, dass der Radrennsport in Großbritannien nie die Unterstützung des Establishments hatte. Zeitfahrrennen waren ein Weg, dem Sport die Straße zu überlassen, ohne allzu viel Aufsehen zu erregen.

Die funkelnden Rennräder mit ihren leichtgewichtigen und innovativen Komponenten, die modische Kleidung und das gute Aussehen der italienischen Rennfahrer, die wie Filmstars wirkten, all das erschien im Großbritannien der Nachkriegszeit wie ein glei-

* Ein bis mindestens auf das 13. Jahrhundert zurückgehendes alkoholfreies Getränk aus gegorenen Wurzelextrakten von Löwenzahn und Großer Klette. (A.d.Ü.)

ßendes Licht aus einer anderen Welt. Selbst die Farben, mit denen die Italiener ihre Räder lackierten – Perlmuttweiß, Gelb, Rosa und das Himmelblau von Bianchi, das angeblich der Augenfarbe der letzten italienischen Königin, Marie José von Belgien, nachempfunden war –, ließen den erdverwachsenen Engländern die Augen übergehen.

Die Briten glaubten, sie hätten das Fahrrad gepachtet. Von dem Tag an, als James Starley – der Onkel von John Kemp, von dem schon verschiedentlich die Rede war – 1870 sein Modell Ariel patentieren ließ, bis in die Mitte der 1950er Jahre entsprach das praktisch auch der Wahrheit (1955 produzierte Großbritannien 3,5 Millionen Fahrräder). Doch es war schlecht möglich, im Alleinbesitz der populärsten Fortbewegungsform der Geschichte zu bleiben, und die rasche Zunahme der Autobesitzer in den späten 50er Jahren läutete einen Wandel ein, der die kulturelle Wahrnehmung des Fahrrads in Großbritannien veränderte. Bald war es nicht länger in erster Linie ein Transportmittel, es gab nun Raum für neue Zwecke: Man konnte es als Spielzeug ansehen, wie es in Amerika weitgehend der Fall war, oder als Objekt der Begierde, das es für die rennverrückten Kontinentaleuropäer wurde.

»Warum nicht beides?«, fragte Antonio, als ich ihn um seine Meinung bat. »Sie haben ein paar Räder, die Sie fahren, und Sie haben ein paar an der Wand Ihres Hauses als Kunstobjekte hängen, nicht wahr? Bei Eric Clapton ist es so.«

Wir waren ganz am Ende der Fabrikhalle angelangt. In einer Werkstatt bauten Mechaniker Cinelli-Räder versandfertig auf, die dann in Kartons verpackt und in alle Welt verschickt würden. Antonio zeigte mir Rahmen, die er von Haken über seinem Kopf abnahm, und Komponenten, die auf den Werkbänken lagen: ein Vigorelli-Bahnrahmen (»Den verkaufen wir heutzutage gut«), benannt nach dem großen Mailänder Velodrom, das als »magische Ellipse« bekannt ist, wie er erzählte; ein »Spinaci«-Zeitfahraufsatz für Rennräder (»Spinat gibt doch Kraft, stimmt's? Wir haben 500 000 davon pro Jahr verkauft, bevor der UCI* die Regeln geändert und sie verbannt hat«); eine Wasserflasche mit Minzgeruch (»Riecht doch besser als Plastik, oder?«). Es gab Rahmenmodelle, die nach elektrischen Gitarren, und Komponenten, die nach Rockbands benannt waren. In all diesen Details sah ich Antonios Radleidenschaft aufblitzen.

Äußerst lebhaft wurde er, als wir auf die Starrgang-Szene zu sprechen kamen:

> Es begann in den Garagen der Leute. Das ist der springende Punkt. Es ist keine Mode, es ist eine Haltung. Es gab noch nie eine so große Menge von jungen Leuten, die sich das Erbe des Fahrrads angeeignet haben, um mit dem Rad zu spielen. Sie kennen die Geschichte eines bestimmten Rahmenbauers oder vielleicht die Entwicklung einer Komponente. Sie erkennen, dass das Auto müde geworden ist, und sie haben das Rad wieder ins richtige Leben geholt. Sie legen da ihre Persönlichkeit hinein. Und sie benutzen Spitzenprodukte. Wir sind den Radkurieren dankbar. Sie waren die ersten, die ihr Leben auf dem Rad verbracht und sich dafür eine einfache, effektive, haltbare Maschine zusammengestellt haben. Das zwingt die Hersteller, immer bessere und noch bessere Räder zu machen. Das schafft bei den Fahrrädern eine größere Vielfalt. Die Fixie-Bewegung trägt ihr Teil zur Wiedergeburt des Fahrrads bei, da bin ich mir sicher.

---

* der Weltradsportverband Union Cycliste Internationale (A.d.Ü.)

Antonio war nun nicht mehr zu halten. Die Ideen sprudelten nur so aus ihm heraus. Es gelang ihm, John Lennon, den Internationalen Stil in der Architektur, Tätowierungen, die anarchistische Protestbewegung im Amsterdam der 60er Jahre, raubkopierte Musik und Le Corbusier in einem Atemzug zu nennen. Bei der nächsten Revolution wird er wohl der Erste sein, der auf die Barrikaden klettert. »Wissen Sie, welches Wort die meisten Menschen mit ›Freiheit‹ in Verbindung bringen, wenn sie frei assoziieren sollen?«, fragte er zum Schluss: »Fahrrad!«

Wir gingen durch die Werkstatt zu einem Tisch, wo ein Dutzend Lenker und Vorbauten aufgereiht lag. Darunter waren einfache Aluminiumlenker, um die Eddy Merckx bei seinem legendären Anstieg auf den Col du Tourmalet in den Pyrenäen 1969 zweifellos gerne seine kräftigen Hände geschlossen hätte; und es gab futuristisch anmutende integrierte Vorbau-Lenker-Einheiten aus Karbon, die aus dem Cockpit von Luke Skywalkers X-Wing-Fighter hätten stammen können.

»Integrierte Vorbau-Lenker-Einheiten hat zuerst Cinelli hergestellt«, erläuterte Antonio. »Drei Jahre lang haben nur wir die gemacht. Vor der Kohlefaser waren alle Lenkerbügel rund. Beim Aluminium muss man den Radius berücksichtigen, die ganze Innovation steckte in der Biegung. Heute ist die große Innovation der flache Teil des Lenkers. Es hat sich also die Ergonomie des Lenkers verändert, dramatisch verändert, weil Karbon modellierbar ist.« Er hielt ein Modell Ram, einen nicht-integrierten Lenker, in der Hand. Seine Ringe klapperten gegen den Karbonschaft, als er mit den Händen über den breit abgeflachten Lenkerrücken fuhr. Genug Platz, um einen Gin and Tonic abzustellen, fand ich.

»Warum nicht«, erwiderte er. »Hier ein Platz für einen Cocktail, hier schließen Sie Ihre Finger ganz natürlich um das Rohr …, hier ein Platz für Ihren Daumen … Wenn Sie die Hände auf die Kappen der Bremshebel legen, gibt es hier Raum für diesen Finger, und da passt Ihre Handfläche hin. Wenn Sie den ganzen Tag auf dem Rad verbringen, ist das sehr bequem. Nehmen Sie ihn, befühlen Sie ihn.«

Der Lenker hatte das Gewicht eines Füllfederhalters und fühlte sich kostbar an. Er kam mir sofort bequem vor. Über die Jahre habe ich so manches Mal taube Hände bekommen, die oft beklagte »Radlerlähmung«. Im Gelände bei langen Abfahrten ist es am schlimmsten. Das erste Mal, als ich mit dem Mountainbike in Pakistan unterwegs war, fuhr ich auf einer rauen Kiespiste über den Shandur-Pass (3800 m) auf einem Rad mit starrer Vordergabel. Die erste Abfahrt vom Plateau fällt über eine Strecke von zwölf Kilometern um 1500 Meter ab. Zuerst wurden meine Hände taub – woran ich schon gewöhnt war –, doch die Alarmglocken begannen zu läuten, als mir klar wurde, dass ich unterhalb der Ellbogen überhaupt nichts mehr spürte und die Bremsen nicht mehr ziehen konnte, um anzuhalten. Als ich eine Hand hob, um Blut hineinzuschütteln, stürzte ich vom Rad. Am nächsten Morgen war ich immer noch dabei, Kiessplitter aus meinen Knien und Ellbogen zu zupfen.

Selbst eine sanfte Tour durch die Grafschaften Englands kann meine Hände betäuben. Ich habe versucht, den Lenker höher zu stellen, den Sattel tiefer zu setzen, die Sattelspitze nach vorn und hinten zu neigen, den Lenker nicht zu fest zu umklammern, den Lenker noch fester zu halten, den Reifendruck zu senken; ich habe die meisten Arten von Gelhandschuhen durchprobiert, dickere Griffe, Korklenkerband, Gellenkerband. Ich habe Yoga gemacht zur Stärkung der unteren Rückenmuskulatur. Ich habe sogar das Rauchen aufgegeben. Und trotzdem: Wenn ich den ganzen Tag auf dem Rad sitze – ganz gleich ob Mountainbike, Renn- oder Stadtrad – werden meine Hände irgendwann taub, häufig für eine ganze Weile, und die Chancen stehen gut, dass ich in der Nacht durch ein dumpfes Kribbeln in meinen Fingern geweckt werde.

Ein Arzt, den ich einmal zufällig auf einer Radtour kennen lernte, erklärte mir, es handle sich um das Karpaltunnelsyndrom, der medizinische Fachausdruck für eine übermäßige Druckbelastung auf den Handwurzelnerv. Schon möglich. Der Mediannerv, der einen Großteil der Motorik und Sensorik der Hand steuert, liegt in der Mitte der Handwurzel – ein Körperteil, das bei einer

Fahrradfahrt häufig, wenn nicht ständig einer Druckbelastung ausgesetzt ist.

Es besteht kein Zweifel, dass eine gute Abstimmung von Rad und Fahrer diese Druckbelastung in Grenzen halten kann. Brian Rourke gab sich zuversichtlich, dass eingeschlafene Hände auf meinem neuen Stahlross kein großes Problem mehr sein würden. Mit dem Ram-Lenker in der Hand war ich mir nun sicher, dass ich der Lösung ein weiteres Stück näher gekommen war.

»Sie haben auch kleine Hände«, bemerkte Antonio, als er meine Handgelenke umfasste. »Dann ist dieser Lenker gut für Sie. Sehen Sie den Radius des Bogens … ein runder, aber sehr flacher Radius. Wir schwören auf das Konzept des variablen Radius. Er bietet mehr Griffpositionen, aber – das ist entscheidend – man erreicht die Bremsen leichter. Vor zehn Jahren wurden alle Lenker anatomisch – Sie wissen, mit der abgeflachten Beuge –, aber das zwingt Sie in eine einzige Position. Dann wollten die Rennfahrer wieder runde.«

Davon hatte mir auch Brian Rourke erzählt. Ich wollte auf alle Fälle einen traditionellen Lenkerbügel mit kontinuierlichen Bögen und flachem Radius. Von der Seite haben diese Lenker eine überlegene Ästhetik. Die leichte Erreichbarkeit der Bremsen war ein weiteres Plus. Ich hatte nicht beabsichtigt, einen luxuriösen und teuren Karbonlenker zu kaufen; vielmehr war ich nach Mailand gekommen, um Antonio und die Heimatstadt von Cinelli kennen zu lernen. Ich hatte mir vorgestellt, mit einem bescheidenen Aluminiumlenker abzureisen, vielleicht einem, den Cino selbst entworfen hatte. Nun, mit dem Karbonlenker in der Hand, zauderte ich. Er fühlte sich erlesen an. Ja, es gab diesen Lenker in der richtigen Größe für meine Schulterbreite: 42 Zentimeter. Oh, und schau mal an, hier war ein wunderschöner Vorbau in 120 Millimeter – wieder meine Größe.

Natürlich hätte sich auch Cino Cinelli begeistert der Kohlefaser zugewandt, wenn er noch lebte und noch immer seinen neugierigen Tüftlergeist auf die Verbesserung des Rads richten würde. Und zumindest der flache Bogen des Ram ähnelte sehr dem Modell

Giro d'Italia, das er Mitte der 60er Jahre populär gemacht hatte – auch wenn er beim Anblick der breiten Cocktail-Abstellfläche wohl in Ohnmacht gefallen wäre.

CAMPAGNOLO

R11

KAPITEL 3

Wir kommen in die Gänge: der Antrieb

»Und das Fahrrad tickte, tickte, tickte.«

Seamus Heaney, »Ein Gendarm kommt zu Besuch«

Der Kunjirap-Pass (4733 m) ist der höchste befestigte Paß der Welt. Er ist der ödeste Punkt der Karakorum-Straße, die das Industal in Pakistan mit der Taklamakan-Wüste im autonomen Gebiet Xinjiang in China verbindet. Ich habe ihn zweimal mit dem Rad überquert. Das zweite Mal brauchte ich von Gilgit aus, einstmals eine Wegstation an der Seidenstraße am Fuß des Hunzatals, eine Woche, um den Pass zu erreichen – das sind sieben Tage Fahrt bergauf. Es war eine anregende Tour. Kinder liefen auf die Straße und riefen »Gorah! Gorah!«, um mich um einen Stift anzubetteln, wie es heute in Asien noch vielerorts üblich ist. Ich kam in den Genuss der freigiebigen Gastfreundschaft der ismailitischen Muslime, die das Hunzatal bewohnen, und der Eier-Currys und Nudelsuppen, die an den Lkw-Raststätten serviert werden. Und dann gab es da natürlich die schiere Schönheit der Berge. Dennoch braucht man die ganze physische und mentale Kraft, die man aufbieten kann, um den Kunjirap-Pass auf dem Rad zu bezwingen.

Nach der Zoll- und Einreisestation in Sust durchquert man 210 Kilometer Niemandsland, bevor man den chinesischen Posten erreicht. Es ist ein öder, ungastlicher Ort. Die letzten 17 Kilometer vor dem Pass sind die steilsten. Sie sind höllisch. An einem kalten Septembertag kämpfte ich mich mit dem schwer bepackten Rad auf den Pedalen stehend im ersten Gang diese Straße hinauf und mobilisierte noch die letzte winzige Kraftreserve in meinen Beinen.

Mittags erreichte ich den Pass – ein kurzer, von Schnee gesäumter Asphaltabschnitt. Es war ein erhebender Moment: Ich hatte den höchsten Punkt meiner dreijährigen Weltreise erreicht. Ich stand allein, eingemummelt in sämtliche Kleidungsstücke, die ich dabeihatte, aß getrocknete Maulbeeren und schoss Fotos. Ich war nahe des Gipfels an einer Yak-Herde mit einem tadschikischen Hirten vorbeigekommen. Ansonsten waren mir den ganzen Morgen über kein Fahrzeug und keine Menschenseele begegnet.

Als ich zusammenpackte, blickte ich über den Rand des Passes auf die sich dahinwindende Straße ins Tal hinab, das zwischen Spalieren schneebedeckter Pamirberge eingebettet lag. Unglaublich, aber wahr: Da war ein Fahrrad auf dem Weg zu mir nach oben. Eine halbe Stunde später traf ein Paar auf einem Liegetandem auf dem Pass ein. Die junge Schottin vorne, Leslie, war querschnittsgelähmt: Infolge eines Unfalls beim Bergsteigen war sie von der Hüfte an abwärts paralysiert und musste die Kurbeln des Rads mit ihren Händen bewegen. Sie fror und konnte vor Anstrengung kaum sprechen. Die beiden hielten sich nicht lange auf. Ich machte ein Foto von ihnen, dann waren sie auch schon fort. Ich war wieder allein unter den weißen Gipfeln. Sie schienen irgendwie geschrumpft.

Von unserer Physis her sind wir noch immer steinzeitliche Sammler und Jäger. Ich gebe zu, dass das heutige Zeitalter der Fettleibigkeit eine Wahrheit aufzuweichen beginnt, die seit Urzeiten unanfechtbar schien, doch gilt für den Großteil der Menschheit weiterhin, dass 40 Prozent unserer Anatomie auf die unteren Gliedmaßen entfallen. Das ist viel für eine Spezies, die nicht länger durch die Tundra streift, um nach einer Mahlzeit Ausschau zu halten. Es ist der Grund, warum Fitness zum Kult wurde, als die körperliche Arbeit im Westen abnahm (und warum eine Investition in einen Fitnessclub in China heute wohl eine gute Idee wäre). Und es erklärt zum Teil, warum das Fahrrad das effizienteste von menschlicher Muskelkraft angetriebene Fortbewegungsmittel ist, das wir je erfunden haben.

Beinahe als einzige muskelgetriebene Maschine nutzt das Rad unsere größten Muskeln, die Gesäß- und Beinmuskeln, in nahezu optimaler Weise. Heute besteht der Antrieb eines gewöhnlichen Fahrrads – jene Handvoll Komponenten, mittels deren die Anstrengung eines Fahrers auf das Hinterrad übertragen wird – aus Kettenblatt, Tretlager, Tretkurbel, Kette und Freilaufschraubkranz (bzw. Ritzelpaket/Kassette). Es ist ein hocheffizienter Antrieb, ein wunderbarer Mechanismus, der die Laufräder meines Rads – und meine Welt – ins Rollen bringt. Und ich halte die These nicht für völlig unangebracht, dass das erste mit einem Kettenantrieb ausgestattete Zweirad der brillante Höhepunkt der Suche nach immer effizienteren Werkzeugen war, die in der Steinzeit begann.

Damals ließ die Benutzung von Werkzeugen zum ersten Mal einen Lichtspalt zwischen das Tierreich und uns fallen. Dennoch scheiterten wir erstaunlich lange Zeit daran, unser eigenes Muskelpotenzial – bis zur Industriellen Revolution die bedeutendste Energiequelle, wenn man einmal vom Wind und von den Nutztieren absieht – maximal auszuschöpfen. Rudern (in jeder Form, ob mit dem Schilfboot oder der Rudergaleere), Pflügen, Sägen, Graben, Hacken, Schaufeln, Pumpen, Heben: All dies sind werkzeuggestützte Tätigkeiten, bei denen vornehmlich Hand-, Arm- und Rückenmuskulatur zum Einsatz kommen. Die Prinzipien der Kurbel wurden seit Jahrtausenden angewendet – bei Pumpen, bei Flaschenzügen und sogar bei Drehbänken –, aber darauf, sie mit unseren Beinen anzutreiben, sind wir lange nicht gekommen. Beinahe alle kurbelbetriebenen Maschinen wurden von Hand bewegt. Sogar eines der ersten Unterseeboote der Welt, ein 15 Meter langes Tauchfahrzeug aus Gusseisen, das die Konföderierte Armee im amerikanischen Bürgerkrieg einsetzte, wurde von einer sieben Mann starken Besatzung gefahren, die an einer Handkurbelwelle stehend mit der Kraft ihrer Arme den Propeller antrieb.

Der erste jemals in ein prototypisches Fahrrad eingebaute Antriebsmechanismus war denn auch, kaum überraschend, eine Handkurbel. 1821 baute Lewis Gompertz, ein Kutschenmacher aus dem englischen Surrey, eine Draisine mit einer elementaren, in die Lenkstange integrierten Übertragung: ein Zahnradmechanismus an ihrem unteren Ende, der mit einem Antriebsritzel in der Vordernabe verbunden war. Wenn der Fahrer die Lenksäule nach hinten zog, setzte er damit das Rad in Gang (nun ja, so gerade eben). Um dieselbe Zeit konstruierte ein Londoner Mechaniker den Trivector, der drei Personen trug, die alle per Hand das Vehikel antrieben, während eine von ihnen mit dem Fuß lenkte. Gaetano Brianza aus Mailand baute das Velocimano-Dreirad. Auch hier bewegte der Fahrer seitlich angebrachte, von Hand bediente Hebel in Form von Schwingen, um das Gefährt fortzubewegen.

Bis zur Mitte des 19. Jahrhunderts war die Liste großer europäischer Geister, die sich vergeblich daran versucht hatten, einen Mechanismus zur wirkungsvollen Übertragung der Kraft eines Fahrers auf eine fahrbare Maschine zu ersinnen, peinlich lang geworden. Zu ihnen gehörten Isambard Kingdom Brunel, Michael Faraday und Joseph Nicéphore Nièpce, der Fotografiepionier. Und doch, niemand erkannte, dass unsere Beine weit kräftiger sind als unsere Arme. Die vielen Versuche, handkurbelgetriebene Velozipede und Dreiräder zu bauen, brachten letztlich Leslie, die querschnittsgelähmte junge Schottin, auf die Spitze des Kunjirap-Passes – eine wunderbare Sache. Für den Rest der Menschheit erwies sich die Handkurbel als eine schwer begreifliche Sackgasse.

Der große Sprung nach vorn ereignete sich, als jemand endlich Tretkurbeln an die Vorderradnabe einer Draisine anbrachte und damit das Veloziped erfand. Wer der Erste war, dem dafür die Ehre gebührt, ist unter Fahrradhistorikern heftig umstritten. Beinahe sicher war es ein Franzose um das Jahr 1865.* Die Kandidaten sind der bereits erwähnte Pierre Michaux, Pierre Lallement, ein junger Schmied und Karosseriebauer aus Nancy, der in die USA emigrierte und die Idee dort zuerst 1866 patentieren ließ, sowie die Brüder Olivier – Marius, Aimé und René –, die Söhne eines Industriellen aus Lyon, die in der Fahrradfabrik von Michaux

---

* Ein weitgehend unbekannt gebliebenes Tretkurbelrad hatte offenbar der deutsche Instrumentenmacher Philipp Moritz Fischer bereits 1853 gebaut: vgl. Max J. B. Rauck et al., *Mit dem Rad durch zwei Jahrhunderte. Das Fahrrad und seine Geschichte*, Aarau 1979, S. 32. (A.d.Ü.)

investiert waren. Der Historiker David Herlihy glaubt, dass alle von ihnen einen Anteil daran hatten. Wer immer es war, die Menschheit schuldet ihnen Dank. Der Tretkurbelantrieb war ein Durchbruch, und das nicht nur für das Fahrrad, denn nun war ein klarer Weg aufgezeigt, um die Ausbeute der Muskelkraft bei jeder von Menschen angetriebenen Maschine zu maximieren.

Durch die Hinzufügung von Pedalen und Pedalarmen entfachte das Zweirad zum ersten Mal Begeisterungsstürme. 1868 verbreitete sich das Veloziped rasch von Paris über Frankreich, dann nach Belgien, in die Niederlande, nach Italien, Deutschland, in die USA und nach Großbritannien. Die Maschinen waren aus Schmiedeeisen und Holz. Es war schwierig, sie zu lenken, sie waren schwer, ineffizient, teuer und äußerst unbequem, daher ihr volkstümlicher Spitzname »Knochenschüttler«, aber zumindest nutzten sie die richtigen Gliedmaßen.

Physiologisch schöpfen wir die Kraft unserer Muskeln am besten aus, wenn wir ihnen eine zyklische Bewegung ermöglichen und ihnen erlauben, sich sechsmal länger zu entspannen als zu arbeiten. Das hat etwas mit dem Blutfluss zu tun. Wenn wir auf einem Rad mit regulären Tretkurbeln fahren, üben unsere Beine nur für einen kurzen Teil jeder Umdrehung Druck auf das Pedal aus – über eine Länge von ungefähr 60 Grad. Die verbleibenden 300 Grad der Umdrehung über befinden sich die Muskeln in diesem Bein – die hinteren Oberschenkelmuskeln oder Flexoren und der vierköpfige Oberschenkelmuskel – im Ruhezustand und können durchblutet und so mit frischer Energie versorgt werden.

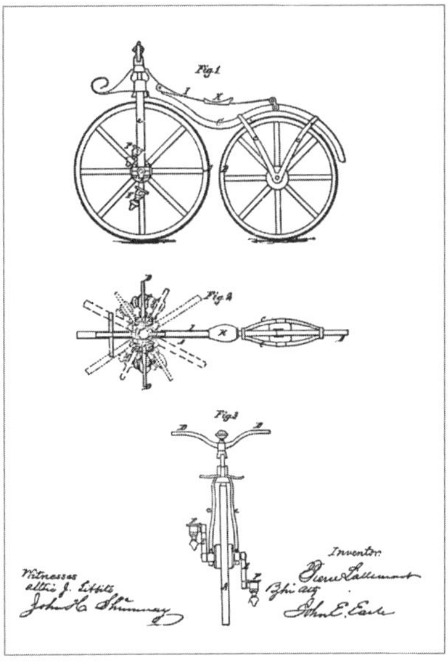

In die Pedalen zu treten entspricht somit beinahe perfekt dem optimalen Verhältnis von Muskelruhe und Muskelbeanspruchung. Das ist einer der zentralen Gründe, warum sich das Fahrrad so effizient mit menschlicher Muskelkraft fortbewegen lässt. Natürlich wussten Michaux, Lallement und die Olivier-Brüder nichts von alledem. Es ist schlicht ein Zufall, dass Humanbiologen diese Tatsache entdeckten, lange nachdem das Rad populär geworden war.

1869, in den ungestümen Tagen der Velozipedmanie, wurde das erste Radrennen der Welt im wohlhabenden Pariser Vorort Saint-Cloud veranstaltet. Die Folge war, dass die Leute nun schnellere Räder wollten. Ein Manko des Velozipeds bestand darin, dass es nur über einen einzigen, »niedrigen« Gang verfügte. In einem niedrigen Gang lassen sich die Pedale an einem Rad leicht drehen, aber man muss schnell treten, um halbwegs Tempo zu machen. In einem hohen Gang lassen sich die Pedale schwerer treten, aber man muss sie nicht so rasch drehen, damit das Rad in Fahrt kommt.

Der Direktantrieb des Velozipeds bedeutete, dass das Vorderrad bei jeder vollständigen Tretkurbelumdrehung ebenfalls eine vollständige Drehung vollzog. Der offensichtliche Weg, um einen höheren Gang zu erzielen, bestand darin, den Durchmesser des Vorderrads zu vergrößern. Im Verlauf der 1870er Jahre wuchsen die Vorderräder stetig. Die Obergrenze war praktisch mit der Beinlänge des Fahrers erreicht. Die größten Serienräder, die von professionellen Rennfahrern populär gemacht wurden und 30 Stundenkilometer erreichten, hatten Vorderräder mit einem Durchmesser von 1,50 Meter. Ihr Radumfang, also die Länge, die bei einer Pedalumdrehung zurückgelegt wurde, betrug 4,71 Meter. Unikate brachten es gar auf einen Vorderrad-Durchmesser von guten zwei und eine Umdrehungswegstrecke von mehr als sechs Metern. Es war eine simple, aber wirkungsvolle Methode, um den Wunsch nach höherer Geschwindigkeit zu erfüllen. Ein höherer Gang bot zudem eine bessere Kupplung oder »Geschwindigkeitsentsprechung« zwischen Mensch und Maschine. Der Haken war, dass Maschinen mit großen Vorderrädern schwierig zu fahren und gefährlich waren. Tatsächlich entfernte sich das Rad, je mehr das Vorderrad wuchs, von Freiherr von Drais' Vision eines mechanischen Pferds – eine demokratische Maschine für einen nützlichen Zweck.

Die Mechaniker in der industrialisierten Welt wussten das. In den 1870er Jahren intensivierte sich die Suche nach einem effizienten Antrieb: Hebel, Schwenkhebel, Ratschen und Frontketten, all das wurde durchprobiert, doch ohne Erfolg. Das Ziel war ein System mit einer der menschlichen Muskelkraft angemessenen Trittfrequenz und der verlustärmsten Übertragung dieser Kraft von den Füßen auf das Antriebsrad – und das alles auf einem Zweirad, das leicht zu fahren sein sollte. Durch populäre Zeitschriften wie *The Mechanics' Magazine* und *The English Mechanic* gab es in Großbritannien eine starke wechselseitige Befruchtung von Ideen zu dem Thema. Um etwa 1880 hatte man verstanden, dass die Tretkurbel am Vorderrad eigentlich nichts zu suchen hatte, da sie dort das Lenken und die Entwicklung einer größeren Übersetzung nur behinderte. Stattdessen war ein Mechanismus wünschenswert, wenn nicht geradezu zwingend, der die Pedale mit dem Hinterrad des Fahrrads über eine *Kette* verbinden würde.

Mit der Übertragung des Antriebs auf das Hinterrad ließ sich ein höherer Gang erzielen, indem man die Bewegung von einem relativ großen vorderen Zahnkranz – dem Kettenblatt – auf einen viel kleineren an der Hinterradnabe – das Ritzel – *übersetzte*, um so mit einer Kurbelumdrehung das Laufrad gleich mehrfach zu drehen. Der Vorteil war, dass beide Räder nun dieselbe Größe haben und kleiner sein konnten, wodurch das Rad sicherer wurde. Dieses Antriebsprinzip ermöglichte später die Entwicklung des Sperrklinkenmechanismus zur Entkoppelung von Ritzel und Nabe, um das Rad im »Freilauf« rollen zu lassen, ohne die Füße von den Pedalen nehmen zu müssen, sowie von Gangschaltungen, die unter unterschiedlichen Bedingungen für eine jeweils effiziente Kraftausnutzung sorgten. Der Ingenieur Harry J. Lawson ließ sich 1879 die erste Maschine mit Hinterradkettenantrieb patentieren. Blieb nur noch das Problem der Kettenqualität.

Der Durchbruch kam in Form der Rollenkette aus Stahl, die

Hans Renold 1880 erfand und zum Patent anmeldete. Der Schweizer Renold war in jungen Jahren nach Manchester ausgewandert und hatte dort eine kleine Firma erworben, die grobe Ketten für Textilmaschinen fertigte. Noch immer trägt die Firma – heute ein international operierender Spezialanbieter mit Vertretungen in 19 Ländern – seinen Namen. Die Herstellung von Ketten für den Anlagen- und Maschinenbau ist ihr Kerngeschäft geblieben.

Renolds Rollen- oder Hülsenkette wird aus zwei alternierenden Gliedertypen gefertigt: Die Innenlaschen werden von zwei Hülsen zusammengehalten, auf denen sich zwei Rollen drehen; die Außenlaschen sind mittels zweier durch die Hülsen der Innenlaschen geführten Nietbolzen miteinander verbunden. Die Rollenkette vermindert die Reibung zwischen der Kette und den Zähnen von Kettenblatt und Ritzel. Es war eine dramatische Verbesserung, die den Wirkungsgrad erhöhte, dabei aber die Abnutzung gering hielt. Damit war die effizienteste Kraftübertragung gefunden.

In der ersten Hälfte des 20. Jahrhunderts hing praktisch jedes Fortbewegungsmittel von der Rollenkette ab. 130 Jahre nach ihrer Erfindung bleibt dieses Kettenprinzip von zentraler Bedeutung nicht nur für das Fahrrad, sondern für die Kraftübertragung bei Maschinen in einer Fülle von Industrien auf der ganzen Welt. »Es gibt kaum eine Phase industrieller oder öffentlicher Tätigkeit«, so

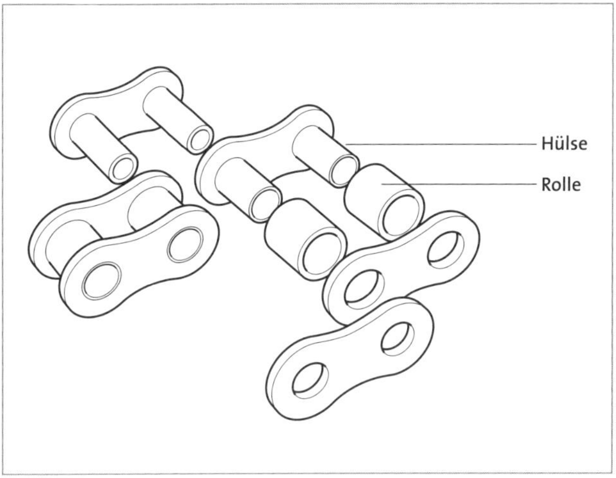

schloss eine Lobrede des Institute of Mechanical Engineers nach Renolds Tod 1943, »in der die Kette nicht Verwendung gefunden und einen verdeckten, aber entscheidenden Beitrag zu unserer Wohlfahrt geleistet hat.« *Chapeau*, Hans!

Hans Renold war nicht nur der Vater der Kettenindustrie und einer der Väter des Fahrrads, sondern auch ein philanthropischer Firmenchef. Er richtete 1895 in seiner Fabrik in Manchester eine Werkskantine ein, um die schlechte Kost der Arbeiter zu verbessern. Er führte 1896 die 48-Stunden-Woche bei vollem Lohnausgleich ein (vorher waren es 52 Stunden gewesen). Er hatte nichts gegen Gewerkschaften und Betriebsräte, führte eine Gewinnbeteiligung ein und gründete ein Sozialwerk, die Hans Renold Social Union. Vor allem respektierte er gute Arbeiter. »Sein ganzes Leben trieb ihn die Leidenschaft für gute Arbeit«, sagte sein Sohn über ihn, »wirtschaftlicher Erfolg war von ganz zweitrangigem Interesse … Es hätte gut von ihm geschrieben stehen können: ›Alles, was du zu tun vermagst mit deiner Kraft, das tue!‹«

Der Fahrradpionier James Starley (mehr über ihn im nächsten Kapitel), der noch 1877 geklagt hatte, dass er all seine Ketten selbst machen müsse, erkannte sofort die Vorteile der geringen Reibung von Renolds Hülsen und Rollen und gab bei ihm eine Kette für die innovativen Dreiräder in Auftrag, an denen er arbeitete. Starley verstarb 1881 unerwartet, doch sein Neffe und Günstling John Kemp Starley verfolgte die Idee einer kettengetriebenen Zweiradmaschine weiter. 1886 nahm er die Produktion des Sicherheitsrads, des berühmten Rover Safety, auf. Es hatte einen Hinterradkettenantrieb – noch eine Zweiraderfindung des ausgehenden 19. Jahrhunderts, die eine bemerkenswerte Langlebigkeit bewies. Das war der bedeutendste Unterschied zwischen dem Sicherheitsrad und allen seinen Vorläufern. Fast jedes Fahrrad, das seither hergestellt wurde, hat eine Rollenkette. Die endgültige Form auf der Suche nach einem effizienten Kettenantrieb war gefunden – eine Entwicklung, die grundlegend für die Popularisierung des Fahrrads war.

Der Kettenantrieb war eine von zahlreichen technischen Erfindungen, die beim Fahrradbau erfolgreich waren, nur um von der um die Jahrhundertwende aufkeimenden Autoindustrie übernommen zu werden. In diese Liste gehören Drahtspeichen, Luftreifen, Kugellager, Stahlrohre und Differenzialgetriebe. Zusammen sorgten sie dafür, dass der Traum von einem bezahlbaren Automobil kein Wunschtraum blieb. Viele Autopioniere waren ehemalige Fahrradmechaniker: Henry Ford, Charles und Frank Duryea, William Hillman, William Knudsen und viele andere sammelten ihre frühen Erfahrungen bei der Rahmenfertigung, Radzentrierung und Fahrradmontage. Zu den Fahrradherstellern, die um 1900 in die Autoproduktion einstiegen, gehörten Bianchi, Singer, Peugeot, Opel, Morris, Rover, Hillman, Humber, Winton und Willys.

Die Nachfrage nach Sicherheitsrädern in den 1890er Jahren war in der bisherigen Geschichte der Fabrikation beispiellos. Die Industrie war gezwungen, rasch zu Mechanisierung und Massenproduktion überzugehen, um den Ansturm zu bewältigen, und so setzte das Fahrrad auch im Hinblick auf seine Fertigung neue ökonomische Maßstäbe. Ford und General Motors übernahmen das Modell der Massenproduktion, deren Pioniere in den USA Columbia Bicycles, in Italien Bianchi und in Großbritannien Raleigh waren.

Ford folgte auch dem Muster einer umfassenden Abdeckung der gesamten Wertschöpfungskette, der »vertikalen Integration«. Die junge Autoindustrie schaute sich von den Fahrradherstellern Fließbandtechniken und die aggressive Werbung ab (während des Fahrradbooms, der mit dem »Goldenen Zeitalter des Illustration« zusammenfiel, schalteten die Fahrradhersteller in den USA bis zu zehn Prozent der Werbung in den Druckmedien). Die von ihnen angezettelte Kampagne für bessere Straßen führte die Autoindustrie weiter. Jährliche Modelländerungen und kalkulierte Veralterung waren Neuerungen der Radindustrie – auch wenn später General Motors die Erfindung der »geplanten Obsoleszenz« nachgesagt wurde. Die zahllosen über die Vereinigten Staaten verteilten Radreparaturwerkstätten bildeten den Grundstock für ein Kundendienstnetz von Autowerkstätten und Tankstellen.

Vor allem beflügelte das Fahrrad die Fantasie der Menschen, die von unabhängigen Fernreisen zu träumen begannen. Am weitesten verfolgten diese Idee die Brüder Wilbur und Orville Wright, die »Schutzheiligen der Fahrradmechaniker«. Die Wright Cycle Company war ein Ladengeschäft in Dayton, Ohio, das Fahrräder reparierte und selbst produzierte. Die Brüder schlossen von ihrem Verständnis des Gleichgewichts beim Radfahren auf das mögliche Verhalten von Flugmaschinen. Sie schraubten Tragflächen an ein Rad, um vergleichende Tests über Auftriebskraft und Luftwiderstand durchzuführen. Sie nutzten Fahrradritzel und Ketten, um die Propeller anzutreiben. Mit den Einnahmen ihrer

Radwerkstatt finanzierten sie komplett Forschung, Entwicklung, Konstruktion und Erprobung des Wright Flyer, des ersten motorgetriebenen Flugzeugs der Welt.

»In dieser Firma spürt man das Bestreben, die Zukunft vorauszusehen, aber auch die Vergangenheit ist hier auf Schritt und Tritt gegenwärtig«, sinnierte Lorenzo Taxis, der Marketingdirektor von Campagnolo. Wir saßen im Vorstandssaal über der Fabrik im italienischen Vicenza. Mehrere Wochen lang hatte ich versucht, die Öffentlichkeitsabteilung zu überzeugen, mir eine Führung durch die Fabrik zu gewähren. Mehrere Wochen hatte sie sich geweigert. Ein Interview war alles, was ich bekommen sollte.

Die wohlbekannte Geschichte von Campagnolo gehört zum Mythenschatz des Straßenrennsports. Der Unternehmensgründer, Tullio Campagnolo, war ein ausgezeichneter Amateurradrennfahrer. Am Martinstag des Jahres 1927 – verschiedene Biografien nennen unterschiedliche Jahre, der 11. November 1927 scheint aber am wahrscheinlichsten zu sein – nahm er am Rennen Gran Premio della Vittoria teil. Es war bitterkalt.

Als Tullio den Gipfel des Passes Croce d'Aune in den Dolomiten nördlich von Vicenza erreichte, führte er das Rennen an. Zu jener Zeit hatten Rennräder noch keine Gangschaltungen im modernen Sinne, indem vermittels zweier Hebel oder Griffschaltungen die Kette von einem Kettenblatt zum anderen (Umwerfer) und von einem Ritzel auf das andere (Schaltwerk) überführt wird. Die »Gangschaltung« von Tullios Rad bestand in je einem unterschiedlich großen Ritzel auf beiden Seiten der

Hinterradnabe. Das waren also zwei Gänge, ein hoher Gang für die Ebene und ein niedriger mit Freilauf für Bergfahrten, die sich nur wechseln ließen, indem man das Hinterrad ausbaute und wendete. Dazu mussten zuerst die Flügelmuttern, mit denen die Radnabe in den Ausfallenden festgeklemmt war, gelöst werden.

Im Eis und Schnee auf dem Gipfel des Passes hatte Tullio mit seinen steifgefrorenen Fingern seine liebe Not, die festsitzenden Flügelmuttern aufzubekommen, um das Laufrad umzudrehen. Während er sich abmühte, zog ein Pulk von Verfolgern an ihm vorbei, zweifellos voller Spottzurufe zwischen ihren frostigen Atemstößen. Nach dem Rennen soll Tullio in seinem venetisch gefärbten Italienisch gesagt haben: »*Bisogna cambiar qualcossa de drio*« – »Hinten muss man noch was ändern.« Er meinte, was er sagte.

Am 8. Februar 1930 meldete Tullio Campagnolo den Schnellspanner zum Patent an – ein Stahlspanner, der mit einer Schraubmutter an einer Seite durch die hohle Nabenachse geführt und an der anderen Seite mit einem Exzenterhebel arretiert wird. Es war ebenso einfach wie genial und klappte bei jedem Wetter. Statt die Schraubmuttern zu lösen, um das Rad herauszunehmen, legte man einfach einen Hebel um.

Der Schnellspanner ist seit 80 Jahren beinahe unverändert geblieben und gehört heute zur universellen Standardausstattung beinahe aller Sporträder. Jeden Tag stellen Zehntausende von Radlern auf der ganzen Welt ihr Fahrrad auf den Kopf, um ein Laufrad herauszunehmen – weil es einen Platten hat oder für den Kofferraum zerlegt werden muss – und ehren mit ihrem Daumen am Hebel des Schnellspanners still das Andenken an den Meistertüftler Tullio Campagnolo.

Der Schnellspanner war das erste von etwa 135 Patenten, die der große Mann anmeldete. 80 Jahre danach ist dieser innovative Geist in dem Unternehmen noch immer stark ausgeprägt – weshalb man mich nur bis in den Vorstandssaal lässt.

»Wir besitzen viele Patente. Jeden Tag arbeiten wir an neuen Produkten«, fährt Lorenzo fort. »Im Rennrad steckt ein Haufen Technik, und Campagnolo erweckt einen gewissen Neid. Das zwingt uns, das Know-how innerhalb dieser Mauern zu halten. Wir sind eine Firma in Privatbesitz, und Signore Valentino Campagnolo weiht die Medien nicht in die Geheimnisse des Unternehmens ein.«

Ich hatte gelesen, dass in den 1890er Jahren Albert Pope von Columbia Bicycles, damals der größte Radhersteller der Welt, sich aus demselben Grund weigerte, Journalisten in seine Fabrik in Hartford, Connecticut, zu lassen. Ich erzählte Lorenzo davon.

»Ja, und wenn Sie heute Ducati oder Ferrari besuchen, ist es nicht anders«, ergänzte er.

> In gewisser Weise ist das für unser Marketing ein Problem. Ein Unternehmen wie Campagnolo sollte wirklich durch seine Technik für seine Marke werben und den Konsumenten zeigen, wie die Produkte hergestellt werden, die sie so lieben. Aber das können wir nicht. Für uns ist Innovation wichtiger, sie ist Teil der DNA der Firma. Das war immer so. Heute liegt die Innovation in der elektronischen Gangschaltung, in der Kugellagertechnik, in der Verfeinerung von Karbon, um das Gewicht unserer Komponenten zu vermindern. Wir müssen innovativ sein …, um zu überleben.

In den ersten 30 Jahren des 20. Jahrhunderts nahm der Radrennsport wenig Einfluss auf die Entwicklung des Fahrrads – eine sonderbare Ausnahme, denn in den 1890er Jahren und dann wieder von den 40er Jahren bis heute war die technische Entwicklung des Fahrrads durch die Erprobung und Vermarktung neuer Produkte untrennbar mit dem Sport verbunden. Die Verbesserungen zwischen 1900 und 1930 – endverstärkte Rohre, Alu-Komponenten, frühe Zugvorrichtungen zum Gangwechsel – kamen aus der betulicheren Welt des Tourenradelns. Tatsächlich verlangsamte der Wettkampfsport die Entwicklung. Die Rennsportgemeinde wies alle Neuerungen verächtlich zurück, die auch nur im entferntesten dazu angetan waren, die Reinheit ihres Sports zu beflecken, herrschte doch die Ansicht vor, dass heldenmütiger Einsatz höher stünde als auf technischem Wege ergatterte Vorteile.

Henri Desgrange, ehemaliger Bahnradfahrer und späterer Herausgeber der französischen Sportzeitung *L'Auto*, entwickelte die Idee der Tour de France, um die Auflage eines Konkurrenzblatts zu überflügeln. Was er wollte, waren Geschichten von Machos in unwirtlichen Bergen, von den Widrigkeiten extremer Wetterbedingungen, von Draufgängertum und Kreuzesqualen. Er war nicht an technischem Schnickschnack interessiert. »Variable Gänge«, tönte er, »sind nur was für Leute über 40. Ist es nicht besser, durch Muskelstärke zu triumphieren als durch die Tricks eines Schaltwerks? Wir verweichlichen zusehends.« Als die französische Zubehörfirma Mavic die ersten Aluminiumfelgen herstellte, verbot Desgrange auch die. Die perfekte Tour de France, pflegte er zu sagen, hätte selbst dann einen perfekten Sieger, wenn sie nur ein Mann überleben würde. Desgrange kontrollierte die Tour de France noch bis 1937. Für seine Zeitung machte sie sich bezahlt.

Tullio Campagnolo fertigte Radkomponenten in einer Werkstatt hinter dem Eisenwarenladen seines Vaters, bevor er seine Firma registrieren ließ und 1933 mit der Produktion des Schnellspanners begann. Im selben Jahr ließ er den Prototyp eines Schaltwerks mit einer Rutschnabe und einem Gestänge patentieren, das an den Sattelstreben angebracht war. Die Gestängeschaltung wurde im Laufe eines Jahrzehnts langsam modifiziert und verbessert. Schließlich, 1948, benutzte Gino Bartali auf den Bergetappen der Tour de France diesen »Gangwechsler« (*Cambio Corsa*) – und siegte. 1950 wurde mit dem Gran Sport auf der Mailänder Fahrradmesse ein Parallelogramm-Schaltwerk mit einer verlängerten Schaltschwinge vorgestellt – etwas, das wir heute wiedererkennen würden. Es war die komplexeste Komponente, die das

Fahrrad bis dahin je gesehen hatte. Mit ihr war plötzlich die Möglichkeit eines umstandslosen Gangwechsels Realität geworden. Jeder wollte nun ein solches Schaltwerk, aber nur Profis und Amateure mit einem dicken Geldbeutel konnten es sich damals leisten.

In den frühen 50er Jahren waren gleich zwei Rennfahrer mit Tullios Komponenten mehrfach erfolgreich, was das Band zwischen Campagnolo und der Radsportelite festigte: 1950 siegte Fausto Coppi im Rennen Paris – Roubaix; 1951 gewann Hugo Koblet die Tour de France; 1952 heimste wiederum Fausto Coppi einen Doppelsieg ein, den Giro d'Italia und die Tour de France, und gewann 1953 in Lugano obendrein die Straßenweltmeisterschaft. Beide Fahrer benutzten das Gran-Sport-Schaltwerk.

Campagnolo, der mittlerweile über 100 Beschäftigte hatte, machte sich daran, die einzelnen Fahrradkomponenten eine nach der anderen zu überprüfen und umzugestalten. Bald produzierte er Pedale, Sattelstützen, Vierkanttretkurbeln, Naben und Kettenblätter aus Aluminium. Das Geschäft boomte. Bis zu den 60er Jahren hatte sich das Unternehmen diversifiziert und baute nun auch Hydraulik- und Scheibenbremsen für Motorräder, Magnesiumfelgen für Edelkarossen wie jene von Maserati und sogar Weltraumausrüstungsteile, darunter ein Chassis für einen NASA-Satelliten, der 1969 in die Umlaufbahn geschossen wurde.

Die schwindelerregende Fülle von Forschungs- und Entwicklungsaktivitäten in enger Verbindung mit Profirennfahrern stellte sicher, dass alle Verbesserungen Tullios zum Nutzen des Rads bis zu konkurrenzloser Verlässlichkeit getrieben wurden, bevor die Produkte auf den Markt kamen.

Als Tullio Campagnolo 1983 starb, war er mit Lob und Preisen überhäuft worden, unter anderem mit dem Stella d'Oro des Olympischen Komitees von Italien und der höchsten italienischen Auszeichnung für Unternehmer, dem Cavaliere del Lavoro. Zeit seines Lebens hatte er unermüdlich an der Verbesserung des Fahrrads gearbeitet, die begehrteste Marke für Radkomponenten geschaffen und seinen Teil dazu beigetragen, dass Italien das Rennrad für sich beanspruchen konnte. »Ich sage es Ihnen vielleicht auf schlechtem

Italienisch«, so Eddy Merckx in seiner Trauerrede bei Campagnolos Begräbnis, »aber mit einem italienischen Herzen, denn dank dir gibt es ein Stück Italien mit deinem Namen auf jedem Fahrrad der Welt.«

Bis vor kurzem war die Geschichte des Fahrrads alles andere als geklärt. Erst dank der gründlichen wissenschaftlichen Arbeit einer kleinen Forschergruppe, der International Cycling History Conference, sehen wir seit Ende des letzten Jahrhunderts vieles klarer. Vorher nämlich waren der wahre Verlauf der technischen Entwicklung des Fahrrads und die Leistungen der Helfer und Tüftler, die ihn vorangetrieben hatten, eher vernebelt als erhellt worden, weil sich gleich mehrere Nationen um die Urheberrechte zankten. Seine schlimmsten Blüten trieb dieser Hurrapatriotismus in den Jahren vor dem Ersten Weltkrieg. Deutschland beanspruchte Freiherr von Drais' Laufmaschine von 1817 als erstes Fahrrad, obwohl sie in Wirklichkeit nur ein Prototyp gewesen war. Die Franzosen schworen Stein und Bein, dass Graf de Sivrac das Fahrrad 1791 erfunden hatte, obwohl seine Maschine gar keinen Lenkmechanismus besaß. In England vertrat man den Standpunkt, das Fahrrad habe tatsächlich erst 1885 mit dem Rover Safety begonnen. Selbst die Schotten beanspruchten die Erfindung für sich, hatte doch Kirkpatrick MacMillan, ein Schmied aus Dumfriesshire, schon 40 Jahre früher Kurbeln an die Hinterradachse eines Zweirads montiert, die er über ein Gestänge mit vorne am Rahmen befestigten Trethebeln antrieb. Man wurde sich nicht einig. Dann, 1974, warf ein italienischer Literaturhistoriker, Professor Augusto Marinoni, all diesen Prätendenten einen dicken Knüppel zwischen die Speichen.

Marinoni offenbarte der Welt eine Fahrradskizze von Leonardo da Vinci, die in einem Folianten mit Zeichnungen aus Leonardos Studio enthalten war, der als *Codex Atlanticus* bekannt ist und auf 1493 datiert wird. Auf der Rückseite der Zeichnung einer militärischen Befestigung, zwischen einer Karikatur und der bizarren Darstellung lustwandelnder Penisse, fand sich die Skizze eines Fahrrads, komplett mit zwei ähnlich großen, hintereinander angeordneten Rädern, einem einfachen Lenksystem, Tretkurbeln, einem Sattel und einer Kette, die ein Zahnrad mit einem Ritzel am Hinterrad verband. Alle grundlegenden Elemente eines Fahrrads waren da. Seine Proportionen ähnelten verblüffend denen heutiger Fahrräder. Hier war der Beweis, dass Leonardo das Fahrrad erfunden hatte, und zwar nicht weniger als ein Fahrrad mit einem Kettenantrieb – mindestens 300 Jahre vor de Sivrac, von Drais, Michaux, Lallement, MacMillan, Starley und sämtlichen anderen Anwärtern. Hier war der unabweisbare Beleg: Das Fahrrad war eine italienische Erfindung. Die Einzigen, die angesichts dieser Offenbarung kein mulmiges Gefühl beschlich, waren die Italiener selbst. Tief in ihrem Herzen hatten die eingefleischten Radsportfans es wohl schon immer geahnt.

Marinoni zufolge hatten Mönche der Abtei Santa Maria in Grottaferrata nahe Rom die Skizze bei der Restaurierung von Leonardos Werk entdeckt. Zahlreiche Zeichnungen aus seinem Atelier waren Ende des 16. Jahrhunderts in Folianten geklebt worden, von denen einer *Codex Atlanticus* genannt wurde. Als die Mönche behutsam die Seiten ablösten, kam eine Fülle von neuen Zeichnungen zum Vorschein, die eine außerordentliche Bandbreite technischer Neuerungen umfassten. Und da war das Fahrrad. Die Skizze wurde durch die Veröffentlichung der Faksimiles Mitte der 1970er Jahre weltweit bekannt.

Leonardos Konstruktionsideen waren verblüffend und viele von ihnen der Technik der Renaissance um Jahrhunderte voraus. Es fanden sich die Skizzen eines Hubschraubers, eines Fallschirms, von Lastenaufzügen, eines hölzernen »Autos«, das sich mittels eines Feder- und Zahnradmechanismus selbsttätig fortbewegen konnte, eines Orgelgeschützes mit drei Batterien, eines Gleiters, einer beweglichen Brücke und einer Tauchausrüstung. Dass die Vision einer so weltbewegenden Erfindung wie des Fahrrads zuerst 1493 in den fantastischen Gehirnwindungen eines der größten Ingenieure der Menschheitsgeschichte aufgetaucht sein sollte, war für Radfreunde überall auf der Welt eine ansprechende Vorstellung.

Marinoni hatte zudem einen guten Zeitpunkt gewählt. 1974 verhängte die OPEC wegen der amerikanischen Unterstützung Israels im Jom-Kippur-Krieg ein Ölembargo über den Westen und löste einen Ölpreisschock aus. Die Fahrradverkäufe boomten, und die Zahl der Radfanatiker wuchs täglich. Die Fahrradskizze wurde wieder und wieder veröffentlicht, in Tageszeitungen, in Fahrrad- und Technikzeitschriften. Wahrscheinlich wurde sie sogar irgendwann auf Geschirrtücher gedruckt. Sie wurde rasch zu einem anerkannten Teil der Fahrradgeschichte.

Das Problem war nur: Die Skizze war eine Ente. Möglicherweise handelte es sich sogar um eine bewusste Fälschung, die der Sammlung der Leonardo-Papiere während ihrer langen Restauration hinzugefügt wurde, um die Erfindung des Fahrrads für Italien zu reklamieren. Der Betrug, einer leichtgläubigen Welt untergeschoben, gelang. Tatsächlich klappte er so gut, dass es 20 Jahre lang niemand für angebracht oder geboten hielt, der Herkunft der Skizze auf den Grund zu gehen. Doch schließlich brachte ein bisschen Detektivarbeit den deutschen Physikprofessor und Technikhistoriker Hans-Erhard Lessing zu der Überzeugung, dass sie eine Fälschung war, und eine schlechte obendrein, wie eine genauere Untersuchung zeigte. Es handelte sich nämlich nur um amateurhaftes Gekritzel, mit dem jemand die Originalskizze zweier geometrischer Kreise und einiger Linien »ergänzt« hatte. Vermutlich werden wir nie erfahren, wer der Fälscher war. Professor Marinoni hatte sie wohl nur aus Naivität verbreitet. War es also einer der Mönche gewesen?

Für mich wäre das die reizvollste Geschichte. Ich stelle mir vor, wie einen fahrradbesessenen Mönch im Laboratorio di Restauro in der altehrwürdigen Bibliothek der Abtei aus dem 10. Jahrhundert eines Tages die Langeweile befällt. Der *Codex Atlanticus* umfasst 1119 Blätter mit Zeichnungen und Notizen, die von 1478 bis 1519 datieren. Seit fünf Jahren arbeiteten die Mönche bereits an der Restaurierung, als an jenem Tag, sagen wir: des Jahres 1972, unser radelnder Mönch Blatt Nummer 133 gegen das Licht hält und den Durchschein der Rückseite aus zwei zusammenklebenden Seiten erblickt. Er erkennt die blassen Umrisse zweier geometrischer Kreise – zweier Räder vielleicht – und hält das Papier nun dichter ans Licht, das kaum die dunkle mittelalterliche Bibliothek erhellt. Er kneift die Augen noch stärker zusammen. »Ja, ja, da ist definitiv ein Paar Räder. Könnte da auch ein Rahmen sein?«, fragt er sich. »Und andere Teile? Ist es womöglich ein Fahrrad? Nein, Halt, wenn es ein Rad wäre, das wäre ja … ein Wunder!«

Das laute Husten des Abtes in einem anderen Gang reißt unseren Mönch aus seinen Träumereien. Vorsichtig, denn damit kennt er sich aus, schält er die Rückseite des Blattes 133 ab. Die Bögen waren einst von Pompeo Leoni, einem Bildhauer, der Leonardos Zeichnungen Ende des 16. Jahrhunderts erwarb, hastig eingeklebt worden. Da auf dem Blatt sieht man zwei Kreise mit einigen unerklärlichen Markierungen. Es ist kein Fahrrad. Das Missvergnügen ist groß, beinahe so groß wie die Enttäuschung darüber, dass seit drei Jahren kein Italiener mehr den Giro d'Italia und gar sieben Jahre keiner mehr die Tour de France gewonnen hat. Wir erinnern uns, es ist das Jahr 1972: Das rennsportbegeisterte Italien muss eine Enttäuschung nach der anderen verwinden, immerzu heißt es nur Eddy Merckx, Eddy Merckx, Eddy Merckx …

Gelangweilt fängt der Mönch an, ein bisschen auf dem Papier zu krakeln – ein paar Striche nur. Seine Gedanken schweifen ab, unvermutet taucht vor seinem geistigen Auge Faliero Masi auf, der große Rahmenbauer, genannt »der Schneider«, wie er in seiner Werkstatt unter dem Vigorelli-Velodrom in Mailand werkelt. Da malt unser Mönch einen Rahmen dazu. Dann erscheint ihm das Gesicht von Cino Cinelli, und er kritzelt gedankenverloren den Lenker. Er füllt nur die Leerstellen aus. »Natürlich hat Leonardo das Fahrrad erfunden«, sagt er sich. Er fängt nun an, schneller und zielgerichtet zu zeichnen: Kurbeln, Pedale und Zahnräder. Das geflügelte Emblem von Campagnolo huscht ihm durch den Kopf. »Was soll's? Jeder weiß, dass das Fahrrad italienisch ist. Es ist so italienisch wie der Petersdom.« Ein Sattel noch, und fertig. Er klebt die Seiten wieder zusammen. Eine Glocke ertönt. »Ach, Mittagszeit …«

»Die Italiener lieben Design, Farben, Formen. Die Ästhetik des Fahrrads ist uns sehr wichtig«, versichert mir Lorenzo Taxis.

> Das ist der Teil des Fahrrads, von dem man sagen könnte, dass er wirklich Italien gehört. Die Sorge um das Detail, das gehört zum Stil von Campagnolo. Wir sind eine produktorientierte Firma. Unsere Produkte bilden die Spitze der Pyramide einer reifen Industrie. Das Fahrrad hat sich lange, lange Zeit nicht verändert. Nur die Leistung ist besser geworden. Valentino Campagnolo überwacht die Entwicklung aller neuen Produkte persönlich. Er glaubt, dass sich der Geschäftserfolg von selbst einstellt, wenn man herausragende Produkte vermarktet, die noch dazu schön aussehen.

Campagnolo ist heute am bekanntesten für seine sogenannten »Gruppen«. Gruppen sind Zubehörsätze ein und desselben Herstellers, die in Design und Funktion aufeinander abgestimmt sind. Der erste Komponentensatz mit der Bezeichnung Record wurde 1958 auf den Markt gebracht. Bevor die Zubehörsätze aufkamen, waren Qualitätsräder gewöhnlich mit handverlesenen Komponenten mehrerer verschiedener Hersteller ausgestattet: Bremsen von Mafac, Kurbeln von Chater-Lea, Pedale von Barelli usw. Seit jener Zeit köchelt unter Radlern der Streit um das Für und Wider von Komponentensätzen. Für sie spricht, dass die Gruppen effizient zusammenwirken und dem Rad ein einheitliches Aussehen geben. Dagegen spricht, dass die großen Zubehörhersteller damit die Wahl des Konsumenten eingeschränkt und sich selbst erfolgreich ein größeres Stück vom Markt gesichert haben.

Am Beginn meines Vorhabens, mir ein Traumrad zusammenzustellen, hatte ich mir geschworen, Komponentensätze zu meiden. Ich skizzierte in Gedanken ein Rad, das vielleicht mit einem Kettenblatt von Tune, Kurbeln von Specialités TA, Bremsen von Ciamillo, einer Kette von Stronglight sowie Umwerfer und Schaltwerk von Campagnolo ausgestattet wäre. Als ich Brian Rourke von meinem Plan erzählte, zuckte er zusammen, und zwar wortwörtlich, wie jemand, dem man einen kleinen Elektroschock verpasst hat.

Als er sich wieder gefangen hatte, legte er mir behutsam die Gründe für Komponentengruppen auseinander. Zumindest der Antrieb sollte seiner Meinung nach unbedingt aus zusammenpassenden Komponenten bestehen. Die Frage der Kompatibilität war für ihn entscheidend, alles andere könnte mir »schwere Kopfschmerzen« bereiten, wie er mir versicherte. Noch wichtiger war für Brian jedoch, wie das Rad aussah. Es war in Ordnung, sich bei Naben und Sattelstütze eine Extratour zu erlauben. Sogar die Bremszangen durften von einem anderen Hersteller kommen. Aber der komplette Antrieb (Kurbelgarnitur, Kette, Kassette) inklusive Umwerfer, Schaltwerk und integrierten Schalt- und Bremshebeln war für ihn – schon aus rein ästhetischen Gründen – sakrosankt. Brian hatte mit so vielem Recht gehabt, dass ich mich entschloss, auf sein Urteil zu vertrauen.

Nachdem die Entscheidung für einen Komponentensatz einmal gefallen war, wusste ich genau, was ich wollte: die Gruppe Campagnolo Record. Der erste Record-Satz von 1958 bestand aus Kurbelgarnitur (die beiden Pedale, die Pedalarme einschließlich der am Kurbelstern der rechten Kurbel montierten Kettenblätter), Tretlager, Naben, Sattelstütze, Vorbau, Umwerfer und Schaltwerk. Heute setzt sich die Gruppe aus weniger Komponenten zusammen: Kette, Kurbelsatz, Kassette (Ritzelpaket), Umwerfer, Schaltwerk, integrierte Schalt-/Bremshebel sowie Bremsen. Obwohl ich meine eigenen Pedale dazunehme, bleibt es ein gruselig teures Paket – für mich ein enormer Luxus.

Der Name Record durchzieht in der zweiten Hälfte des 20. Jahrhunderts die Geschichte des Radrennsports. Allein das Wort hat einen Zauberklang. Die Record-Gruppe ist in all ihren verschiedenen Gestalten und Materialien in einer Weise mit Siegen verbunden, wie es nicht nur im Radrennsport, sondern im Sport insgesamt ohne Beispiel ist. 36 Tour-de-France-Siege zwischen 1958 und heute und 26 Siege beim Giro d'Italia zwischen 1968 und 1994 geben einen Eindruck davon, wie dominant die Record-Komponenten gewesen sind.

Wie viele andere bin ich seit langem auf Record-Komponenten

versessen. Als ich zwölf war, hatte ein Junge in der Nachbarschaft ein hellblaues Peugeot-Rennrad mit einer Record-Gruppe von Campy (wie Campagnolo in der Szene gern genannt wird). Die Komponenten hatte zuvor sein Vater benutzt, aber der Junge polierte sie auf, als hätte er mit seinem eigenen Herzblut dafür bezahlt. Das Rad war so prachtvoll, dass es wehtat, es nur anzuschauen. Noch 30 Jahre später kann ich meine Augen schließen und sehe dieses Rad mit seinen glänzenden Antriebskomponenten gegen eine Steinmauer neben dem Brunnen vor dem Kirchhof gelehnt.

Campy-Zubehör an mein Weltumrundungsrad zu schrauben, wäre sinnlos gewesen. Ich hatte mich damals für eine Shimano-Gruppe entschieden, wohl wissend, dass es weit einfacher sein würde, an entlegenen Orten Ersatz zu finden. Ich hatte mir lange, lange Zeit gelassen, bevor ich Geld (einen Batzen Geld) für Record-Komponenten von Campagnolo aus dem Fenster werfen würde. Nun war der Tag gekommen.

»Frohe Weihnachten«, sagte Lorenzo und schob die Schachtel über den Tisch: »Der Karton wiegt mehr als die Komponenten!« Mit ein paar Schnitten eines Stanley-Messers öffnete sich die Kiste. Jedes Teil war individuell verpackt. Lorenzo kommentierte, während ich eins nach dem anderen herausnahm: Tretlagerschalen (»Englische Standardgröße«); Schaltwerk (»Was da für eine Technik drinsteckt!«); Kurbelgarnitur (»Ach, das Teil mit dem größten Sexappeal von allen! Die Kurbeln sind 170 Millimeter. Kompakte Kettenblattringe. Das sind doch die Passenden für Sie, oder?«); Bremsen, integrierte Schalt- und Bremshebel, Ritzelpaket (»11-fach-Kassette: die beste!«); und schließlich die Kette, die bei all meinen künftigen Fahrten den Soundtrack liefern würde.

Es war wie eine Schachtel voller Edelsteine. Ich war ergriffen. Dann erinnerte ich mich, dass ich diese *gruppo* beileibe nicht umsonst bekam, nein, ich war im Begriff, diese Komponenten zu kaufen! Ich fuhr bei dem Gedanken zusammen. Es war, wie mein ältester Radelgefährte und bester Kumpel, Will, richtig erkannt hatte: ein klassischer Mid-life-crisis-Kauf.

KAPITEL 4

Mittig, schlagfrei und zentriert: die Laufräder

»Ich schau's nur an, dies Zweiraddingsda hier, und fahr's auch schon davon.«

Andrew B. »Banjo« Paterson, »Mulga Bill's Bicycle« (1896)

Gravy war ein Baum von einem Kerl. Selbst als er über sein Rad gebeugt im Slalom durch den Park angefahren kam, war das nicht zu übersehen. »Hey, du musst Rarb sein«, begrüßte er mich mit seinem gedehnten kalifornischen Akzent, der einen neuen Vokal und ein zweites R in meinen Vornamen schmuggelte. Er streckte mir eine Hand von der Größe eines Tennisschlägers entgegen und verzog sein Gesicht zu einem Lächeln, das so breit war, dass es die Bucht von San Francisco hätte überspannen können. »Willkommen in Fairfax, Marin County. Danke für die weite Reise. Komm doch rein. Dann wollen wir doch mal schauen, ob wir dir nicht ein paar Gravy-Räder verpassen können.«

Alles an Gravy war groß, nicht zuletzt sein Ruf. Seit Beginn meines Traumradprojekts hatte ich alle Welt gefragt: »Wer baut die besten Laufräder?« Viele nannten aus gewohnter Loyalität ihren örtlichen Laufradbauer. Einige erboten sich selbst, und ein paar nannten sogar Konkurrenten, mit denen sie sich vor langer Zeit überworfen hatten. Doch je tiefer ich in die Biker-Welt eintauchte und je mehr ich fragte, desto häufiger tauchte ein Name auf: Gravy.

An die amerikanische Westküste zu fliegen, um ein Paar handgefertigte Speichenräder zu kaufen, ist nach jedem Maßstab ein extravagantes Unterfangen. Das kann ich einfach unmöglich machen, dachte ich zuerst, auch wenn ich wusste, dass ich auf einer solchen Reise gleichzeitig den Steuersatz für mein Fahrrad würde abholen können. Was schließlich den Ausschlag gab, war ein Telefongespräch mit Gravy. »Mann, das wär klasse, wenn du das hinkriegen würdest«, freute er sich. »Wir besorgen dir ein paar schöne Laufräder, das ist mal sicher. Wir würden für dich auch eine Abfahrt vom Mount Tam klarmachen, den Repack runter. Da ist auch der Laden, direkt hier am Fuß der Piste. Vielleicht sind Charlie Kelly und Joe Breeze auch da. Wie wär das, mit Charlie und Joe den Repack runterzufahren?« Mir fiel der Hörer aus der Hand.

Wenn Sie kein Mountainbike-Fanatiker sind, dürften Sie kaum wissen, dass »Repack« die berühmteste Geländeabfahrt der Welt ist. Es ist die Geburtsstätte des Mountainbikes. Hier baute ab 1973 ein Haufen fahrradverrückter Hippies das hinterwäldlerische amerikanische Cruiser-Rad zu einer Querfeldeinmaschine um – zu jenem Fahrradtyp, der Ende des 20. Jahrhunderts eine Bugwelle technischer Innovationen antrieb. Es war die bedeutsamste Neuerung im Fahrradbau seit John Kemp Starleys Sicherheitsrad und hatte enorme Auswirkungen. »Das Mountainbike«, so drückte sich ein Fahrradhistoriker aus, »rettete der Fahrradindustrie den Arsch.«

Die Ölkrise von 1974 hatte in den USA zu einem Verkaufsboom von Fahrrädern geführt, zur ersten bedeutsamen Hausse seit Ende des 19. Jahrhunderts. Aber Ende der 70er Jahre ging in der Fahrradindustrie nichts mehr. Die Zehn-Gang-Rennräder aus der Massenproduktion hatten harte Reifen und noch härtere Sättel. Nur erfahrene Radler zogen irgendeinen Genuss daraus, auf ihnen zu fahren. Das Fahrrad hatte sich unbemerkt weit vom nützlichen, benutzerfreundlichen »Drahtesel des Volkes« entfernt, das Starley vorgeschwebt hatte.

Was als Garagenbastelei in Marin County begann, ging 1981 bereits in Kleinserie. Die kalifornische Firma Specialized ließ 500 Stumpjumpers in Japan herstellen. Sie waren binnen dreier Wochen ausverkauft. Heute steht eins davon im Smithsonian National Museum of American History in Washington, D.C. Da wurden die großen Hersteller auf dem Markt, die anfangs verächtlich auf das »hässliche Entlein auf zwei Rädern« herabgeblickt hatten, hellhörig. In nur wenigen Jahren verbreitete sich das Mountainbike weltweit. Es war der Anfang eines Goldrausches, der Amerikas Fahrradindustrie neues Leben einhauchte. 1985 waren fünf Prozent aller in den USA verkauften Räder Mountainbikes; ein Jahrzehnt später waren es 95 Prozent. 1988 waren 15 Prozent der 2,2 Millionen Fahrräder, die in Großbritannien verkauft wurden, Mountainbikes; bis 1990 war ihr Anteil auf 60 Prozent gestiegen. 1996 wurde Mountainbiking als Cross-Country zu einer olympischen Disziplin.

Das neue Rad traf einen Nerv. Das Mountainbike war praktisch. Es war bequem zu fahren. Es passte hervorragend zum Lebensgefühl der Baby-Boomer. Alle wollten eins. Plötzlich war ein praktisches Fahrrad wieder bezahlbar.

Wenn der Repack der Geburtsort des Mountainbikes war, dann waren Charlie Kelly und Joe Breeze seine Geburtshelfer. Ich hatte seit 20 Jahren immer wieder über sie gelesen. Sie sind Legenden. Die Chance, den Repack mit ihnen zu fahren, war zu verlockend. Ich kramte meinen Reisepass hervor.

»Komm, Rarb, komm rein in mein Laboratorium. Sieh dich ruhig um, ich bin gleich soweit«, lud mich Gravy ein. Das »Laboratorium« war Gravys Werkstatt, tief verborgen in einem höhlenartigen Fahrradladen namens Fairfax Cyclery. Die Wände waren dicht behängt mit Erinnerungsstücken aus Gravys 30-jähriger Liaison mit dem Fahrrad: signierte Fotos, Radlertrikots, überdimensionierte Kurbeln. Steve »Gravy« Gravenites war in Mill Valley südlich von Fairfax aufgewachsen, zu einer Zeit, als sich Mountainbiking noch in einem Stadium irgendwo zwischen Zeugung und Geburt befand. Er fuhr zehn Jahre lang Mountainbike-Rennen und verbrachte danach ein Jahrzehnt auf Wanderschaft als führender Rennmechaniker oder »Schrauber« (»Ich hab dabei sämtliche unbekannten Skiorte der Welt abgeklappert«, erzählte er). Er arbeitete für internationale Mountainbike-Teams wie Yeti, Schwinn und Volvo-Cannondale, ebenso wie für einzelne Landes- und Weltmeister wie Tinker Juarez, Myles Rockwell und Missy »the Missile« Giove.

Als Gravy mit einem Kaffee wiederauftauchte, steckte ich gerade meine Nase in seine alte Werkzeug- oder »Renn«-Kiste, wie er sie nannte. Sie war mindestens zehnmal um die ganze Welt gereist und mit Aufklebern übersät, die das belegten. Übliche Werkzeuge lagen in den oberen Fächern, die schwere Artillerie steckte ganz unten.

Übertroffen wird Gravys Renommee als erstklassiger Schrauber nur noch durch seinen Ruf als Laufradspezialist. »Seit drei Jahrzehnten baue ich Laufräder, zwei davon für Geld. Zehntausend Räder dürften es noch nicht sein, aber ich schätze, ich bin nah dran«, sagte er nicht ohne Stolz. Bevor die Hersteller komplette Laufradsätze in Fabriken herstellten, baute er die Laufräder ganzer Mountainbike-Teams, immer nach dem Grundsatz, sie genau auf Gewicht, Größe und Stil des jeweiligen Fahrers sowie die Fahrbedingungen abzustimmen.

Man kann sich Räder ohne Schaltung und ohne Freilauf vorstellen wie die Fixies, die heute bei einigen Freaks schwer angesagt sind. Man kann sich Räder ohne Bremsen vorstellen wie die Bahnrennräder. Zur Not wäre auch ein Rad ohne Tretlager, Ritzel, Kette, Kettenblatt und Tretkurbeln denkbar. Nimmt man all diese Teile fort, dann hat man das Rad auf die unverzichtbaren Bestandteile einer Draisine reduziert.

Wenn man jedoch die Laufräder weglässt, hat man *überhaupt kein* Fahrrad mehr. Alles, was bleibt, ist ein Draisinensitz aus Holz oder ein Satz Rohre, der zu einer seltsamen Form zusammengeschweißt ist, mit der niemand etwas anzufangen weiß. Die Laufräder sind fundamental, sie definieren das Rad und geben ihm seinen Namen, denn das Fahrrad ist, wie es in *Meyers Konversationslexikon* von 1904 heißt, »ein gewöhnlich aus zwei hintereinanderlaufenden Rädern bestehendes Fahrzeug«. Auch in den englischen, französischen und italienischen Bezeichnungen *bicycle*, *bicyclette* und *bicicletta* steckt das auf das griechische *kyklos* zurückgehende Wort »Kreis« oder »Rad«.

Die Maschine hieß jedoch nicht von Anfang an »Fahrrad« oder »bicycle«. Solche Wörter müssen reifen, sie springen dem Erfinder nicht aus der Maschine selbst entgegen, um dann sofort zu passen.

Die Menschen lassen sich auch nicht irgendein beliebiges Wort aufschwatzen, daher brauchte die Benennung des Rads eine Weile. »Ist je eine Maschine so populär geworden, so weit verbreitet in so kurzer Zeit, und haben wir je größere Schwierigkeiten gehabt, einen Namen dafür zu finden?«, fragte sich der flämische Romancier Stijn Streuvels in den 30er Jahren haareraufend.

Den Wörtern »Fahrrad« und »Velo« (Schweiz) und einigen mundartlichen Spielarten wie »Fietse« (Plattdeutsch) und »Leeze« (Masematte bzw. westfälisches Rotwelsch) ging eine lange Liste erfolgloser Benennungsversuche voraus: »Draisine«, »Gehbeschleuniger« (*pedestrian accelerator*), »Stutzerpferd« (*dandy horse*), »Steckenpferd« (*hobby horse*), »Fußgänger-Karriole« (*pedestrian-curricle*), »Knochenschüttler« (*boneshaker*), »Michauline«, »Veloziped« (*fastfoot*), »Hochrad« (*ordinary*, *high wheeler*). Der englische Ausdruck *bicycle* wurde wahrscheinlich Ende der 1860er Jahre in Frankreich als *bicyclette* geprägt, erschien zuerst 1869 auf einem britischen Patent und bürgerte sich nach 1870 ein. »Fahrrad« war eine bewusste Eindeutschung dieses Wortes.

Jede Nation gab dem Fahrrad einen eigenen Namen und durchlief einen ähnlichen Auswahlprozess. In den Niederlanden versuchte man es mit *rijwiel*, *trapwiel* und *wielspeerd*, bevor man sich auf *fiets* einigte. Die Franzosen nahmen ein bisschen Griechisch und etwas Latein und schraubten es zu *vélocipède* (»Schnellfuß«) zusammen. Das Wort war zu schwerfällig für ein so flinkes Ding, daher verkürzte man es auf *vélo* und zog es *bicyclette*, *bécane* und *bicloune* vor. Velo ist ein gutes Wort: Wenn ich die Augen schließe und das V zwischen meinen Lippen vibrieren lasse, gelingt es mir leicht, das lässige Radeln an einem Sommerabend heraufzubeschwören. Ebenso gern mag ich um ihres Schönklangs willen das deutsche Wort Rad, das irische *rothar* und das griechische *podilato*. Aber das echte Wort, das nützliche, lebendige Wort, das mit leichten Modifizierungen in Dutzende von Sprachen entlehnt wurde und von einer beträchtlichen Mehrheit der Weltbevölkerung verstanden wird, ist das Wort *bicycle* – Zweirad.

Gravy pflanzte sich auf eine orangefarbene Couch im Schaufenster des Fahrradladens und nahm behutsam die Vorder- und Hinterradnabe in die Hand, die ich mitgebracht hatte. Es waren Royce-Naben, hergestellt von Cliff Polton im englischen Hampshire. Ich war auf Royce genauso gestoßen wie auf Gravy: durch den guten Ruf. Brian Rourke hatte ihn zuerst erwähnt – »Bombensicher«, hatte er gesagt –, und dann begann der Name Royce, genauso wie bei einem neu erlernten Wort, überall aufzutauchen: Ich bemerkte das bescheidene, auf die Nabe gelaserte R bei maßgefertigten Laufrädern; Cliff Polton wurde in Artikeln über die aussterbende Exzellenz der britischen Ingenieurskunst erwähnt; und Leute, die von meinem Projekt erfahren hatten, mailten mir aufs Geratewohl und lobten die Schönheit von Royce-Komponenten über den Klee. Polton hatte Komponenten für Nicole Cooke in ihrer Zeit als Juniormeisterin gefertigt. Noch berühmter sind seine Naben durch Chris Boardmann geworden, der auf ihnen im Oktober 2000 im Manchester Velodrome den Stundenweltrekord im Einzelzeitfahren aufstellte (der im Gegensatz zu »Weltbestleistungen« mit einem konventionellen Bahnrad mit Speichenrädern, Rennlenker und runden Rahmenrohren gefahren werden muss).

Royce-Naben sind von schlichter Schönheit. Auf die Achsen aus Titan Grad 5, das auch in der Luftfahrtindustrie eingesetzt wird, erhält der Erstkäufer eine lebenslange Garantie. Die Nabengehäuse aus Aluminium sind mit CNC-gesteuerten Maschinen gefräst und edel poliert. Tatsächlich sehen die Naben aus wie Preziosen. Ich wusste, dass ich nicht weiter zu suchen brauchte. Doch da gab es ein Problem: Als ich anrief, um meine Bestellung aufzugeben, teilte mir Polton mit, dass die für 32 Speichen ausgelegten, mit Campagnolos

Ritzelpaket kompatiblen Hinterradnaben ausverkauft seien und er für mehrere Wochen auch keine neuen herstellen würde (weil er an einem Bienenzüchterkurs teilnehmen wolle). Vor meiner Kalifornienreise würde das also nichts werden. Doch er hatte eine kompatible Nabe für 28 Speichen. Polton fragte nach meinem Gewicht und wozu das Rad dienen sollte. »Ach, dann können Sie ja genauso gut die nehmen«, beteuerte er mir.

Über den Rand seiner Brille hinweg inspizierte Gravy die Naben aus der Nähe, wie ein Juwelenhändler, der Diamanten prüft.

> Ich sehe hier eine Titanachse, eine mittlere Flanschhöhe, wunderschöne Maschinenfräsung, schöne Auskehlung…, keine Löcher oder hässlichen Kanten, die in Zukunft brechen könnten, eine wirklich gute Politur, die das Metall versiegelt. Titanfreilaufkörper an der Hinterradnabe, viel stärker als Aluminium, das ist gut. Die Kugellager fühlen sich super leichtläufig an. Großartiger Aufbau. Da dürftest du eine lange, lange Zeit was von haben, Rarb. Das wird das erste Paar Royce-Naben, das ich je eingespannt habe. Geil. Jetzt sag mir mal, welche Reifen du auf die Teile packen willst?

Die Reifen hatte ich bereits: Continental Grand Prix 4000. Ich war ein paar Wochen zuvor zu der Fabrik gefahren, um mir anzuschauen, wie sie gemacht werden. Ich hatte mich für Continental einfach deshalb entschieden, weil mich Reifen dieser Marke nie im Stich gelassen hatten. Bei meiner Weltumrundung war ich stets bemüht, mit zwei Continental-Mänteln vom Typ Town and Country zu fahren. Wenn's hart auf hart kam, zumindest am Hinterrad. Es sind die bei weitem widerstandsfähigsten Reifen.

Die Continental-Reifenfabrik an der Continentalstraße im hessischen Korbach dominiert das mittelalterliche Städtchen, wie in viktorianischer Zeit Fabriken die Städte von Lancashire beherrscht hatten. Ein hoher Schlot aus rotem Backstein ragt hoch in den Himmel auf. Am Morgen meiner Ankunft hing ein schauerlicher grauer Dunst über den Gebäuden. Die Luft war kalt, die Fabrik lag dunkel da. Ich hatte das Gefühl, in eine Szene aus einem Sherlock-

Holmes-Roman zu treten – kein ganz unpassender Eindruck: Arthur Canon Coyle war ein eifriger Radler gewesen, und sein Romanheld Holmes hatte sich gerühmt, die Abdrücke von 42 Reifenprofilen identifizieren zu können.

Der Lichtstrahl, der diese Düsterkeit durchbrach, war Hardy Bölts, mein Führer für den Tag. Aufrecht, großgewachsen, schlank und gebräunt, war er ein weiterer Beweis für die körperlichen Vorzüge eines Lebens auf dem Fahrrad. Hardy war, bevor er zu Continental ging, Profirennfahrer gewesen und hatte sowohl Straßen- als auch Mountainbike-Rennen bestritten. Er ließ zwei Reihen weißer Zähne aufblitzen, schüttelte meine Hand und öffnete mit seiner ID-Karte das Werkstor.

»Wissen Sie, was der Spitzname von Korbach ist?«, fragte er. »Gummistadt. Und wie finden Sie den Geruch, den Duft von erhitztem Kautschuk? Er geht nie weg. Es ist wie bei einem Fahrradsattel: Nach einer Weile gewöhnt man sich dran.«

Die Einwohner von Korbach hatten ausgiebig Zeit, sich daran zu gewöhnen. Continental, heute weltweit einer der größten Autozulieferer mit 150 000 Beschäftigten in 18 Ländern, begann mit der Fahrradreifenproduktion in Korbach im Jahr 1892. Die Fertigung überspannt beinahe die gesamte Geschichte des Luftreifens.

John Boyd Dunlop, ein schottischer, in Belfast lebender Veterinär, erfand den Luftreifen 1888. Ein Arzt hatte für seinen neunjährigen Sohn Radfahren zur Verbesserung seiner Gesundheit angeraten und bemerkt, dass diese Betätigung noch heilsamer wäre, wenn man beim Fahren über das Kopfsteinpflaster nicht so durchgerüttelt werden würde.

Dem hätte damals ohne Zweifel die gesamte radelnde Bevölkerung zugestimmt. Bequemlichkeit war etwas, das beim Fahrradfahren niemand erwartete oder suchte. In der Hochzeit des Velozipeds – das aus gutem Grund Knochenschüttler genannt wurde – waren die Reifen aus solidem Eisen. Als 1885 das Sicherheitsrad eingeführt wurde, bestand die Bereifung aus Vollgummistreifen, die man auf die Radfelgen klemmte oder klebte. Im Vergleich zu Eisen war das eine Verbesserung. Trotzdem konnte eine schlichte Radfahrt noch immer die Backenzähne des Radlers lockerrütteln.

Dunlop heftete Leinenhüllen an die Holzräder des Dreirads seines Sohnes, führte in diese grobe, aufblasbare Gummischläuche mit Rückschlagventilen ein und füllte sie mit Druckluft. Es war, als hätte man ein weiches Kissen um die Räder gebunden. Es klappte. Dunlop nannte den Reifen »pneumatisch«, ließ sich die Idee patentieren und begann in Dublin eine kleine Fertigung. Die erste Annonce erschien im Dezember 1888 im *Irish Cyclist*: »Halten Sie Ausschau nach dem neuen Pneumatischen Sicherheitsreifen. Erschütterungen ausgeschlossen.«

Zuerst waren die Reifen teuer und bekamen schnell Löcher. Obwohl der verminderte Rollwiderstand das Rad eindeutig schneller machte, lösten die prallen »Blasen-« oder »Puddingreifen« in Irland Heiterkeit und Spott aus. 1889 machte sich ein irischer Journalist auf einem luftbereiften Rad auf den Weg und fuhr von Dublin in die englische Radhochburg Coventry, einen Ort, wo das Fahrrad niemals verlacht worden war. Binnen eines Jahres stiegen alle Rennfahrer des Landes auf Luftreifen um. Nach zwei Jahren übersiedelte die Firma Dunlop nach Coventry. Sechs Jahre später wurde das Unternehmen für fünf Millionen Pfund an die Börse gebracht.

Dunlop selbst hatte nicht viel davon; er hatte sein Patent vorzeitig verkauft. Als er 1921 starb, hinterließ er ein Vermögen von weniger als 10 000 Pfund. Und in Wirklichkeit hatte er den Luftreifen auch gar nicht erfunden, obwohl er das selbst glaubte. Ein anderer Schotte hatte sich die Idee bereits 1848 in Frankreich und den USA (für Kutschräder) patentieren lassen. Dennoch kamen Dunlops Luftreifen in einem kritischen Augenblick in der Entwicklung des Straßenverkehrs und spielten eine entscheidende

Rolle bei der Geburt des Motorrads ebenso wie des Automobils. Für das Fahrrad war er das letzte Stück im Puzzle. Das Lenksystem ermöglichte es, auf zwei hintereinandergesetzten Rädern im Gleichgewicht zu bleiben; der trapezförmige Rahmen und gleichgroße Räder machten die Maschine robust und sicher; der Kettenantrieb machte sie effizient. Und nun sorgte Dunlop endlich dafür, dass das Fahrrad komfortabel wurde – vielleicht eine ebenso wichtige Entwicklung wie die Ankunft des Niederrads selbst. Der Luftreifen machte das Fahrrad populär.

»Wir beginnen hier«, erklärte Hardy Bölts, »mit Naturkautschuk.« Große, dicke Rohkautschukmatten wurden über unseren Köpfen an Rollen hängend herantransportiert und in einer Mischzeile mit Chemikalien versetzt und erhitzt, sodass sie sich in eine schwarze, klebrige Pampe verwandelten. Es sah aus wie bei *Charlie und die Schokoladenfabrik*. Der Brei wurde zwischen zwei großen Trommeln flachgequetscht, wobei er spritzte und blubberte wie ein Hexengebräu. Der Lärm war ohrenbetäubend. Nahe an den Walzen war es heiß. Die Arbeiter, mit schweren Handschuhen und Schweißtröpfchen an ihren Schnurrbärten, grüßten grummelnd.

»Diese Maschinen laufen 24 Stunden am Tag, sieben Tage die Woche an 358 Tagen im Jahr«, kommentierte Hardy. »Nur eine Woche lang im August steht der ganze Betrieb still.«

Weiter die Fertigungsstraße hinunter wurden Nylonfäden von Spulen gezogen und in mehreren Diagonalschichten in die heißen Gummimatten eingepresst und mit ihnen verklebt. »Je feiner das Nylon und je höher die Fadendichte pro Zoll (oder die TPI*), desto besser der Reifen«, erläuterte Hardy, während wir zusahen, wie die fertigen Gummifelle, aus denen die Reifenkarkassen hergestellt werden, in großen Rollen am äußersten Ende der Fabrik gelagert wurden.

Der Frontalangriff auf alle Sinne war vorüber. Im zweiten Stock,

* threads per inch = Fäden pro Zoll (A.d.Ü.)

wo die Fahrradreifen hergestellt werden, bot sich uns eine gemäßigtere Umgebung. Als Erstes fiel mir auf, wie viele Frauen hier arbeiteten.

»Es gibt viele Schritte bei der Produktion hochwertiger Fahrradreifen, die nicht gut von Maschinen übernommen werden können«, klärte mich Hardy auf. »Viele der Arbeitsschritte sind kniffelig und klebrig und fallen bei kleineren Teilen an. Frauen haben kleinere Hände …, und sie sind geschickter.«

Der heikelste Teil des Prozesses war das Zusammensetzen des Reifens selbst. Ich verfolgte, wie eine Arbeiterin einen Streifen des Karkassenmaterials auf ein Rad rollte und zwei Stahldrähte auflegte. Die Maschine faltete dann diese einzelne Lage zweifach, anschließend applizierte die Frau darauf eine Pannenschutzeinlage und zum Abschluss den Profilstreifen. Sie verband die Reifenenden, brachte einen Aufkleber an, der belegte, wer den Mantel gefertigt hatte, und hängte den Reifen hinter sich auf einen Haken. Das Ganze hatte 45 Sekunden gedauert.

»Wenn Sie oder ich das versuchen«, sagte Hardy, »fliegt uns alles um die Ohren. Jeder Reifen wird in dieser Weise von Hand gemacht. Er wird wieder und wieder geprüft. Jeder Reifen muss Sie sicher mit 90 Stundenkilometern einen Alpenpass hinunterbringen.«

Ein »Platzer« bei hoher Geschwindigkeit, wenn ein Reifen mit dem Knall eines Pistolenschusses spektakulär explodiert – das ist der Schrecken aller Straßenrennfahrer. Passiert dies auf einer Schussfahrt bergab, kann es den Fahrer vom Rad schleudern, und sein Schicksal liegt in der Hand der Götter. Der eine dramatische Reifenplatzer, an den ich noch immer mit Grausen zurückdenke, ereilte mich im Ferganagebirge in Kirgisistan. Ich fuhr nach der Überquerung eines Passes mit einem schwerbepackten Trekkingrad auf einer Schotterpiste bergab. Als die Haarnadelkurven aufhörten und sich die Straße vor mir öffnete, ließ ich die Bremsen los. Plötzlich platzte bei voller Geschwindigkeit der Vorderreifen – ein billiges chinesisches Fabrikat, das ich auf dem Markt von Kashgar gekauft hatte. Das Rad schlitterte ein kurzes Stück, dann brach der Lenker aus, und ich stürzte. Irgendwie wurde das Rad in die Luft gewirbelt, und als es auf mich herabstürzte, schrammten die Zähne der Kettenblätter an meinem Schädel entlang.

Ein paar Stunden später erreichte ich schiebend ein Gehöft an der Straße – die erste menschliche Ansiedlung, die mir an diesem Tag begegnete. Geronnenes, mit Staub verklebtes Blut bedeckte eine Seite meines Gesichts. Mein Hemd war zerfetzt. Ich sah aus wie eine Mischung aus Käfigkämpfer und Sadhu. Ich lehnte mein Rad an das Tor und ging auf das Haus zu, als der Bauer aus dem Schatten auftauchte, ein stämmiger Kirgise mit straffen mongolischen Gesichtszügen, und am Ende seines ausgestreckten Arms eine Pistole auf mich richtete. Ich versuchte ein paar Brocken Russisch. Keine Antwort. Dann wanderte sein Blick an mir vorbei zum Tor und zu meinem Fahrrad. Der Pistolenarm senkte sich, die ledrige braune Gesichtshaut verzog sich zu einem breiten Grinsen. Zehn Minuten später aß ich Kebabs und Yoghurt, während seine Frau mit einem Schwamm das Blut von meinem Kopf abwischte. Ich musste dem Rad für meine Rettung danken. Es war das letzte Mal, dass ich es je wieder mit einem billigen Reifen verunzieren würde.

Die frühesten Pneus mussten mit Gummilösung aufgeklebt werden. Ende der 1880er Jahre war der junge Eigentümer einer mehr schlecht als recht laufenden Gummifabrik in Frankreich, Édouard Michelin, höchst erstaunt, von einem Radler zu hören, dass dieser nach einer Reifenpanne eine ganze Nacht hatte warten müssen, bis der Kleber getrocknet war, nachdem er den Schlauch geflickt und den Reifen wieder auf die Felge gezogen hatte. Bald darauf führte Édouard einen abnehmbaren Reifen ein, den *changeable* oder »Wechselbaren«. Jeder Radler konnte nun einen Platten in einer Viertelstunde flicken, ohne den Reifen danach wieder ankleben zu müssen.

Édouards Bruder André war der Marketingkopf der Firma. Im September 1891 lud er den französischen Profirennfahrer Charles Terront (mehr über ihn im nächsten Kapitel) zu einem feuchtfröhlichen Mittagessen in Paris ein und schloss mit ihm einen Vertrag, das Rennen Paris–Brest auf patentierten Michelin-Wechselreifen zu fahren. Terront gewann – mit einem Vorsprung von acht Stunden. André schlenderte durch die Reihen der 10 000 Radsportbegeisterten an der Ziellinie auf den Champs-Elysées und verteilte Werbezettel, auf denen zu lesen stand: »Wir haben allen Grund zu glauben, dass die radfahrende Öffentlichkeit von unseren Reifen sagen wird: ›Eine Verbesserung?‹ – ›Nein, eine Revolution!‹« In Wahrheit war es Dunlops Revolution, doch der Wechselreifen entwickelte sich rasch zum Drahtreifen, jenem Reifentypus, den die meisten von uns heute benutzen. Stahldrähte in den Reifenwülsten, wie sie von der Arbeiterin in meine Continental-Reifen eingezogen worden waren, wurden Standard. Wie Dunlop wurde Michelin zu einer allseits bekannten Marke.

Bemerkenswerterweise wird der Typ des aufgeklebten Schlauchreifens noch heute benutzt, vor allem von professionellen Bahn- und Straßenrennfahrern. Natürlich haben Profis ein Mechanikerteam, das sich um das hakelige Geschäft kümmert, sie auf Felgen zu ziehen und Löcher zu flicken. Schlauchreifen werden aufgrund ihrer marginal besseren Schockabsorption und Griffigkeit gewählt. »Und sie sind ein bisschen schneller«, sagte Hardy. Er sollte es wissen, schließlich ist er die Tour de France und die Spanienrundfahrt auf Schlauchreifen von Continental gefahren.

Wir sahen uns an, wie eine Arbeiterin an einer Nähmaschine die Fertigung eines solchen Schlauchreifens abschloss. Sie nähte den Schlauch behutsam in die gummierte Karkasse ein, pumpte ihn auf, prüfte ihn rundum und hängte ihn an ein Gestell hinter sich. Wieder war es gediegene Handarbeit. »Es ist ein kleiner, aber wichtiger Teil des Geschäfts«, sagte Hardy. »Wir wollen, dass die Profis weiter glücklich damit sind. Vielleicht ist dieser Reifen ja für das Rad von Mark Cavendish.«

Der letzte Fertigungsschritt bei der Herstellung meines Drahtreifens war die Vulkanisierung, jene Technik, die der Amerikaner Charles Goodyear 1843 erfunden hatte. Naturkautschuk ist klebrig. Er deformiert sich bei Hitze und bröckelt bei Kälte. Erhitzt man ihn zusammen mit Schwefel, wird der Kautschuk haltbar, elastisch und stabil, was ihn wasserdicht und winterfest macht. Ohne Vulkanisierung würden wir noch immer auf Fahrradreifen aus Eisen fahren.

»Sehen Sie die Rohreifen – das sind Ihre, Rob –, die gehen jetzt in den Ofen«, erklärte Hardy. »Sie haben noch keine Form, und Sie könnten das Profil und die Karkasse mit den Händen zerpflücken. Aber nach drei Minuten in der Maschine bei einer Temperatur von 160 Grad Celsius ist die Vulkanisierung abgeschlossen, und die Reifen sind unzerstörbar.«

Wir standen am Ende zweier Reihen von 60 Heizpressen, die je einen Reifenrohling aufnahmen. Sie öffneten und schlossen sich beständig zu verschiedenen Zeiten und stießen dabei Dampfwölkchen aus. Jede enthielt ein Formnegativ mit einem anderen Reifenprofil. Drei Arbeiter schritten die Reihen ab, steckten frische Rohreifen in die Schlünde der Maschinen und zogen vulkanisierte Reifen wieder aus ihnen heraus. Einer der Männer nickte mir zu. Wir gingen zu ihm. Er wechselte ein Wort mit Hardy und überreichte mir ein paar Arbeitshandschuhe. »O. k.«, sagte Hardy. »Jede Minute können Sie jetzt Ihre beiden Reifen aus diesen Heizpressen nehmen. Sie werden dampfend heiß sein – und fahrbereit.«

Gravy legte die Naben auf die Couch zwischen uns und klappte ein Klemmbrett auf. Die beiden Naben hatten je 28 Löcher, beide Laufräder würden also 28 Speichen bekommen. Bei sonst gleicher Bauweise ist ein Rad umso stärker, je mehr Speichen es hat. Aber mehr Speichen heißt auch, dass sich Gewicht und Luftwiderstand erhöhen. Es geht also darum, eine ausgewogene Lösung zu finden. Der konservative Ansatz, erklärte Gravy, wäre für mich ein Hinterrad mit 32 Speichen gewesen, für maximale Verlässlichkeit, aber da ich nur 75 Kilo wiege, könnten wir mit der Felge und den Speichen, die wir wählten, leicht eine zusätzliche Festigkeit erzielen.

Schritt eins war die Wahl der Felgen. Natürlich durfte ich nicht die leichtesten Felgen wählen (ich würde sie sowieso nicht selbst aussuchen). Ich war nicht nach Kalifornien gekommen, um mir einen Satz superleichter Spezialrennradfelgen zuzulegen, sondern ich wollte Alltagslaufräder mit dem Hauptaugenmerk auf Robustheit, nicht Gewicht.

Dennoch: Der letzte Ort an einem Fahrrad, wo man unnötiges Gewicht haben möchte, sind die Laufräder. Da sich die Laufräder sowohl um die eigene Achse drehen als auch vorwärts bewegen, verdoppelt sich bei der Beschleunigung ihre Masse. Wenn also ein zehn Kilo schweres Fahrrad aus sechs Kilo feststehender und aus vier Kilo rotierender Masse besteht, ergibt das in der Summe 14 Kilo. Das ist einer der Gründe, warum hochwertige Felgen aus leichterem Material wie Aluminium und Karbon und nicht aus Stahl gemacht werden. Es ist auch der Grund, warum die Qualität und die Eigenschaften von Felgen, Speichen und Naben eine größere Auswirkung auf die Leistung eines Rennrads haben können als jede andere Komponente.

»Ich möchte dir Felgen von DT Swiss ans Herz legen. DT Swiss ist schon lange im Geschäft, und ich weiß ja, wie sehr ihr Briten euch für Geschichte erwärmt«, sagte Gravy.

Ach, der Trost der Geschichte! Seit 1634 wurde in Biel in einer Mühle an der Taubenlochschlucht Draht gezogen, der zur Herstellung von Kettenhemden für Soldaten der französischen Armee benutzt wurde. DT Swiss ist Erbe dieser Tradition. Biel, das wichtigste Zentrum der Uhrenindustrie in der Schweiz, ist berühmt für Feinstmechanik und die Herstellung hochspezialisierter Werkzeuge und Maschinen. Das ist ein Stammbaum, bei dem mir wirklich warm ums Herz wird.

Die Felgen – Modell RR 1.2 – wogen etwa 500 Gramm. Sie waren aus Aluminium, aber sie wirkten sehr robust. Das Speichenbett war verstärkt und, wie Gravy erklärte, die ganze Felge mit Rotorlack beschichtet, was ihre Lebensdauer erhöhte.

Gewicht und Stärke einer Felge sind natürlich nur im Rahmen des fertig aufgezogenen Laufrads relevant. Anders gesagt: Sie können die teuerste Felge der Welt kaufen, aber wenn das Rad schlecht gebaut ist, werden Sie davon nicht viel haben. Bei der Farbe hatte ich die Wahl zwischen Silber und Schwarz – für mich ein klarer Fall. Ein Kratzer an schwarzer Farbe, und eine neue Felge sieht alt aus; kratzt man an Silber, kommt darunter nur die gleiche Farbe zum Vorschein.

Die RR-1.2-Felgen waren keine Wahl für Modedackel. Sie würden Gewichtfanatikern nicht die Tränen des Neids in die Augen treiben – jenem Subkult der Rennradszene, der sich obsessiv mit dem Gewicht jeder einzelnen Komponente befasst. Aber die Felgen würden, wie mir Gravy immer wieder versicherte, lange, sehr lange halten.

Während Gravy und ich uns unterhielten, kamen immer wieder Leute in den Laden geschneit. Einige wollten etwas kaufen, andere kamen einfach vorbei, um zu den Klängen von Dub Reggae mit einem der Mechaniker zu plaudern – über Radzubehör, Routen oder die Band, die am Abend im Laden gegenüber spielen würde. Die Atmosphäre war so entspannt wie eine Strandbar auf Antigua und verriet eine Menge über die eingeschworene, freundliche Fahrradszene von Fairfax.

Am Abend zuvor war ich durch das Städtchen geschlendert, bewohnt von 7000 resolut individualistischen Einwohnern (in den 70er Jahren auch die Heimat von Van Morrison), und hatte viele gutgelaunte Radfahrer gesehen, die nach ihrer Abendtour in die umliegenden, mit Kiefern bestandenen Berge in die Innenstadt zurückströmten. Ich aß auf dem Bauernmarkt im Bolinas Park Vietnamesisch und lauschte der klassischen Gitarrenmusik eines Straßenkünstlers. Ich trank einen Smoothie im Ökosupermarkt und ein Bier im 19 Broadway, wo eine Blues-Band spielte. In der Peris Silver Dollar Bar war die Tanzfläche voller Swing-Tänzer. Der Geschäftsführer zeigte mir stolz die Damentoilette – ein Schrein für Elvis. »Du musst den Typen kennen lernen, der das gemacht hat«, insistierte er. »Er heißt Rudy Contratti. Du kannst ihn gar nicht verfehlen. Er hat einen Lattenzaun aus alten Skiern und einen viereinhalb Meter langen Blauen Marlin auf seinem Haus.«

Also lud ich mich selbst zu Rudy ein und trat unter dem Riesenfisch in sein Haus. Wir tranken ein Bier (»Ich trinke es kalt, Rarb, kommst du damit klar?«), und er zeigte mir seine Flotte vollständig restaurierter Art-Deco-Fahrräder aus den 30er bis 50er Jahren. Die Räder waren echte Museumsstücke. Das Haus roch süßlich nach Marihuana. Fairfax ist womöglich die verrückteste Stadt, durch die ich je gebummelt bin. Es war eine Stadt der großen Hüte und Tätowierungen, wo gesund aussehende Menschen lebten, die einen geradeheraus anblickten und spontan anlächelten, und wo lilafarbene Hosen nie ganz aus der Mode gekommen waren. Ich fragte Rudy, ob die Leute in Fairfax glücklich seien. »Ich will's mal so sagen«, erwiderte er: »Hier gibt's niemanden, der bei Bernie Madoffs Schneeballsystem Geld verloren hat. Und alle fahren Rad.«

»Klar fährt hier jeder Rad«, bestätigte Gravy. »Ich hab nie ein Auto besessen.« Auf jeden Kilometer Teerpiste kommen in Marin County 30 Kilometer unbefestigte Straßen. Es gibt ein halbes Dutzend Gruppen, die jeden Tag von Fairfax aus losfahren. Man kann sich einer von ihnen anschließen. Als Kind fuhr Gravy den Mount Tamalpais hoch und runter, und dort traf er Mitte der 70er Jahre die Jungs, die das Mountainbiking aus der Taufe hoben.

»Ich war der erste kleine Punk unter all den Typen mit ihren Holzfällerstiefeln und Jeans, die sich auf ihren Rädern völlig zudröhnten und superschnell fuhren«, erzählte er. »Weißt du, die waren so abgefahren und so vertieft in die Sache, es war ansteckend. Da hab ich mitgemacht.«

Die andere Seite von Gravys Leben ist nicht weniger faszinierend. Sein Vater ist Nick Gravenites, eine Blues-Legende, die als Vorbild für die von John Belushi gespielte Figur in dem Film *Blues Brothers* diente. Seine Mutter wohnte mit Janis Joplin zusammen und entwarf deren Bühnenkostüme. Als Kleinkind lebte Gravy in einer Wohnung über den Grateful Dead an der Haight Street in San Francisco, dem Nabel der Hippiebewegung, die der Welt eine Gegenkultur bescherte. Ich wollte wissen, wie er von der Partygemeinde zu den Gesundheitsjüngern gekommen war.

»Ja, das Fahrrad hat schon mein Leben gerettet«, gab Gravy zu. »Und Laufräder bauen ist wie Gitarren stimmen: Jede Speiche muss perfekt summen.«

Sapim stellt in Belgien seit über 90 Jahren Speichen her. Abgesehen von einigen Werkzeugen produziert die Firma nichts anderes als Speichen und die »Nippel« genannten Hülsenmuttern, mit denen sie auf die Felge gespannt werden. Expertise, Innovation, strikte Qualitätskontrolle, Spezialisierung, die Fähigkeit, sich an die technische Entwicklung in anderen Bereichen der Fahrradtechnik anzupassen, und eine kleine, treue Arbeiterschaft – das zeichnet Sapim aus. Es sind zufällig auch die Merkmale der besten Komponentenhersteller von der Geburtsstunde der Industrie bis zum heutigen Tag. Ich hatte alles über Sapim gelesen. Die Firma trägt das Siegel der Qualität.

Die Speichen der Firma sind laut Johan Bruyneel, Lance Armstrongs ehemaligem Vertrauten und Teammanager und früher selbst einmal aktiver Rennfahrer, seit Jahrzehnten eine feste Größe in der Welt des professionellen Radrennsports. Bruyneel weiß vielleicht besser als jeder andere, dass Erfolg im modernen Straßenradsport mit wissenschaftlicher Präzision zu tun hat. Die Leidenschaften im grellen Peloton, Doping, Mut und die Dramatik der enormen physischen Belastung bei Straßenrennen sorgen für bessere Schlagzeilen, aber die Realität ist: Man gewinnt mit den besten Komponenten. Armstrong gewann all seine sieben Siege bei der Tour de France auf Sapim-Speichen.

Sapim produziert eine große Bandbreite von Modellen, aber Gravy empfahl mir die traditionellen, runden Doppeldickendspeichen aus rostfreiem Stahl. Sie sind elastisch, federnd und mit ihrer etwas größeren Gewindefläche aufgrund der Endverstärkung weniger anfällig für Speichenbruch. Gravy öffnete einen Aktenordner und zog eine Speiche aus einer elastischen Hülle. In seinen Tennisschlägerpranken sah sie aus wie die Speiche eines Kinderrads. Ich konnte sehen, dass die beiden Enden dicker als das Mittelstück waren und wusste bereits, dass dies Elastizität und Stärke erhöht und gleichzeitig den Speichenbruch durch Ermüdung vermindert.

Das vordere Laufrad eines Fahrrads ist symmetrisch aufgebaut, es trägt weniger Gewicht als das Hinterrad und muss keiner Torsionsbelastung standhalten. Das bedeutet, dass man hier mit leichteren Speichen auskommt. Gravy empfahl für mein Vorderrad das übliche Standardmodell Race: zwei Millimeter Stärke an den Enden, 1,8 Millimeter im Mittelteil.

Da das hintere Laufrad stärker als das vordere sein muss, schlug Gravy hier etwas anderes vor: Sapims Modell Strong, ebenfalls eine Doppeldickendspeiche, aber mit 2,3 Millimeter an den Enden und zwei Millimeter Stärke im Mittelstück. An einem Laufrad mit 28 Speichen würde sie eine schöne Balance zwischen »Fahrgefühl« und Haltbarkeit gewährleisten. Das passte zur Leitidee meines Traumradprojekts: ein auf Dauerhaftigkeit ausgelegtes Alltagsrad.

Die meisten Speichen bestehen aus rostfreiem Stahldraht. Er ist hart, korrosionsfest und ermüdet nicht so schnell, und es lassen sich in dieses Material glatte, starke Gewinde für die Nippel walzen.* Man findet bei sehr teuren Rädern unter Umständen auch Titan- oder schnittig geformte Kohlefaserspeichen. Das sind jedoch, wie die ovalisierten oder abgeflachten Aero-Speichen, deren Gestaltung den Luftwiderstand vermindern soll, besondere Angebote für Rennfahrer, die größeren Wert auf Gewicht und Leistung als auf Haltbarkeit und Preis legen. Die meisten Biker verlangen runde Doppeldickendspeichen aus rostfreiem Stahldraht. Gravy wusste genau, was ich brauchte. Allein durch die Möglichkeit, verschiedene Speichen für mein Vorder- und mein Hinterrad zu wählen, machte sich die Maßfertigung der Laufräder für mich bezahlt.

Die große Frage war, ob die stärkeren Hinterradspeichen durch die Löcher meiner Royce-Nabe passen würden. Gravy rollte eine Speiche zwischen Daumen und Zeigefinger und zog sie behutsam durch das Loch im Flansch. Mit einem *Klick* rutschte sie an Ort und Stelle.

»Jau, guck dir das an. Das ist cool!« Seine Züge weiteten sich wieder zu einem breiten Golden-Gate-Lächeln. DT Swiss-Felgen RR 1.2, Sapim-Speichen Strong hinten, Race vorne, Standardmessingnippel. Abgemacht! Wir klatschten uns ab.

---

* Speichengewinde werden nicht geschnitten, sondern mittels Walzen durch Kaltverformung des Stahldrahtes hergestellt, um Brüchen an den Gewindekerben vorzubeugen. (A.d.Ü.)

»Ich schlag mich jetzt ins Gebüsch und spann ein paar Laufräder. Und du fährst auf den Berg. Ich hab gerade Joe Breeze reinkommen sehen mit einem original Breezer-Mountainbike, und auf dich … wartet … eine … Überraschung! Ich werd neidisch! Du fährst jetzt den Repack, mit original Repack-Fahrern auf original Repack-Bikes. Du wirst fertig gemacht. Du wirst qualmende, versengte, brennende Feuerreifen kriegen. *Yeah!*«

Ich erinnere mich gut an meine erste Fahrt mit einem Mountainbike. Es war wie das erste Mal, als ich mit einem Walkman rumspazierte, eine Offenbarung.

Im Sommer 1987 lief ich eine steile Straße an der Uni hinter dem Studentenwerk hinunter, als mir Mark auf seinem Rad entgegenkam, ein Design-Student, mit dem zusammen ich an einem Magazin arbeitete. Ich kannte diesen Hügel nur zu gut. Um ihn mit meinem ramponierten Zehn-Gang-Rennrad zu bezwingen, musste ich aus dem Sattel steigen und mich so krampfhaft in die Pedale legen, dass mir der Zigarettenteer aus der Tiefe meiner Lunge hochkam und meine Wadenmuskeln hervortraten wie Hühnerschlegel. Mark hingegen hielt auf seinem Rad trotz der Steigung mit seinem Kumpel, der neben ihm ging, locker Schritt, kam nicht ins Keuchen, sondern plauderte entspannt mit ihm. Ich hatte von Mountainbikes gelesen, aber nie auf einem gesessen – es dauerte eine Weile, bis sie den Weg von den Querfeldeinpisten in Marin County auf die georgianischen Straßen von Bristol fanden. Als ich es dann das erste Mal ausprobierte, wollte ich sofort auch eins haben.

Die Erfindung des Mountainbikes ist vielleicht das faszinierendste und sicherlich das unglaublichste Kapitel in der Geschichte des Fahrrads. Um 1973 herum begannen mehrere junge Kalifornier, einfache amerikanische Cruiser-Räder mit Ballonreifen aus der Vorkriegszeit umzubauen, um mit ihnen aus purem Jux mit Karacho unbefestigte Bergpfade hinunterzurasen.

Das Charakteristische dieses neuen Radfahrstils war, dass er im *Gelände* stattfand. Die betagten Räder, mehr oder weniger Schrottkisten, waren für diesen Zweck weder entworfen noch gebaut worden, aber sie waren billig und entbehrlich. Die Fahrer traktierten sie solange, bis sie brachen, dann kauften sie sich ein neues. Eins der begehrtesten Modelle war das Excelsior der Firma Schwinn. Die entspannte Rahmengeometrie, die weite Gabelvorbiegung und das hohe Tretlager gaben diesem Modell einen kleinen Vorteil gegenüber anderen.

Bald begannen Fahrer, diese Schrotträder zu modifizieren. Unwichtige Teile wurden abgeschraubt. Neue Teile, die bei allen möglichen Zweiradvehikeln ausgeschlachtet wurden, kamen hinzu. Die Reifen wurden dicker und bekamen ein gröberes Profil, die Rahmen wurden verstärkt, die Bremsen verbessert, die Bremshebel verstärkt, die Sattelstützen mit Schnellspannern versehen, die Tretkurbeln länger, die Kurbelsätze besser. Mit der Zeit tauchten Kettenschaltungen und Lenkerschalthebel auf. All diese Merkmale und Komponenten waren bereits erfunden, nur war bis dahin niemand auf die Idee gekommen, sie alle miteinander an ein Rad zu schrauben, das einzig dem irren Zweck diente, sich damit über Stock und Stein einen Berg hinunterzustürzen.

Die größte Gruppe von Fahrern, die Schrotträder umbauten, fand sich um die Ortschaften Mill Valley, San Anselmo und Fairfax am Fuß des Mount Tamalpais (so die Langversion von Mount Tam) zusammen – alles junge, energiegeladene Leute. Die Gruppe bestand aus nicht mehr als einem halben Dutzend Schlüsselfiguren, aber diese bildeten eine kritische Masse. Sie waren athletisch, neugierig und unternehmungslustig und äußerst konkurrenzbetont. Zu ihnen gehörten: Charlie Kelly – Rockband-Roadie, Schriftsteller und Nonkonformist aus Prinzip –, der als charismatischer Organisator fungierte; Joe Breeze – ein anständiger Bursche aus der Nachbarschaft und Radrennfahrer, der damit aufwuchs, den Mount Tam rauf- und runterzufahren, der Rahmen bauen konnte und Zugang zum Maschinengeschäft seines Vaters hatte; Gary Fisher – ein erstklassiger Straßenradrennfahrer und Mechaniker mit großem Wissensdurst und einer Menge Chuzpe; Tom Ritchey – ebenfalls ein erfolgreicher Straßenrennfahrer, der sich nach der Highschool hauptberuflich dem Rahmenbau zuwandte. Keiner von ihnen ging zum College. Was sie verband, war eine Leidenschaft für Fahrräder. Weitere einflussreiche Mitglieder des Freundeskreises waren Otis Guy, Larry Cragg, Wende Cragg und Alan Bonds. Unter den Händen dieses kleinen Klüngels tüftelfreudiger Biker entwickelte sich das Schrottrad zum Mountainbike.

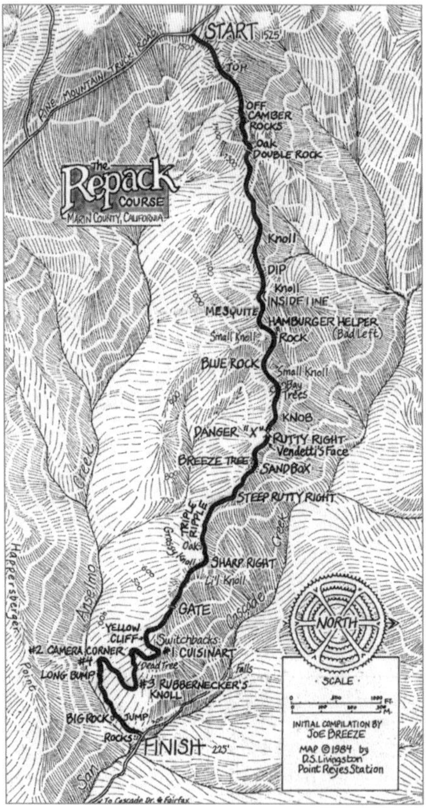

Über die Jahre wurde viel Aufhebens von der Tatsache gemacht, dass sie eine Clique kiffender Hippie-Biker waren. Vielleicht benutzten sie die ersten aufgemotzten Schrotträder wirklich dazu, um durch deren Verkauf »bestimmte Anpflanzungen in Nordkalifornien zu versorgen«, wie Gary Fisher schrieb. Gewiss waren sie »eine Clique von Leuten, die nicht jeden Scheißtag zur Arbeit gehen mussten«, wie Charlie Kelly freimütig bekannte. Aber die Erfindung des Mountainbikes wies keine Ähnlichkeit mit einem Freak-Brothers-Cartoon auf. Sie war ein dynamisches Ereignis.

Im Herzen der Geschichte lag der Repack, ein staubiger, häufig sehr steiler, unbefestigter Fußpfad am Mount Tamalpais (zur Seite des ihm vorgelagerten Pine Mountain), der auf etwas über drei Kilometer Länge mit einem durchschnittlichen Gefälle von 14 Prozent um 400 Meter abfällt. Die jungen Mountainbiker waren diesen Pfad schon einige Jahre lang immer wieder hinuntergefahren, und mit der Zeit drängte sich ihnen immer stärker eine Frage auf: Wer ist, verdammt noch mal, der Schnellste? Es musste endlich ein Rennen geben. Die Clique traf sich am 21. Oktober 1976 zu einem Zeitfahren: In Intervallen von zwei Minuten fuhren die Fahrer von der Startlinie los. Alan Bonds holte sich den Sieg. Er war der einzige Fahrer, der nicht stürzte. Sein Hund, Ariel, wurde Zweiter.

Es gab insgesamt nur 25 Repack-Rennen, bemerkenswert wenig für die Legende, die sie begründeten. Das letzte Rennen fand 1984 statt. Es war Charlie Kelly, der die Wettkämpfe organisierte und bekannt machte. Joe Breeze gewann die meisten von ihnen; Gary Fisher hält den Streckenrekord. Nicht mehr als 250 Fahrer hatten Gelegenheit, an den Repack-Rennen teilzunehmen, trotzdem waren sie von entscheidender Bedeutung.

Über nackte Erde, Kies und bloße Felsen, durch Rinnen und Furchen, über Wurzeln und Geröll, mit einer Durchschnittsgeschwindigkeit von über 40 Stundenkilometern bis zu 20 Prozent steile Hänge hinunter, durch Spitzkehren und nach außen hin abfallende und unübersichtliche Kurven hindurch entwickelte sich das Mountainbike, Rahmenbruch für Rahmenbruch, weiter.

»Wir versuchten, immer mehr aus den Rädern herauszuholen, keine Frage«, erzählte Joe Breeze. Bei einem typischen Repack-Rennen gab ein halbes Dutzend Räder den Geist auf. Die Fahrer fuhren nach Haus und machten sich sofort daran, ihre Maschinen zu reparieren und zu modifizieren, in der Hoffnung, das nächste Mal besser abzuschneiden. Für einige wurde diese Tüftelei zur Lebensaufgabe. Joe Breeze führt heute eine Firma, die Transporträder herstellt; Tom Ritchey und Gary Fisher bauten beide Weltmarken auf, die ihre Namen tragen.

Sogar der Name des Rennens, Repack, hatte mit dem Fahrrad zu tun. »Damals waren Rücktrittsbremsen – du weißt schon, die, bei denen man andersherum in die Pedale tritt – am beliebtesten«, erklärte mir Charlie Kelly. »Man *packte* ordentlich Fett in die Bremsnabe, um sie zu schmieren. Beim Rennen erhitzte sich das Fett so stark, dass es einfach herauskochte und eine schwarze

Rauchfahne hinter dem Rad herzog. Wenn man am Fuß des Berges eintraf, heulte die Bremse schon so laut, dass man nach Hause gehen und die Nabe nachfetten musste.« Und nachfetten hieß im Biker-Jargon *repack*.

Gemeinsam schoben Joe Breeze, Charlie Kelly und ich an einem milden Spätsommernachmittag unsere Räder den Repack hinauf. Der Boden knisterte vor Trockenheit, im Sonnenlicht tanzten Staubwölkchen, die unsere Stiefel beim Aufstieg aufwirbelten. Charlie schob ein Schwinn von 1941 – der Inbegriff einer Schrottkiste. Joe hatte eines seiner ersten selbstgebauten Breezer-Räder mitgebracht, das etwa aus den Jahren 1977/78 stammte. Aus vernickelten, zu Diamantrahmen verschweißten Cromoly-Stahlrohren aus dem Flugzeugbau gefertigt, ausgestattet mit Naben von Phil Woods, Kurbelgarnituren von Specialités TA, Kipphebel- oder Cantilever-Bremsen von Dia-Compe sowie Unicrown-Gabeln* im BMX-Stil waren die Breezers die ersten eigens für diesen Zweck gebauten Bergräder. Es war ein historischer Moment in der Geschichte des Fahrrads. Joe behielt eines für sich, die übrigen neun wanderten in Privatsammlungen oder Museen. Ich fuhr Ende der 80er Jahre ein Rad, das Joes Breezers ähnelte. Technisch war es solide, aber es hatte im Vergleich zum Original doch wenig Charakter.

»Zu sagen, dass es von dieser Gurke hier bis zu dem Breezer dort ein Quantensprung gewesen wäre«, beteuerte Charlie und wies in einer ausladenden Geste auf seine Schrottkiste, »untertreibt irgendwie die Ausmaße von Quantensprüngen.«

Beide, Charlie und Joe, hatten Sachen an, die sie genauso gut 30 Jahren zuvor hätten tragen können: Stiefel, Levis, Denimhemden und Baseballmützen. Joe hatte allerdings ein paar Lederhandschuhe mitgebracht – das einzige Zugeständnis an Schutzkleidung.

»Teufel, niemand trug jemals einen Helm. Alles in allem gab es wenige Verletzungen. Ein Haufen Unfälle, aber wenig Verletzungen. Ich hab mir die gebrochen ...« Mit dem Rad gegen seine Hüfte

---

* Unicrown-Gabeln haben keinen Gabelkopf. Die Gabelbeine sind bei ihnen direkt mit dem Gabelschaft verschweißt oder gemufft. (A.d.Ü.)

gelehnt, hob Charlie beide Hände wie ein Verkehrspolizist. »Rechte Hand, linke Hand. Siehst du die große Deformation? Gebrochener Daumen. Ist genau da oben passiert, am Hamburger Helper. Hässliche Ecke.«

»Wie ist das passiert?«, fragte ich. »Hand auf dem Boden?«

»Nee, es hat mich der Länge nach hingehauen, und das hat böse, böse gerumst. Ich bin eine Weile liegen geblieben, weil ich nicht wissen wollte, was alles gebrochen war, bis mir klar wurde, dass gleich einer voll über mich rüberfahren würde.«

Das Markenzeichen der Repack-Rennen waren Wettkampfgeist und Draufgängertum. Als er im Dreck lag, dürfte Charlie sehr wohl sein eigener Kampfruf in den Ohren geklungen haben, den er vor den Rennen des Öfteren ausstieß: »Wenn ihr einen Satz baut und euch ein paar Knochen brecht, wartet auf die Erste-Hilfe-Truppe, es sei denn, ihr blockiert eine gute Spur. Falls ja, versucht zur Seite zu kriechen. Wenn ihr auf der Strecke jemanden bluten seht, haltet an und helft ihm, es sei denn, ihr fahrt ein richtig geiles Rennen.«

Während des Aufstiegs hielten Charlie und Joe oft an und schilderten mir lebhaft, wie man diesen oder jenen Teil der Strecke am schnellsten fahren könne. Ich lernte, wie man die Kurven am besten zu nehmen hätte – »Hier an der Innenseite, direkt an der Tangente des Scheitels« –, wo man aus dem Sattel steigen musste, wo die Stellen waren, an denen man in die Pedale treten sollte, um »eine Sekunde rauszuholen, bevor du an der nächsten Biegung in die Bremsen steigst«. Obwohl es 30 Jahre her war, seit sie die Strecke regelmäßig gefahren waren, erinnerten sie sich an jeden Fels, jedes Schotterstück und jede Rille. In den besten Zeiten hatte Joe eine Karte der Route gezeichnet, und Charlie hatte einmal alle 20 Meter ein Foto geschossen, als Gedächtnisstütze, sodass »du, wenn's losging, in der Strecke total drin warst«.

Kaum, dass wir den Gipfel und den Startpunkt der Rennen erreicht hatten, drängte Charlie darauf, die Abfahrt sofort zu fahren. Er ist niemand, dem man etwas abschlagen kann. Auch Joe, ein vor Gesundheit strotzender Mann in den Fünfzigern, konnte es kaum abwarten, sich den Pfad hinunterzustürzen. Ungeduldig wie ein kampfbereiter Stier scharrte er praktisch schon mit seinen Stiefeln im Boden, zupfte seine Handschuhe zurecht, atmete tief durch und schoss davon.

Auch Charlie machte um seinen Start keine weiteren Umstände. Er hob seinen großen Fuß vom Boden, und weg war er. Ich hörte das dröhnende Rutschgeräusch der am Hang Halt suchenden Stollenreifen, während die beiden außer Sichtweite in die Tiefe stürzten. Ich saugte die glitzernde, saubere Luft tief ein, blickte den Pfad hinunter, an den Heidelbeerbüschen und den Gifteichen vorbei über das Tal hinweg zu den vom 850 Meter hohen Gipfel des Mount Tamalpais überragten Waldhängen und versuchte, das Bild dieses Panoramas in mich aufzunehmen. »Spitze des Repack, August 2009: Bereit zum Abheben.«

Ich habe über 20 Jahre lang Mountainbikes besessen. Zur Liste der Hügel und Bergketten, die ich hochgeächzt und hinuntergebrettert bin, gehören die Brecon Beacons (wo ich mit dem Fahren angefangen habe und heute lebe), die englischen Mendip Hills, die schottischen Grampians, die MacGillycuddys Reeks in Irland, das zentralasiatische Karakorumgebirge, der Hindukusch, die Alpen, die Bergketten der walisischen Snowdonia, die Kaskadenkette entlang der Westküste der USA, die neuseeländischen Remarkables, das Große Australische Scheidegebirge, das Barisangebirge auf Sumatra, die indischen Westghats, das Kopet-Dag-Gebirge an der Grenze von Turkmenistan und dem Iran, das Pamirgebirge, das Zagrosgebirge im Iran, das Libanongebirge, der Himalaja, das Dinarische Gebirge auf dem Balkan und die schottischen Hügel von North Harris.

Einmal schickte mich eine Zeitung los, um einen Artikel über die Mountainbike-Abfahrt im Schatten des schottischen Bergs Ben Nevis vor einem Weltcuprennen zu schreiben. Ich kam in die Obhut von Stu Thomson, einem 22-jährigen Landesmeister. In der Gondel nach oben erzählte mir Thomson, wie der letzte Journalist (von einem Konkurrenzblatt), den er eskortiert hatte, in der ersten Kurve aus der Bahn geflogen war und sich geweigert hatte, wieder aufzusteigen. Waren alle Journalisten, fragte er sich, solche Weicheier? Mein beruflicher Ehrgeiz übermannte mich, und ich listete ihm die Bergketten auf, die ich auf zwei Rädern befahren hatte.

Von der fantastischen Aussicht einen Augenblick abgelenkt – ich konnte kilometerweit ins Tal und über den »krummen Finger« von Loch Eil bis zum Atlantik hinabblicken – trug es prompt auch mich aus der ersten Kurve. Ehe ich michs versah, hoppelte ich auf dem Steißbein einen Felsblock hinunter.

Als ich Thomson einholte, nachdem ich den Granit Schottlands noch zwei weitere Male geküsst hatte, stand meine Kinnlade weit offen, meine Adern waren mit Adrenalin geflutet, blaue Flecken meldeten Körperteile, deren Existenz mir entfallen war, meine Hände waren taub, mir saß der Schreck in den Knochen, und ich stand kurz davor, mich zu übergeben. »Sie hängen in den Bremsen«, sagte er. »Sie dürfen nicht in den Bremsen hängen. Sie dürfen keine Zweifel haben.«

Charlie und Joe waren schon ein Weilchen verschwunden. Der Berg lag still. Ich hatte keine Zweifel. Ich stellte mein Fahrrad Richtung Falllinie, ließ die Bremsen los und stürzte wie ein Stein in die Tiefe. In der ersten Kurve zog ich leicht an den Bremsen. Das Rad zuckte wie ein Herztoter beim ersten Stromschlag zur Wiederbelebung. Kein Foto, kein Video der ursprünglichen Repack-Rennen kommt dem Gefühl nahe, ihn zu fahren. Die Abfahrt ist sehr schnell. Hinter der zweiten oder dritten Kurve warteten sie auf mich.

»Ganz schön mulmig, was?«, begrüßte mich Charlie. Noch außer Atem wollte ich wissen, ob sie damals Angst gehabt hatten.

»Na ja, schaurig war es immer«, gestand Charlie, »aber das war ja gerade der Grund, warum man es gemacht hat. Wenn es sicher gewesen wäre, hätte es auch keinen Spaß gemacht.«

An Joes Augen war abzulesen, wie viel Spaß er hatte. Er düste wieder los. Charlie und ich rumpelten hinterher. Wir kamen an eine nach außen hin abfallende Linkskurve namens Tripple Ripple, an deren Rand sich ein steiler, tiefer Abhang auftat. Wie bei einer Motorsport-Rennstrecke trugen viele Punkte des Parcours Namen. Wir passierten den Rubberneckers' Knoll, die Camera Corner, den Breeze Tree, um den sich Joe einst gewickelt hatte, und Vendetti's Face, wo Mark Vendetti, wie Charlie erklärte, »viel von seinem Gesicht gelassen hat«.

Als wir die erste große Spitzkehre erreichten, erkundigte ich mich nach der Motocross-Kurventechnik, die ich aus alten Aufnahmen in dem Film *Klunkerz* kannte, der die Geschichte des Mountainbiking erzählt. »Bei den alten Bremsen«, erklärte Joe, »den Trommelbremsen, die irgendwie wie Nicht-Bremsen waren, ging man in die Kurve und benutzte sein Bike, um durch Schlittern etwas Geschwindigkeit herauszunehmen. Man geht hinein und steigt aus dem Sattel, schiebt das Hinterteil raus, und so geht man da praktisch seitwärts durch. Das Vorderrad dreht sich noch, sodass du in der Spur bleibst. Der Innenfuß ist unten. Der andere Fuß ist auf dem Pedal. Und wenn du wirklich gut bist, sind die Hände nicht an der Bremse.«

Die meisten Repack-Rennen wurden zwischen 1976 und 1979 ausgetragen. »Es gab nie einen Plan. Das war einfach etwas, das wir taten, wenn uns danach war«, erzählte Charlie. Mit den Rennen hörte es auf, als Charlie sie nicht mehr organisierte. 1979 kam ein Fernsehteam, um das Rennen zu filmen. Ein Fahrer stürzte und brach sich den Arm. Er verklagte den Fernsehsender und verlor. Das Repack-Rennen verlor seine Deckung, die für das Gebiet zuständigen Behörden bekamen Wind davon, und niemand wollte jetzt noch die Verantwortung für die Organisation eines Rennens übernehmen, bei dem man verklagt werden konnte.

Wie die besten Rockstars starb der Repack jung. Der Zweck

war erfüllt. Die wechselseitige Inspiration der Fahrer und der schrottreife Zustand, in dem sich die Räder nach der Abfahrt befanden, hatten zum Breezer geführt, dem ersten eigens gebauten Mountainbike. Mehrere andere Hinterhofschmieden in Marin County fertigten 1979 ähnliche Räder. Der Repack hatte dem Mountainbike Bekanntheit verschafft und einen Markt dafür geschaffen. Der Spaß war vorbei, nun war es Zeit fürs Geschäft.

Wir waren jetzt fast am Ende angelangt. »Wenn du hier ankamst, warst du auf deinem 25-Kilo-Eisenteil schon am Fliegen«, erinnerte sich Charlie.

> Die Rücktrittsbremse war dann schon überhitzt und kreischte. Hier und da wurden Felsbrocken aus dem Pfad geschleudert. Du versuchst nur, in gerader Bahn in die letzte Kurve zu kommen und weiter unten am Felsen vorbei, der die Ziellinie war. Häufig genug war das der Punkt, an dem die Konzentration versagte. Entweder das, oder die Verlockung war zu groß, die Bremsen nicht voll anzuziehen und sich schräg zu legen, um ein Finish mit einem weiten Franz-Klammer-Schwung hinzulegen.

Joes Augen leuchteten auf. Er sprang in die Pedale und sauste davon. Als Charlie und ich hinter ihm her um die letzte Kurve fuhren und den Fels sahen, stob eine große Staubwolke auf, akustisch begleitet vom Ratschen über den Boden schlitternder Baumwolle. Joe hatte sich für einen Franz-Klammer-Schwung entschieden und sich voll hingelegt. Charlie brach in lautes Gelächter aus.

»Tut mir so leid, ich hab's doch vorhin erklärt, oder nicht? Ich hab's dir wirklich schon erklärt«, johlte er und zeigte auf Joe, der vornüber gebeugt die Arme um den Bauch schlang, umherschwankte und ebenfalls vor Lachen heulte.

Das Speichenmuster eines Laufrads wird dadurch bestimmt, wie viele Male jede Speiche die angrenzenden Speichen zwischen Nabe und Felge kreuzt. Radialspeichen kreuzen sich überhaupt nicht, sondern streben vom Flansch – der tellerartigen Ausformung an den

Nabenenden mit den Speichenlöchern – senkrecht zur Felge auf. Gekreuzte oder tangentiale Speichen sind von der Senkrechten mehr oder weniger abgewinkelt. Zwischen Nabe und Felge können sie unter oder über einer, zwei, drei oder sogar vier anderen Speichen liegen. Allgemein gesagt: Je öfter sich die Speichen kreuzen, desto stärker ziehen sie aneinander und desto fester ist das Rad.

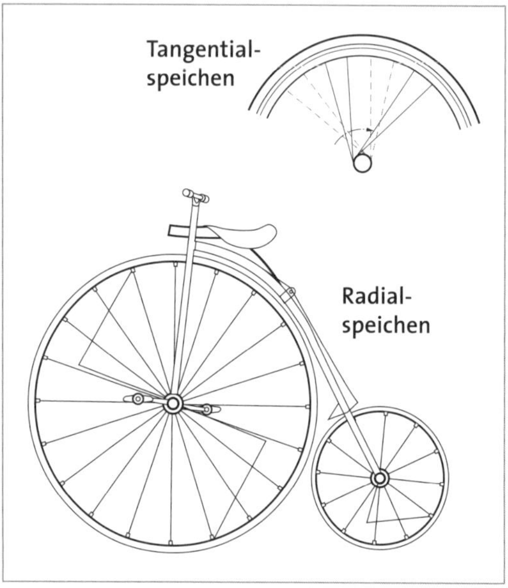

Ein beladenes Trekkingrad, auf dem ein großgewachsener Mann über Lehmpisten Südamerika durchquert, würde also Laufräder haben, deren Speichen sich drei- oder sogar vierfach kreuzen, denn hier geht es nur um Belastbarkeit und Dauerhaftigkeit. Mein Weltumrundungsrad hatte vorne und hinten dreifach gekreuzte Speichen. Auf der anderen Seite des Spektrums hätte ein federleichtes Rennrad, das etwa die leichtgewichtige Nicole Cooke in einem Rennen fährt, sehr wahrscheinlich ein Vorderrad mit Radialspeichen und ein Hinterrad mit zweifach gekreuzten Speichen auf der Fahr- oder Zahnkranzseite und Radialspeichen auf der gegenüberliegenden Seite, denn als Radrennfahrerin geht es ihr um geringes Gewicht und Aerodynamik.

Der Grund, warum die Speichen auf der Seite des Zahnkranzes überkreuzt sein sollten, ist der, dass Radialspeichen zur Übertragung des Drehmoments nicht gut geeignet sind – eine Kraft, die in Form einer Torsion statt eines Schubs oder Zugs ausgeübt wird. Tritt man in die Pedale, übt die Kette eine Rotationskraft auf die Nabe aus, die relativ zur Felge gedreht wird. Um diese Kraft auf das Rad zu übertragen und vorwärts zu fahren, muss man zumindest auf einer Seite gekreuzte Speichen haben (jedenfalls ist das empfehlenswert).

Es gibt noch ausgeklügeltere Speichenmuster wie den Krähenfuß (eine Kombination von Radial- und Kreuzspeichen), die spanische Speichung, das Schneeflockenmuster und die Radialspeichung auf hohem Flansch. Einige davon sind schön anzusehen, aber sie haben keinen praktischen Vorteil gegenüber üblichen Kreuzspeichenmustern. Sie dienen den Leuten nur zum Aufbrezeln ihres Rads.

Gravy wollte meine Räder tangential und dreifach überkreuzt einspeichen. Um herauszufinden, ob das möglich war, musste er zunächst den Innendurchmesser der Felge und die Stärke der Felge am Nippelloch messen (man sollte meinen, dass es sich hier um Standardabmessungen handelt, aber sie können, wie mir Gravy versicherte, je nach Felgenlos oder von einer »Pressung« zur nächsten variieren). Ferner mussten das Einbaumaß (die Nabenbreite) vermessen werden, der Abstand von der Flanschaußenseite zum Nabenaußenrand sowie der Flanschdurchmesser (gemessen von Lochmitte zu Lochmitte gegenüberliegender Speichenlöcher). Er tippte die Zahlen in den Sapim-Speichenrechner auf der Webseite der Firma ein.

Früher, als das mit dem Computer noch nicht ging, führte Gravy die Berechnungen mithilfe von Tabellen durch. Die exakte Bestimmung der Speichenlänge ist wichtig, weil der nächste Schritt darin besteht, die Speichen genau auf die ermittelte Länge zu schneiden und mit einem Gewinde zu versehen. Das macht Gravy mit der zuverlässigen Phil-Wood-Speichenmaschine, einem grauen, kompakten, von Hand zu bedienenden Gerät in einer Ecke der Werkstatt. Werden die Speichen exakt auf die richtige Länge geschnitten, schöpft man die maximale Gewindelänge des Nippels aus und vermindert die Gefahr von Speichenbruch. All das kann eine Maschine, die komplette Laufräder produziert, natürlich nicht leisten.

Pling – schon erschien die Speichenlänge auf dem Monitor. »O. k., der Computer sagt, dass wir beide Räder mit Dreifachkreuzung bauen können. Drei Hurras auf Mr. Starley.«

James Starley ist der größte britische Erfinder, von dem Sie noch nie etwas gehört haben. Er war ein wahrer Koloss und gehörte zu jener Liga autodidaktisch geschulter Unternehmer und Fabrikanten, die dafür sorgten, dass die Industrialisierung in Großbritannien zu einer echten Revolution wurde. Der Fahrradhistoriker Andrew Ritchie beschrieb ihn als das »wahrscheinlich tatkräftigste und erfindungsreichste Genie in der Geschichte der Fahrradtechnik«.

Starley kam 1831 als Sohn kleiner Farmer in Sussex zur Welt. Sein Kopf war schon seit jungen Jahren ein Brutkasten technischer Ideen. Mit 15 hinterließ er eine Notiz auf dem Küchentisch – »Liebe Mama tut mir leid ich halt es nicht mehr aus gehe nach London schreibe bald Jim« – und brannte von zu Hause durch. Sicher war ihm für die Interpunktion in der Eile keine Zeit geblieben. Er fand dann zunächst Arbeit als Gärtner in Lewisham. Dort erweckten seine natürliche Begabung für die Reparatur von Uhren, Nähmaschinen und anderen Geräten und sein Erfindergeist die Aufmerksamkeit des bedeutenden Marineingenieurs John Penn.

Penn machte Starley mit dem Geschäftsmann Josiah Turner bekannt, und 1857 beschlossen die beiden, ihre Zelte in Coventry aufzuschlagen, dem traditionellen Zentrum der britischen Uhrenindustrie. Es sagt viel über die Zeit aus, dass zwei Unternehmer London verließen, um nach Coventry zu gehen und dort ihr Glück zu versuchen. Sie gründeten die Coventry Sewing Machine Company. Starley erfand und patentierte viele Arten von Nähmaschinen (viele Innovationen sind bis heute Standard geblieben), bevor Turners Neffe 1868 mit einem Veloziped aus Paris zurückkehrte – eine Vorform des Fahrrads, die in Frankreich damals großes Aufsehen erregte.

Edward Ward Cooper, ein Angestellter der Firma, beschrieb später in seiner Autobiografie die Ankunft »eines ›Dings‹ aus Frankreich im heiligen Bezirk des Büros … Wir versammelten uns alle darum herum. Mr. Turner, unser Geschäftsleiter, der ›alte Starley‹, das Mechanikgenie, ich selbst und ein paar ehrfürchtig dreinblickende Angestellte … Ja, da stand das Ding, und niemand wagte es zu berühren.« Starley griff als Erster zu, hob es hoch und beklagte sogleich das große Gewicht des Velozipeds.

Das Veloziped oder »Fahrrad«, wie es bald genannt wurde, fiel in Großbritannien, einem Land mit einer starken metallverarbeitenden Industrie, auf fruchtbaren Boden. Dennoch war es eine kühne Entscheidung von Starley und Turner, in die aufkeimende Industrie einzusteigen. Unter Starleys Händen wurde der grobe französische »Knochenschüttler« rasch verbessert. 1870 ließ er sich (gemeinsam mit William Hillman, der sich später einen Namen in der Autoindustrie machte) ein Ganzmetallrad patentieren, das den Namen Ariel trug: ein Hochrad mit Vollgummibereifung und Drahtspeichen, dessen Vorderrad mit einem Durchmesser von 1,25 Metern alle bisherigen Dimensionen sprengte. Das Ariel sollte vor allem nach Frankreich exportiert werden, wo man wegen der enormen Nachfrage mit der Velozipedproduktion nicht nachkam. Doch als bereits 400 davon produziert waren, brach der Deutsch Französische Krieg aus, und an einen Export war nicht mehr zu denken. Allerdings erwies sich binnen kurzem, dass das Ariel auch im eigenen Land reißenden Absatz fand. Daher markiert es den eigentlichen Beginn der Zweiradherstellung in Großbritannien und einer technischen Vorreiterrolle in der Fahrradtechnik, die das Land ein halbes Jahrhundert behauptete und Starley den Spitznamen »Vater der Fahrradindustrie« eintrug.

»Um der Radlergemeinde die Vorteile des neuen Zweirads unter Beweis zu stellen«, so las man 1871 in einem zeitgenössischen Bericht, fuhren Starley und Hillman auf Ariel-Velos in einem Tag von London nach Coventry. Sie »bestiegen ihre Maschinen, sobald die Sonne aufging« und »erreichten wacker radelnd Mr. Starleys Haus, als die Uhr von St. Michael zur [Mitternachts-] Stunde schlug«. Es war eine bemerkenswerte Leistung: 155 Kilometer auf primitiven Straßen. Starley war 41 Jahre alt und wog beinahe 90 Kilo. Beide Männer kamen drei Tage lang nicht mehr aus dem Bett, aber die Fahrt hatte in der Öffentlichkeit Aufsehen erregt.

Die Werbung für das Ariel pries es als »das leichteste, robusteste und eleganteste moderne Veloziped«. Das war keine Übertreibung. Der Name selbst – vielleicht ein Wortspiel mit *aerial* (luftig) und dem Namen von Shakespeares Luftgeist in *Der Sturm* – gibt einen Hinweis darauf, wie flink die Maschine war. Sie kam im September 1871 in den Verkauf, zu acht Pfund Sterling für das preisgünstigste Modell. Einer der ersten Kunden war James Moore, der berühmte Velorennfahrer.

Das Ariel wurde rasch zur Messlatte für die neue Welle von Hochrädern. Hohle Stahlrohrrahmen, verbesserte Kugellager,

Knicklenker, höhenverstellbare Kurbeln, Bremse, Vollgummireifen und ein rückwärtiges Trittbrett zum Aufsteigen – all das wurde bei der weiteren Hochradentwicklung Standard. Doch besonders durch eine Innovation wurde das Ariel zum Meilenstein der Fahrradgeschichte: das Vorderrad.

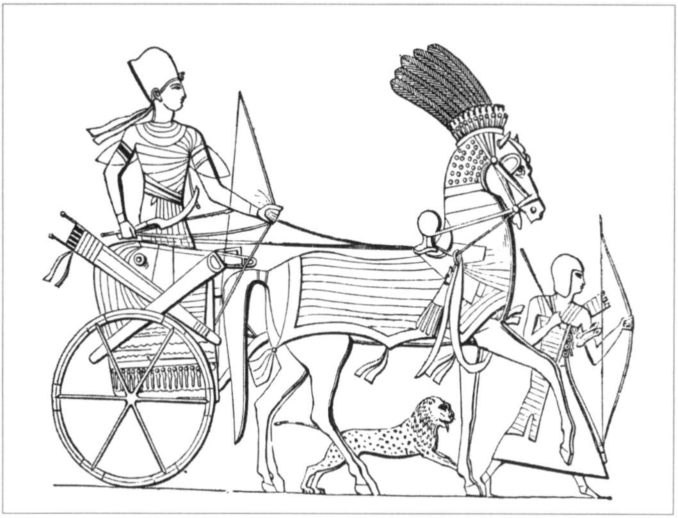

Das Rad ist eine der größten Erfindungen der Menschheit. Seine Geschichte ist die Geschichte der Zivilisation. Das älteste mit Rädern versehene Vehikel, das bislang gefunden worden ist (in Südmesopotamien im heutigen Irak), lässt sich grob auf 3200 v. Chr. datieren. Aber das Rad – ursprünglich bloß eine Holzscheibe mit einem Loch in der Mitte für eine Achse – dürfte schon früher erfunden worden sein. Der nächste Evolutionsschritt ereignete sich 1500 Jahre später. Geschickte ägyptische Wagenbauer lernten, wie man Holzräder mit Radialspeichen herstellt, was die Streitwagen leichter und schneller machte. Von da an bis zum Beginn des 19. Jahrhunderts entwickelte sich das Rad kaum noch weiter. Natürlich wurden die Stellmacher in ihrem Handwerk fachkundiger und verwendeten entsprechend der Fortschritte in der Metallurgie immer beständigere Materialien, aber strukturell gab es beim Rad keine Neuerungen. In unserem Zeitalter beinahe täglicher technischer Fortschritte erscheint es unglaublich, wie etwas so Grundlegendes so lange Zeit praktisch unverändert bleiben konnte.

Eine grundlegende Weiterentwicklung des Rades gelang erst gute drei Jahrtausende nach den Ägyptern, als 1802 die Zugspannung patentiert wurde. Es dauerte weitere 60 Jahre, bis 1862 das Stahlspeichenrad zum Patent angemeldet wurde. Die Kutschmacher experimentierten das ganze 19. Jahrhundert hindurch mit Metallspeichen als Alternative zu Holz, doch zunächst ohne Erfolg. Eugène Meyer, ein Pariser Radmachermeister, war wahrscheinlich der Erste, der 1869 ein vernünftiges Zugspeichenrad für das Veloziped mit individuell justierbaren Speichen entwickelte. Aber es bedurfte eines Mannes von der Genialität und Vision eines James Starley, um das Potenzial dieses Radtyps zu erkennen und es in Massenproduktion herzustellen. Die Laufräder des Ariel wurden erstmals (mittels Hebeln) auf Zug statt auf Druck gespeicht – eine Standardausstattung, die das Fahrrad für immer veränderte.

Das Holzrad mit starren Speichen hatte der Menschheit gute Dienste geleistet. Ende der 1860er Jahre wurde es im Großen und Ganzen noch so gebaut wie seit Jahrtausenden: Starre Speichen wurden in einen hölzernen Radkranz eingesetzt, um den ein Eisenband gelegt wurde, nachdem man dieses erhitzt hatte, sodass es sich beim Abkühlen zusammenzog.

Die Funktionsweise ist einfach: Der Druck überträgt sich vom Boden auf den Radkranz, von dort auf die Speiche und die Nabe und von hier wieder zurück. Man sagt, die Speiche ist *auf Druck* belastet, weil der Druck auf beide Enden der Holzspeiche gleichzeitig wirkt. Wenn ein Fahrzeug mit solchen Speichen steht, könnte man alle Speichen aus dem Rad herausnehmen, bis auf jene ein oder zwei am Boden, und doch würde das Rad nicht zusammenbrechen. Die dicke, schwere Holzspeiche ist stark genug, um die Last zu tragen.

Anders das Rad, dessen Speichen *auf Zug* belastet sind. Die Stahldrahtspeichen werden vorgespannt, wenn das Rad gebaut wird. Jede Speiche zieht gleichzeitig an der Nabe, und zwar gleich stark, sodass Nabe und Felge an Ort und Stelle bleiben. So spielt jede Speiche zu jeder Zeit eine Rolle bei der Stützung der Nabe, und diese wird praktisch an der Felge aufgehängt, statt gänzlich von der jeweils unteren Speiche gestützt zu werden. Unter Belastung – wenn Sie sich etwa in den Sattel Ihres Fahrrades schwingen – drückt der Boden gegen die Felge, welche Druck auf die unteren Speichen ausübt, doch damit *nimmt* die bereits in diesen Speichen vorhandene Spannung *ab*. Sie werden lockerer, d. h. ihre Spannung vermindert sich, während alle anderen Speichen unverändert bleiben. Wenn ein solcherart vorgespanntes Rad steht und man jede Speiche bis auf die ein oder zwei am Boden herausschneiden würde, so würde es zusammenbrechen. Ein oder zwei dünne Stahlspeichen sind nicht annähernd stark genug, um die Last zu tragen.

Der erste Vorteil des Zugspeichenrads war, dass es größeren Komfort bot. Weil die Stahlspeichen unter Spannung stehen, absorbieren sie Stöße viel besser als starre Speichen. Der fundamentale Vorteil jedoch war die Gewichtsersparnis – ein entscheidender Aspekt gerade bei den Laufrädern, wie wir gesehen haben. Stellen Sie sich das Gewicht vor, das man an eine einzelne Stahlspeiche hängen kann; nun denken Sie an die Holzspeiche, die nötig wäre, um dieselbe Last zu tragen.

Starleys und Hillmans mittels Hebeln gespanntes Radialspeichenrad ersetzte das hölzerne Rad mit seinen dicken, starren Speichen endgültig. Das Ariel war etwa ein Drittel leichter als die Velozipede mit Holzlaufrädern, die ihm vorangegangen waren. Vor allem: Dieses innovative Laufrad war nun so fest und leicht, dass sein Durchmesser wachsen konnte. Starke und verlässliche Holzräder konnten schlicht nicht mit einem Durchmesser von über einem Meter gebaut werden, doch Zugspeichenräder wurden größer und größer und leiteten die kurze Blüte der Hochräder ein, des unmittelbaren Vorgängers des Sicherheitsrads mit hinterem Kettenantrieb.

Hochräder hatten keine Übersetzung, sondern einen Direktantrieb, d. h. bei jeder Umdrehung der Pedale drehte sich das Rad einmal um die eigene Achse. Der einfachste Weg, um einem Fahrrad einen »höheren Gang« zu verschaffen, bestand also darin, das Antriebsrad zu vergrößern. Daher bestimmte nun die Schrittlänge eines Fahrers die Obergrenze des größtmöglichen Gangs. Das größte Serienhochrad hatte ein vorderes Laufrad mit einem Durchmesser von 1,50 Metern. Damit war zwar das Maximum für das Hochrad ausgeschöpft, nicht aber das Ende der Entwicklung gekommen. Mit neuen Materialien wuchsen jenseits der Welt des Fahrrads Zugspeichenräder geradezu in den Himmel. So ist etwa die neueste Ergänzung der Londoner Skyline, das Riesenrad London Eye, ein Zugspeichenrad.

Starley experimentierte weiter mit der Speichentechnik. 1874 gipfelten seine Anstrengungen im Tangentialspeichenrad, das mithilfe jener Methode gefertigt wurde, mit der Gravy meine Laufräder bauen würde. Es war Starleys größtes Meisterstück. Auch das Tangentialspeichenrad folgt dem Prinzip der Zugspannung, aber durch die Kreuzung seiner Speichen wird es zusätzlich versteift und das Drehmoment wirkungsvoller vom Ritzel (bei Direktantrieb von der Tretkurbel) auf die Felge übertragen. Die Speichen sind abgewinkelt, wobei nebeneinanderliegende Speichen beinahe in entgegengesetzte Richtungen weisen. Die Tangentialspeiche auf der einen Seite gleicht jene auf der anderen aus, und die Speichen liegen zur Verstärkung überkreuz. Jede lässt sich einzeln vorspannen. Dadurch kann das Rad leicht zentriert werden, sodass es vollkommen rund läuft (d. h. die Felge perfekt kreisförmig ist und nicht »eiert«) und keinen Seitenschlag hat, die Felgenflanken also völlig eben sind und keine Ausbeulungen haben.

Starley führte weitere Neuerungen ein. Er entwarf ein beliebtes Dreirad mit Ketten-Differenzialgetriebe und ein meisterliches Vierrad, das Quadricycle Salvo, das sogar Königin Victoria begeisterte. Er starb am 17. Juni 1881 in Coventry.

Beinahe jedes seit 1874 gebaute Laufrad hatte eine Tangentialspeichung. Die Erfindung wurde später unter anderem für Motorräder, Autos und auch Flugzeuge genutzt und bleibt bis heute die beste Methode der Laufradherstellung.

Wir wissen heute natürlich, dass das Hochrad, das in England eine Zeitlang so beherrschend wurde, dass man es »das Gewöhnliche« (*the ordinary*) nannte, nur eine kurze Mode war, die das Fahrrad in eine technische Sackgasse führte. Es hatte jedoch zwei wichtige gesellschaftliche Folgen.

Die Ausweitung des Eisenbahnstreckennetzes über ganz Großbritannien in den 1840er Jahren brachte das Postkutschengeschäft zum Erliegen und führte zur Vernachlässigung des einstmals hervorragenden Mautstraßensystems. Die Pionierarbeiten zweier Väter des modernen Straßenbaus, der Ingenieure Thomas Telford, der für seine Verkehrswegplanungen schon zu Lebzeiten berühmt wurde, und John McAdam, der einen ersten dauerhaften Straßenbelag erfand, waren lange vergessen. Tatsächlich waren die Straßen in den 1870er Jahren schlechter als noch zu Beginn des Jahrhunderts. Man hatte auf ihnen regelmäßig mit großen Steinbrocken, Matsch und Furchen zu kämpfen. Velozipedalisten erlitten häufig Unfälle. »Das einzige mir bekannte Hindernis, das der universellen Nutzung des Radfahrens in diesem Land im Wege steht«, so bemerkte der Earl of Albemarle, Präsident des britischen Radlerverbandes National Union of Cyclists, »ist, dass Jahr für Jahr die Straßen in vielen Teilen Englands schlechter und schlechter werden.«

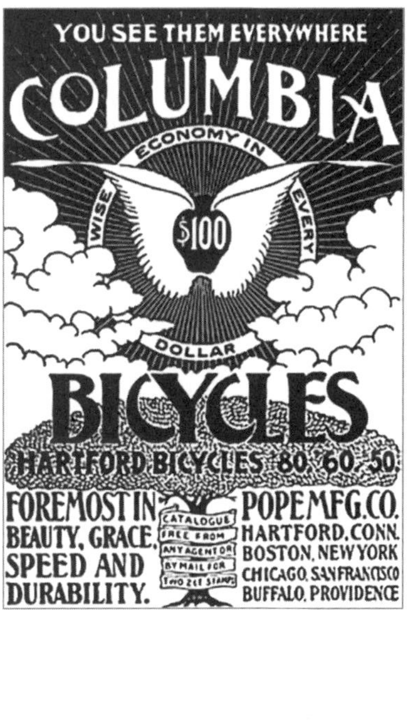

Die sportlichen, abenteuerlustigen jungen Herren, die auf ihren Hochrädern »ausritten«, gründeten Clubs mit Rangordnungen, Uniformen, Abzeichen und Hornbläsern, die ihre Mitglieder vor Schlaglöchern warnten: Der Bläser fuhr voraus und stieß ins Horn, wenn er eine Gefahrenstelle entdeckt hatte. Die Vereine setzten sich auch für die Verbesserung der Straßen ein. Bis Mitte der 1880er Jahre hatte der größte von ihnen, der Cyclists' Touring Club, 20 000 Mitglieder. Damit übten die Radler einen bedeutenden Einfluss aus. So trug das Fahrrad maßgeblich dazu bei, dass man den Straßenbau als nationale Aufgabe wiederentdeckte.

In Amerika waren die Straßen in den 1870er Jahren sogar noch übler: Schlammlöcher im Frühjahr und Staubpisten im Sommer, reine »Schüttelpisten« (*gutshakers*). Albert A. Pope, der 1878 die Produktion von Hochrädern der Marke Columbia aufnahm, machte sich die Verbesserung der amerikanischen Straßen zur vorrangigen Aufgabe.

Pope beschäftigte sich mit jedem Aspekt des Fahrrads. Er gründete eine jährliche Industriemesse, organisierte Rennen und finanzierte Klagen gegen städtische Verbote, die sich gegen Radler richteten. Er hob die Zeitschrift *The Wheelman* aus der Taufe und verteilte sie gratis. Er lobte Preise für Mediziner aus, die Fachaufsätze zugunsten des Rades schrieben.

Vor allem aber setzte sich Pope an die Spitze einer mächtig werdenden Bewegung zur Verbesserung der Straßen, dem Good Roads Movement. Er ließ in Boston einen Straßenabschnitt asphaltieren, um zu zeigen, wie glatt Straßen sein können. Mit einer Spende förderte er die Einrichtung eines Studiengangs für Straßenbauwesen am Massachusetts Institute of Technology und gründete 1880 die League of American Wheelmen, die sich den Ruf nach besseren Straßen auf die Fahnen schrieb.

In den 1880er Jahren weckte die sich bessernde Straßentauglichkeit der Hochräder bei jungen Herren offenbar die Lust auf das Reisen mit dem Fahrrad, wie es das Mountainbike ein Jahrhundert später abermals tun würde. C. Wheaton, ein Londoner Radfabrikant, ließ eine »Karte der Britischen Inseln für Fahrradtouristen« drucken und vermietete Räder monatsweise. Englische Clubs begaben sich auf Frankreichtour, wo die Fahrradindustrie seit Mitte der 1870er Jahren wieder aufgeblüht war. 1875 legte Albert Laumaillé auf einem 54-Zoll-Hochrad der Marke Coventry Machinist die 1127 Kilometer von Paris nach Wien zurück. 1882 radelte der schottische Adlige und Missionar Ion Keith Falconer, ein erfolgreicher Amateurrennfahrer, in 13 Tagen einmal quer durch Großbritannien, 1600 Kilometer von Land's End in Cornwall nach John o'Groats an der schottischen Nordküste.

Thomas Stevens, ein nach Amerika ausgewanderter Engländer, machte sich am 22. April 1884 auf einem schwarzlackierten 50-Zoll-Standard-Hochrad der Marke Columbia von der Bucht von San Francisco aus zu einer Weltumrundung auf. Er brauchte drei Jahre. Er radelte durch England, Kontinentaleuropa, den Balkan, die Türkei, den Irak und Iran, wo er als Gast des Schahs von Persien überwinterte. Aus Afghanistan ausgewiesen, nahm er das Schiff von Istanbul nach Karatschi und fuhr auf der Grand Trunk Road nach Kalkutta, durch Ostchina und schließlich durch Japan, bevor er ein Dampfschiff zurück nach San Francisco nahm. »Tatsächlich geradelte Strecke: etwa 13 500 Meilen«, notierte er.

Auf seinem Weg durch die Vereinigten Staaten – um, wie er sagte, »die Botschaft klarzumachen« – folgte Stevens Kutschwegen, Eisenbahnstrecken, Treidelpfaden und den wenigen vorhandenen öffentlichen Straßen. Westlich des Mississippi gab es keine. Für mindestens ein Drittel der Entfernung, über Berge und durch Wüsten, zog, schob oder trug Stevens sein 34 Kilo schweres Hochrad. Er wurde von Cowboys beschossen, von wilden Hunden verfolgt, und einmal musste er sich auf einer Eisenbahnbrücke vor einem nahenden Zug retten, indem er sich an einem Träger über einer Schlucht an ihr herunterbaumeln ließ, mit der einen Hand den Balken umklammernd, mit der anderen sein Rad festhaltend.

Der Nachteil des Hochrads war die Gefahr, der man sich

beim Fahren aussetzte. Der Sattel war über dem Vorderrad angebracht, schwebte also in bedenklicher Höhe über dem Boden. Die Maschine stürzte vornüber, wenn sie gegen das geringste Hindernis auf der Straße stieß, sodass der Fahrer kopfüber zu Boden segelte. Es gab keine nennenswerten Bremsen. Unfälle waren so verbreitet, dass neue Wörter erfunden wurden, um sie zu beschreiben. Fahrer, die über das Vorderrad stürzten, machten einen »Köpfer«, erhielten eine »kaiserliche Krönung« oder legten eine »Nasenlandung« hin. Die Maschinen bekamen den Spitznamen »Witwenmacher«. Damen fuhren keine Hochräder, und auch Jungen, ältere Herren, kleine und unsportliche junge Männer hielten sich davon fern. Das Vehikel war weit davon entfernt, zum »Drahtesel» oder zum »Stahlross des Volkes« zu werden: zu dem populären, zweckdienlichen Verkehrsmittel, nach dem die Gesellschaft zunehmend verlangte.

Am Ende machte das Sicherheitsrad das Hochrad schnell vergessen. Sein fortdauernder Ruf steht in keinem Verhältnis zu der geringen Rolle, die es in der Geschichte des Fahrrads spielte. Dieses Ansehen verdankt sich zum einen dem Umstand, dass es zu einem Symbol des Viktorianischen Zeitalters geworden ist, zum anderen seiner faszinierenden Gestalt. Es lebt in der englischsprachigen Welt noch in der Berechnung der Übersetzung fort (siehe Anhang), vor allem aber in der sparsamen Gediegenheit von James Starleys Tangentialspeichung.

Als jede Speiche – von Hand im Speichenschneider – auf Länge geschnitten und mit einem Gewinde versehen, gewaschen, entfettet und getrocknet war, strich Gravy ein spezielles Schmier- und Versiegelungsmittel auf die Gewinde (Spoke Prep von Wheelsmith). Er reihte sein Werkzeug und die Laufradkomponenten auf der Werkbank ordentlich vor sich auf und zog einen Hocker heran, hängte sich eine schwarze Sapim-Schürze um, setzte sich und ging alles noch einmal durch. Er bereitete sich vor wie ein Töpfer, der sich anschickt, eine Schüssel zu fertigen.

»Ein Laufrad zu bauen hat was Besinnliches. Es ist wie Zen …, ziemlich meditativ«, sagte Gravy. »Das Ergebnis ist ein Laufrad, das so gut ist, wie du es nur irgend bauen kannst. Wenn du den Zappelteufel kriegst, wenn du versuchst, am Ende noch einen Mikrometer loszuwerden, und es dann vermasselst, ist das nicht gut. Es ist wie Michelangelo beim Farbenmischen: Wenn es nicht gleich beim ersten Mal klappt, fang von vorn an.«

Damit verstummte Gravy. Er steckte die Speichen eine nach der anderen durch die Löcher in den Flanschen der Vorderradnabe. Von Zeit zu Zeit strich er alle Speichen zur Seite, als kämme er ein Büschel Haare zurück. Als er das Markenzeichen der Nabe mit dem Label der Felge in Übereinstimmung gebracht hatte – ein nettes Detail –, steckte er die erste Speiche durch das Felgenloch neben dem Ventilloch und sicherte sie mit einem blauen Nippel. Alle anderen Nippel waren silberfarben; der blaue diente Gravy als Orientierungshilfe und war zugleich seine Signatur. Dann ging er einmal um die Felge und setzte in jedes dritte Loch eine Speiche. Er drehte das Laufrad auf die andere Seite und speichte den zweiten Speichensatz ein. Binnen weniger Minuten zeichnete sich das Muster des Rades ab. Er schraubte mit einem selbstgefertigten Speichenschlüssel die letzten paar Nippel auf.

Schon war das Laufrad eingespeicht. Hätte ich es nicht selbst gesehen, hätte ich nicht geglaubt, dass das in so kurzer Zeit möglich ist. Gravy hielt inne, um das Muster zu prüfen. »Als ich noch Schrauber bei Radrennen war, trafen sich die Mechaniker verschiedener Teams manchmal zu einem Wettkampf, wer am schnellsten einspeichen konnte. Wir nannten es Einspeichrennen.«

Er spannte das Laufrad in seinen Zentrierstand – ein wichtiges Hilfsmittel für einen Laufradbauer, denn mit ihm lässt sich das Rad auf Seitenschlag und Rundlauf überprüfen, also ob es eine Acht hat oder eiert. Mit einem Nippelschlüssel zog er in einem ersten Durchlauf alle Hülsenmuttern ein paar Umdrehungen an, bis er wieder am Ausgangspunkt angelangt war, und brachte so die Speichen langsam unter einheitliche Spannung.

Es war eine Freude, ihm dabei zuzuschauen. Gravy arbeitete langsam und präzise, dennoch ging ihm alles zügig von der Hand.

Es hatte eine flüssige Harmonie, wie die Teile so glatt durch seine großen Hände glitten und er die Nippel mit dem Speichenspanner anzog, der nie gegen die Felge, die Nabe oder irgendeine der noch schlaffen Speichen klapperte. Er wob damit durch die Luft, als wäre er ein Fortsatz seiner Hand. Mir wurde bewusst, dass ich das Privileg genoss, einem Meister seines Fachs über die Schulter zu schauen.

Ich hatte bereits geschickte Fahrradmechaniker ihr magisches Werk verrichten sehen und geahnt, dass mir eine Augenfreude bevorstehen würde. Was mich überraschte, war jedoch, dass der Bau eines Laufrads auch ein Fest für die Ohren war: der sanfte metallische Klang eines Bündels Speichen, die sich in der Handfläche berührten; das gedämpfte *Kling*, wenn ein Speichenbogen in der Bohrung des Flansches in Position rutschte; das *Tingeling* der auf der Werkbank durcheinanderpurzelnden Nippel; das Schwirren des Speichenspanners beim Anziehen der Nippel; das helle Knirschen der sich lose in den Speichen hin- und herwiegenden Nabe. *Kling, tingeling, tang, tack, tschink, dängel, ding* – während Gravy schweigend arbeitete, summte eine Melodie durch den Raum, die seit nunmehr über einem Jahrhundert immer dann erklingt, wenn irgendwo ein Laufrad von Hand gebaut wird. Und das war nur der erste Satz der Symphonie, das Allegro. Als die Speichen unter Spannung kamen, klirrten und läuteten sie und änderten mit jedem neuen Durchlauf Gravys ihren Ton.

»Manchmal denke ich, dass ich das mit verbundenen Augen tun könnte«, sagte Gravy, als er einen Augenblick aufstand, um seinen Rücken zu strecken. Das glaubte ich ihm gerne. Ich hatte über A. G. Duckett & Son gelesen, einen Fahrradladen in Familienhand in Ostlondon. Er war in den 50er Jahren für seine Laufräder berühmt, in einer Zeit, in der die meisten Fahrradläden für ihre Kunden dergleichen noch in eigener Werkstatt zusammenbauten. Und Albert Duckett, obwohl sein Sehvermögen infolge einer Verletzung aus dem Zweiten Weltkrieg immer mehr nachließ, konfektionierte die Laufräder gewöhnlich selbst, einfach nach Gefühl und Klang.

Gravy kann unter Volldampf 100 Laufräder pro Woche produzieren. Ich selbst habe es nur auf ein einziges gebracht. Das war in Piemont in den italienischen Alpen. Als ich auf meinem mit Doppelpacktaschen beladenen Rad einen Berg hinunterraste, brach eine Flanke meiner Hinterradfelge. Es war später Samstagnachmittag, als ich zur Tür eines Fahrradladens in Aosta hereinplatzte. Der Fachmann, der in der Werkstatt für die Bespeichung zuständig war, arbeitete samstags nicht. Sonntags war der Laden geschlossen – *naturalmente.* Einer der drei jungen Mechaniker hätte es schon versuchen können, aber der Samstagabend nahte mit großen Schritten. Ich wusste nicht, ob es der Geschmack eines kalten Biers, der Duft von Mamas Ravioli oder die Liebkosung eines Mädchens war, wonach sie sich so dringend sehnten, aber sie würden gewiss keine Überstunden machen, um mir ein neues Rad zu bauen.

Zumindest aber verkauften sie mir eine neue Felge mit Rabatt. Ich setzte mich auf eine Bank am Fuß der römischen Stadtmauer und machte mich an die Arbeit. Ich hatte ein paar Notizen dabei, die ich Jahre zuvor in Penang, Malaysia, aufgeschrieben hatte. Auch dort hatte mich mein Hinterrad im Stich gelassen. Damals hatte ich Abar beim Radbau zugesehen – einem alten, chinesischstämmigen Malaien mit mahagonibrauner, wie Leder gegerbter Haut – und mir dabei Notizen gemacht. Auf Pidgin-Englisch, Bahasa-Malaiisch, Kantonesisch, in Zeichensprache und mit Skizzen hatte Abar es geschafft, mir rudimentäre Kenntnisse des Laufradaufbaus zu vermitteln. Am Abend aßen wir unter dem Stuckbogen seines Fahrradladens Satay Kebabs, Kokosmilchreis und Mangostane von den fliegenden Händlern auf der Straße. Als ich aufstand, um zu gehen, tippte Abar auf die Tasche in meinen Shorts, worin säuberlich gefaltet die Notizen steckten. Ich hatte das Gefühl, dass er einen Zauber auf mich übertrug.

Auf der Bank in Aosta fühlte es sich eher wie ein Fluch an. Ich schaffte es einfach nicht, die Speichen korrekt einzuziehen. Zweimal hatte ich schon beinahe das gesamte Rad eingespeicht und musste alles wieder auseinandernehmen. Bei nachlassendem Licht versuchte ich es ein drittes Mal. Nun klappte es. Jede Speiche fand ihr passendes Loch. Die Dreifachkreuzung war einheitlich. Ich zentrierte das Rad seitlich so gut ich konnte, mit den Bremsklötzen als behelfsmäßigen Zentrierbolzen. Es war die Arbeit eines Amateurs, aber ich war euphorisch. Ich packte die Satteltaschen wieder aufs Rad und machte mich durch das Aostatal Richtung Großer Sankt Bernhard auf. Auf der 40 Kilometer langen Abfahrt nach Martigny in der Schweiz am nächsten Tag hielt das Rad stand, und obwohl es beinahe täglich meine Aufmerksamkeit verlangte, brachte es mich schließlich bis nach Hause.

Ich habe noch immer Abars Notizen. Ich fand sie kürzlich säuberlich gefaltet in meiner zerknitterten Ausgabe von Richard Ballantines *Bike-Reparatur-Handbuch* von 1994. Die Tinte hat auf die Rückseite durchgefärbt, und es gibt Flecken, die von Satay Kebabs stammen könnten, aber die Anleitungen sind noch lesbar:

> 1.) Kassettenseite oben, nach innen gerichtete Speichen in abwechselnde Löcher einziehen …; 2.) Nabe wenden. Rechtwinklige Linie von Speiche nach unten ziehen, die Ventilloch am nächsten ist (Speiche gerade ausrichten); das Loch im Flansch finden, das der Linie dieser Speiche *am nächsten* ist; das *Loch auf der rechten Seite* davon nehmen und Speiche einführen. Sie geht dann durch die Felge, ein Loch rechts von dem Loch, wo die Speiche auf der anderen Seite hinkommt …

Als ich das jetzt wieder las, hielt ich es für einen Geheimkode, ein kryptisches Kauderwelsch. Dass ich diese Notizen benutzt hatte, um auf einer Bank in einem Park von Aosta ein Rad einzuspeichen, mein erstes und mein letztes, während sich die älteren Bürger der Stadt wie Starenschwärme zur *passeggiata* versammelten, ist für mich nun kein geringeres Wunder als das Laufrad selbst.

Als alle Speichen gleichmäßig mit einem Gewinde versehen waren, träufelte Gravy einen Tropfen Öl auf jeden Nippel: »Um die Gewinde zu schmieren, damit sie beim Anziehen nicht beschädigt werden.« Dann stand er abermals auf, um jedes Speichenpaar mit der Hand zusammenzudrücken und die Speichen zu richten oder »einzurenken«, wie er es nannte, »und nach klappernden Teilen zu suchen«.

Bei maschinell in Fabriken hergestellten Laufrädern erfolgt dies mechanisch mithilfe einer großen Metallstange, erklärte mir Gravy, wobei aber die Gefahr einer übermäßigen Belastung des Rads groß sei, weshalb denn auch Laufräder aus Fabriken keine langen Garantien haben. Gravy dagegen gibt auf seine Räder eine lebenslange Garantie – »für die Dauer meines Lebens, deines oder das der Felge«, wie er hinzufügte.

Mit einem altgedienten Werkzeug, das er schon seit 25 Jahren dafür benutzt, überprüfte er, ob die Felge genau mittig zur Nabe stand, wie es beim Vorderrad sein sollte. Sie tat es nicht. Mit ein paar behenden Drehungen des Zentrierschlüssels richtete er sie, jedoch etwas zu viel, sodass er minimal nachjustieren musste. Das Laufrad war jetzt bereit, um feinjustiert und endgültig gespannt zu werden.

Gravy begann wieder beim blauen Nippel und zog jede Speiche eine halbe Drehung an. Während das Rad langsam im Zentrierstand rotierte, zeigte sich, an welchen Stellen es noch einen Seitenschlag hatte. Die Beulen in der Felge zogen mit einem kurzen Ratschen an den Zentrierbolzen entlang, mit einem Geräusch, das entfernt so klang wie eine über Stein schlürende Klinge. Nachdem Gravy die Fehler lokalisiert hatte, bearbeitete er die entsprechenden Speichen: Bei einem Seitenschlag auf der rechten Felgenseite zog er die linken Speichen an und lockerte die rechten und umgekehrt, um einen schlagfreien Lauf zu erreichen. Dann wandte er sich dem nächsten Ratschen zu und arbeitete sich so um das ganze Laufrad herum.

Ich habe meine eigenen Laufräder viele hundert Male selbst zentriert, aber als ich Gravy über die Schulter dabei zuschaute, wie die Felge unter seiner Hand ihre Form veränderte und bei jeder Drehung des Schlüssels das Ratschen schwächer wurde, kam mir das Rad wie ein dynamisches Ganzes vor. Ja, es war ein mechanisches Wunder, einfach und schön anzusehen, aber nun schien es auch irgendwie lebendig. Gravy gab dem Rad Schwung und trat einen Schritt zurück. Die wirbelnden Stahlspeichen erzeugten hypnotische Lichtreflexe. Ich war einen Augenblick verblüfft ob des schillernden Reichtums eines solch praktischen Gegenstands und fühlte mich an ein Readymade von Marcel Duchamp erinnert: 1913 hatte er eine Fahrradgabel mit Rad umgekehrt in die Sitzfläche eines Hockers eingelassen und das Laufrad gelegentlich gedreht. »Ich hab es gern angeschaut«, erklärte Duchamp. »Genau wie ich gerne in die tänzelnden Flammen des Kamins blicke.«

Gravy zog in weiteren Durchläufen die Nippel an, erst mit Vierteldrehungen, dann mit Achteldrehungen, dann um »eine Kleinigkeit« und abermals, »um die Spannung in den Speichen zu vermindern«. Was sich anhört wie der Titel einer Therapiesitzung, ist beim Laufradbau ein wichtiger Schritt. Paare paralleler Speichen werden auf beiden Seiten des Rads reihum mittig gedehnt. Dadurch werden sie um Bruchteile von Millimetern gerichtet, um sicherzustellen, dass sie auch wirklich schnurgerade sind und die Speichenbögen optimal in den Flanschlöchern sitzen. Dabei muss man sich in Acht nehmen, es nicht zu übertreiben. In einer Fabrik übernimmt das eine Maschine, während Gravy es per Hand macht, mit einem betagten Werkzeug, das Tom Ritchey ihm einst aus einer Achse gebaut hat.

Mit einem Speichenspannungsmesser in der Hand machte sich Gravy an die abschließende Feinjustierung. James Starley wäre wohl überglücklich gewesen, wenn er ein solches Werkzeug besessen hätte. Es misst an drei Punkten der Speiche die Biegung in Millimetern und gibt einen Wert in Newton für die Speichenspannung an. So lässt sich mit bemerkenswerter Genauigkeit gewährleisten, dass jede Speiche unter optimaler Spannung steht. Das ist weit entfernt von den groben Hebeln, die Starley benutzte, um die Räder seines ersten Ariel-Rades zu spannen.

»Je mehr man Rad fährt, desto stärker wünscht man sich gute Laufräder«, sagte Gravy mit sachter Stimme. »Wenn man es richtig pflegt und von Zeit zu Zeit überholt und nicht rosten lässt, dann kann ein Laufrad Jahrzehnte lang halten … und beim Fahren eine Menge Spaß machen.«

Gravy hob immer seltener sein Werkzeug zum Rad, dann überhaupt nicht mehr. Es rotierte still. Er stand auf, trat zurück und legte seinen Arm um meine Schulter.

»Nun, mein Freund: Es ist wahr – wahrhaftig schlagfrei.«

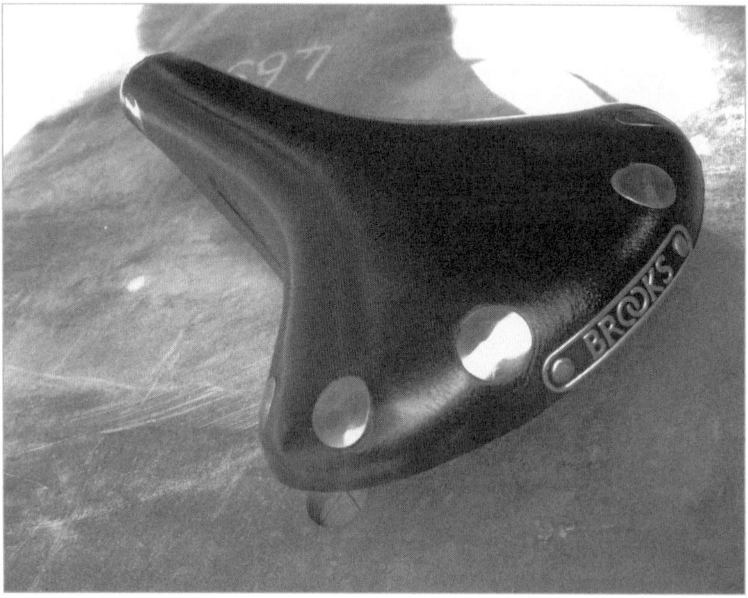
BROOKS

KAPITEL 5

Unterm Hintern: der Sattel

»Die Wahrheit schmerzt, hab ich Recht? Oh, natürlich – nicht so, wie auf ein Fahrrad zu springen, das keinen Sattel hat, aber es schmerzt.«

Leslie Nielsen in *Die nackte Kanone 2½*

Es gibt drei Kontaktpunkte von Fahrer und Rad: die Hände auf dem Lenker, die Füße auf den Pedalen und das Gesäß auf dem Sattel. Die Reihenfolge ihrer Wichtigkeit hängt weitgehend von dem Engagement ab, mit dem man radelt. Fährt man 100 Kilometer mit einem begeisterten Radler, klagt er anschließend vielleicht über leichte Schmerzen in den Handgelenken oder Knöcheln; fährt man dagegen zehn Kilometer mit einem Anfänger, jammert er wahrscheinlich so lange über einen brennenden Hintern, bis er ein paar Biere und eine Tüte Nachos bekommt. Nichts verdirbt die Freude an einer Radtour so sehr wie ein wunder Po. Es ist die häufigste Klage beim Radfahren, und es spricht einiges dafür, ein neues intransitives Verb zu bilden, um diesen Zustand angemessen auszudrücken: »*pojammern* (ugs.): wehleidig über ein beim Radeln wundgefahrenes Gesäß klagen«.

Eine universelle Wahrheit des Radfahrens lautet: Wehwehchen sind unvermeidlich, Schmerz ist freiwillig. Auch Profiradler haben Beschwerden, sie lamentieren bloß nicht darüber. In dem Roman *Fiesta* von Ernest Hemingway – der ein eifriger Radler war und mit F. Scott Fitzgerald auf dem Rad durch Europa tourte – begegnet der Protagonist Jake Barnes beim Abendessen in einem spanischen Hotel einer Gruppe von Radrennfahrern auf einem Etappenrennen:

> Die Rennfahrer tranken viel Wein und waren von der Sonne braungebrannt … Der Mann, der mit zwei Minuten das Rennen führte, hatte Furunkel, die sehr schmerzhaft waren … Die anderen Radler verulkten ihn wegen seiner Furunkel. Er klopfte mit der Gabel auf den Tisch. »Eines sage ich euch«, sagte er, »meine Nase wird morgen so tief auf der Lenkstange liegen, dass nichts außer einem wunderbaren Lüftchen meine Furunkel berühren wird.

Der Schaden, den ein Sattel einem menschlichen Körper antun kann, ist außerordentlich. Ich hatte nie Blasen, aber durch die Reibung an einem Stück Leder habe ich mir in der Vergangenheit schon Abschürfungen, Quetschungen und Risswunden eingehandelt. Ich habe aus meinen Schenkeln Sashimi gemacht. Sich das Gesäß »wund« zu fahren, beschreibt nicht annähernd die damit verbundenen Qualen. »Sattelwolf« oder »Satteltrauma« käme der Sache schon näher.

Komfort ist das einzige Erfordernis eines Fahrradsattels. Die grundlegenden ergonomischen Prinzipien, die dahinterstehen, sind einfach. Das vordere Ende des Sattels oder die Sattelnase muss schmal sein, um ein Scheuern an den Innenschenkeln zu verhindern (oder zumindest in Grenzen zu halten). Der hintere Teil muss breit genug sein, um den Beckengürtel des Fahrers oder, um es anatomisch exakt zu formulieren, das Sitzbein mit den beiden Sitzbeinhöckern (*Tuber ischiadicum*) zu tragen Das ist jener Teil Ihrer vier Buchstaben, der Ihr Gewicht trägt, wenn Sie sich setzen. Die Sitzhöcker stehen bei Frauen ein paar Zentimeter weiter auseinander (was mit ihrer Gebärfähigkeit zu tun hat), sie profitieren daher von Sätteln, die hinten etwas breiter sind.

Auf die Sattelform kommt es entscheidend an, wenn man weite Strecken zurücklegt, die sehr kraftaufwändig und schnell gefahren werden, wie es bei Radprofis der Fall ist. In den Tagen des Ledersattels, der durch Gebrauch seine passende Form gewinnt, nahmen die Profiradler ihre eingefahrenen, bequemen Sättel mit, wenn sie das Team wechselten. Tommy Simpson, die zweifelhafte britische Radsportlegende, die erst im Tod unsterblich wurde, fertigte seine

Sättel selbst an. Horst Schütz, ein deutscher Radrennfahrer der 80er Jahre, ließ sich seine Sättel maßanfertigen: Höhlungen und Erhöhungen wurden in den Pressschaum geschnitzt, um die Anomalien seines knochigen Hinterteils abzubilden.

Simpson und Schütz waren beide bekannte Bahnrennfahrer, die an vielen Sechstagerennen teilnahmen – ein Radwettkampf, der für die Schnittstelle von Rad und menschlichem Gesäß vielleicht der ultimative Härtetest ist. In den frühen Tagen dauerten die Rennen wortwörtlich sechs Tage und Nächte nonstop. Einzelfahrer fuhren so viele Runden einer Hallenradrennbahn, wie sie in dieser Zeit schafften. Das erste sechstägige Bahnrennen wurde 1878 in der Islington Agricultural Hall in London abgehalten. Die Fahrer drehten auf Hochrädern solange ihre Runden, bis sie umfielen, dann schliefen sie kurz, erhoben sich und fuhren weiter Runde für Runde – sechs Tage in Folge. Sonntags gab es kein Rennen. Puh! In dieser Form würde der Sport wohl kaum noch in unsere Tage passen.

Die viktorianische Gesellschaft erfreute sich indes an der blanken animalischen Durchhaltekraft schlecht entlohnter Athleten. Tausende füllten jeden Tag die Halle, um zu sehen, wie die Fahrer Bahn um Bahn zogen. Der Gewinner des ersten Rennens, so meldete die *Islington Gazette*, war Bill Cann aus Sheffield. Er fuhr 1756 Kilometer auf einem Fahrrad mit Holzsattel. Was die Zeitung nicht berichtete, war, wie viele Kilometer weit Canns Aufschrei zu hören war, wenn er sich auf seinen zerschundenen Hintern zu setzen versuchte.

Im folgenden Jahr trug das Ereignis den Titel »Weltmeisterschaft im Entfernungsrennen«. Als rein kommerzielle Veranstaltung lag es außerhalb der Zuständigkeit der neuen selbsternannten Radlervertretungen, der Bicycle Union und des British Touring Club (später Cyclists' Touring Club). Es war typisch für die Engstirnigkeit dieses neuen Zeitalters des Sports in Großbritannien, dass die beiden Organisationen jedem die Mitgliedschaft versagten, der jemals ein Preisgeld gewonnen oder für seine Teilnahme an einem Wettbewerb ein Startgeld entrichtet hatte. Radfahren stand im Brennpunkt sowohl der Rationalisierung des Sports, die damals von den Universitäten und Privatschulen ausging, als auch der großen gesellschaftlichen Debatten der Zeit, bei denen es um die Frage ging, ob sportliche Wettkämpfe von »Gentlemen« oder bezahlten Spielern ausgefochten werden sollten. Fußball, Kricket und Rugby hatten etwa zur selben Zeit mit ähnlichen Geburtswehen zu kämpfen.

Selbstverständlich fühlten sich nur wenige »Gentlemen« zu den würdelosen Sechstagerennen hingezogen. George Waller, ein Profirennfahrer aus Newcastle, der dort seinen Lebensunterhalt als Maurer verdiente, gewann 1879 das Rennen und 100 Pfund Preisgeld. Er fuhr im Mittel gut über 322 Kilometer am Tag und musste am Ende aus dem Sattel gehoben werden. Nach einem kurzen geschäftlichen Abstecher zu einem umherziehenden Radlerzirkus beendete er seine Profilaufbahn und arbeitete wieder auf dem Bau.

Wallers Hauptrivale 1879 war ein Franzose, Charles Terront. Auch er entstammte der Arbeiterklasse, machte jedoch, anders als Waller, mit dem Sport sein Glück, was eine Menge über die soziale Mobilität in den beiden Ländern sagt. Terront wurde Frankreichs erster Sportstar (in Nantes ist eine Straße nach ihm benannt): Er wurde reich, die Frauen umschwärmten ihn, in der Pariser Oper war ein Platz für ihn reserviert, und 1893, noch während seiner aktiven Zeit, erschienen seine Lebenserinnerungen *Mémoires de Terront. Sa vie, ses performances, son mode d'entraînement.* Sein Erfolg machte ihn zur Ikone nachfolgender Generationen junger Franzosen aus der Arbeiterklasse, die darauf hofften, durch Radrennsiege zu Villa und Wohlstand zu kommen. Terront arbeitete sich von Sechstagerennen zu anderen Bahndisziplinen vor und erlangte seine größte Berühmtheit als Straßenrennfahrer. 1891 fuhr er nach 71 Stunden und 22 Minuten ununterbrochenen Radfahrens ohne Schlaf allein die Champs-Elysées hinunter. Er hatte das erste Rennen Paris–Brest–Paris gewonnen, den ältesten noch bestehenden Klassiker des Radrennsports und Inspiration für die Tour de France (die 1903 als sechstägiges *Straßen-* statt *Bahn*rennen begann). Mit 1200 Kilometern Distanz war Paris–Brest–Paris ein weiterer fieser Satteltest. Wenigstens wurden die Sättel mittlerweile nicht mehr aus Holz, sondern aus Leder gefertigt.

Sechstagerennen oder *sixes* kamen Anfang der 1890er Jahre nach New York, ein erstes Anzeichen für die Fahrradverrücktheit, die bald durch ganz Amerika fegte. Von Mitte der 1890er bis Ende der 1920er Jahre hatte jede große amerikanische Stadt ein Velodrom. Zusammen mit Baseball waren Bahnrennen der populärste Zuschauersport. Die jährlichen Rennen im Madison Square Garden waren das größte und spektakulärste Sportereignis der Ära und trugen den Spitznamen »Super Bowl of Sixes«. (Bis heute ist »The Madison«, benannt nach dem Austragungsort, ein populäres Bahnrennen.) Die Karnevalsatmosphäre, die Geselligkeit und die Möglichkeit, Wetten abzuschließen, zogen einen außergewöhnlichen Querschnitt der Manhattaner Gesellschaft an. Industriekapitäne und Politiker mischten sich mit Filmstars und Gangstern, während Buchmacher und Promoter in weißen Anzügen und blauen Gamaschen mit Argusaugen über die Wettkämpfe wachten.

Die zirka 300 amerikanischen Fahrradhersteller wetteiferten darum, die schlanksten, schnellsten und schönsten Radrennfahrer zu sponsern. Ihr Geschäftserfolg stand und fiel mit deren Abschneiden. Die Rennfahrer gehörten zu den bestbezahlten Sportlern. Praktisch begann das moderne Profisportmarketing mit ihnen. Für eine kurze Zeit, vor Anbruch der Motorrad- und Automobilära, waren Fahrräder, die über steilwandkurvige Rennbahnen aus Sibirischer Zirbelkiefer schossen, das Schnellste, was es auf dem Planeten gab. Und Geschwindigkeit war die Währung der Stunde. Die Profiradler wurden zu Göttern des Sports. Im Madison Square Garden waren sie allmächtig.

Da sich nicht nur die Sponsoren um die Protagonisten rissen, sondern die Rennen auch Gelegenheit boten, der amerikanischen Lieblingsbeschäftigung, dem Glücksspiel, zu frönen, stand so viel auf dem Spiel, dass die Fahrer bis an ihre Grenzen gingen. Es gab zahlreiche Unfälle, weil es immer mal wieder vorkam, dass Fahrer bewusstlos wurden und über die Bahn schlitterten. Sie nahmen Drogen, einfach um sich wach zu halten, und gelegentlich fuhr sich einer von ihnen zu Tode. Die Menge schwelgte »in einer Art von Agonie und Leiden, die vielleicht sonst nur auf dem Schlachtfeld zu haben war«, wie Todd Balf in seiner Biografie von »Major« Taylor schrieb. Taylor begann seine Karriere als Radrennfahrer im Madison Square Garden 1896, in jenem Jahr, als auch das erste Sechstagerennen für Frauen veranstaltet wurde. Während des Rennens brach er zusammen und bangte um sein Leben. Trotzdem machte er weiter und wurde ein großer Bahnrennfahrer, eine Sportikone und Amerikas erste schwarze Berühmtheit zu einer Zeit, als das noch ungehörig war.

1897 fuhr Charlie Miller bei einem Sechstagerennen im Madison 3369 Kilometer und gewann 3550 Dollar und einen Kuss von einer Music-Hall-Schönheit. Er erzählte Reportern, dass er dabei anderthalb Kilo gekochten Reis, ein Pfund Haferbrei, an die zehn Liter Kaffee und 20 Liter Milch getrunken hatte. Sechs Tage lang war er, bis auf insgesamt zehn Stunden Pause, ununterbrochen durchgeradelt.

Aufgrund von Protesten wurde im Staat New York 1898 ein Gesetz erlassen, das es Radrennfahrern verbot, mehr als zwölf Stunden am Tag zu fahren. Daraufhin führte man das Zweier-Mannschaftsfahren ein, das bis heute auch Madison oder Américaine genannt wird. Die Geschwindigkeiten wurden höher, die Entfernungen wuchsen. Die Sponsorengelder der Hersteller sprudelten weiter. Die Spitzenfahrer, die »Stars der Schüssel«, verdienten an sechs Tagen, was ihre Väter kaum in sechs Jahren nach Hause gebracht hatten. Der große australische Radrennfahrer Alf Goullet und sein Partner schafften 1914 beim Sechstagerennen im Madison atemberaubende 4442 Kilometer. Das ist beinahe die gesamte Breite der USA und 966 Kilometer weiter als die moderne Tour de France, die drei Wochen dauert – ein Rekord bis zum heutigen Tag. Goullet schrieb nach dem Ereignis: »Meine Knie taten weh, ich hatte Magenbeschwerden, meine Hände waren so steif, dass ich sie einen Monat lang nicht weit genug öffnen konnte, um meinen Kragen zuzuknöpfen, und meine Augen waren so gereizt, dass ich lange Zeit keinen Qualm im Raum ertrug.« Man beachte: kein Pojammern! Goullet gewann 15 Sechstagerennen, darunter acht im Madison Square Garden. Er starb erst 1995 im Alter von 103 Jahren.

Die Liste der historischen Sportereignisse, die ich gern gesehen hätte, ist lang. Außer dem Fahrrad sind Geschichte und Sport meine Leidenschaft. Gebt mir eine Zeitmaschine, und ich würde mir anschauen, wie Roger Bannister im Jahr 1954 in dem heute nach ihm benannten Leichtathletikstadion in Oxford die Meile unter vier Minuten läuft. Als Nächstes würde ich zum legendären Rugbyspiel zwischen den Barbarians und den neuseeländischen All Blacks von 1973 fliegen und weiter zum vielleicht besten Preisboxkampf aller Zeiten zwischen Tom Cribb und Tom Molineaux im Dezember 1810. Danach wäre mein nächster Zwischenhalt eines der epischen Sechstagerennen im Madison, entweder Mitte der 1890er oder Anfang der 1920er Jahre.

Bis zu den 20er Jahren – mittlerweile herrschte die Prohibition – mischte sich im Madison Square Garden die schillernde Halbwelt des Jazz mit dem Glamour des Film- und Showgeschäfts. 1922 verfolgten über 125 000 Zuschauer das Ereignis. »Kohleträger, Mechaniker, Taxifahrer und Büroangestellte« zechten mit »weißen Hemdbrüsten und tief ausgeschnittenen Dekolletees«, berichtete ein Journalist. Die »Rennen zum Nirgendwo« beherrschten die Schlagzeilen. Damon Runyon berichtete über sie für die *New York Times*, und Ring Lardner machte sie in seinen Sportkolumnen zum festen Bestandteil des Zeitgeistes. Die rohe Intensität der Veranstaltung zog auch Ernest Hemingway an. Er besuchte in den 20er Jahren viele Sechstagerennen in Paris und korrigierte 1929 die Druckfahnen von *In einem anderen Land* in einer Loge des Vélodrome d'Hiver: »Ich habe viele Geschichten über Radrennen angefangen, aber habe nie eine geschrieben, die so gut ist, wie die Rennen sind«, bekannte er in *Paris – ein Fest fürs Leben*.

William C. Anderson, der Autor von *The Great Bicycle Expedition. Freewheeling Through Europe*, traf in den 70er Jahren auf seiner Tour einen ehemaligen, mittlerweile 70-jährigen Sechstage-Rennfahrer, der sich erinnerte: »Sechs Tage, in denen sich dein Schritt auf einem kuchenstückförmigen Sattel wundreibt. Sie wären erstaunt, was die Fahrer so alles ersonnen haben, um die Reibung zu vermindern. Ich persönlich habe Achsenfett versucht, Vaseline, Kokosnussöl und was nicht alles. Ein Bekannter von mir hat es im Abschlusstraining sogar mit Wackelpudding in den Shorts versucht … Ach, das waren noch Zeiten.«

Die Sechstagerennen in Amerika kamen während der Weltwirtschaftskrise aus der Mode. Die Autobesessenheit und die zunehmenden Sportreportagen im Fernsehen gaben ihnen bis zu den 1940er Jahren den Rest. Als sich Horst Schütz in den 80er Jahren seine hügeligen Maßsättel anfertigen ließ, waren die Überbleibsel des Sechstage-Rennkalenders nach Europa zurückgekehrt. Heute sind sie kein Vergleich mehr mit den extremen Ausdauerwettkämpfen, die im Viktorianischen Zeitalter so viele Liebhaber hatten. Dennoch, in Amsterdam, Berlin, Bremen und Stuttgart und bei den legendären Sechstagerennen von Gent setzen Profibahnfahrer noch immer ihr Hinterteil dahin, wo's wehtut, und stellen ihre Sättel auf die ultimative Probe.

Ich habe viele Sättel durchprobiert. Keiner von ihnen war so bequem wie ein Paar alter Hausschuhe. Mir ist jedoch aufgefallen, dass ich gegen die Qualen unterschiedlicher Sättel bei verschiedenen Geschwindigkeiten unempfindlich werde. Das legt nahe, dass manche Sättel besser sind oder zumindest besser zu mir passen als andere. Was es indes nicht nahelegt, ist, was eine der Figuren in Jerome K. Jeromes *Drei Männer auf Bummelfahrt* behauptet, nämlich »dass es möglich sein müsste, den idealen Sattel zu finden«. Jerome ist zu Recht skeptisch:

> »Vergiss es«, sagte ich. »Wir leben in einer unvollkommenen Welt, wo Freud und Leid nah beieinander liegen. Es mag ein Land geben, in dem Fahrradsättel aus Regenbögen gemacht und mit Wolken gepolstert sind; aber wir tun gut daran, uns mit harten Tatsachen abzufinden. Ich erinnere dich an den Sattel, den du in Birmingham gekauft hast. Er war in der Mitte geteilt und sah aus wie ein Paar Nieren.«
>
> [Harris:] »Du sprichst von dem, der nach anatomischen Grundsätzen gefertigt war.«
>
> »Sehr wahrscheinlich. Auf dem Deckel des Kartons war ein sitzendes Skelett abgebildet … Für mich war er die schiere Marter. Sobald man einen Stein oder eine Rille überfuhr, wurde man gezwickt, als hätte man sich auf einen reizbaren Hummer gesetzt.«

Jeromes *Drei Männer auf Bummelfahrt*, erschienen im Jahr 1900, handelt von einer Fahrradtour durch den Schwarzwald. Dem Diamantrahmen waren mittlerweile Pedale, Kettenantrieb, Bremsen und Luftreifen hinzugefügt worden. Nun wandten die Erfinder ihre Aufmerksamkeit endlich der Fertigung komfortabler Sättel zu.

John Kemp Starley hatte sich – eine berühmte Episode – auf einen nassen Sandhaufen gesetzt, auf den Abdruck seines Allerwertesten gezeigt und seinen Angestellten zugerufen: »Baut das!« Beinahe ständig wurden in den 1890er Jahren »neue« Sättel angepriesen. Die Anzeigen verkündeten häufig »bahnbrechende« medizinische Belege, wie schädlich doch die Sättel »alten« Stils seien, und Leute wie Harris gingen dieser Werbung, was Jerome nicht entging, auf den Leim: »Gibt es einen einzigen Sattel auf der ganzen weiten Welt, den du in einer Annonce gesehen und nicht ausprobiert hast?«

Schon früh war man bemüht, männlicher Impotenz vorzubeugen, die durch häufige Rüttelfahrten auf Kopfsteinpflaster drohte. Eine Anregung kam aus dem Boston Athletic Club, wo eine Gruppe von »Rad-Jockeys«, wie Radler in den 1870er Jahren in Amerika genannt wurden, nach Unterwäsche suchte, mit deren Hilfe sich die Weichteile stützen und schützen ließen, während man auf dem Sattel saß, ohne sich den Vorwurf einzuhandeln, die öffentliche Moral zu untergraben. Auf ihre Bitte erfand Charlie Bennett von der Chicagoer Sportartikelfirma Sharp & Smith einen Weichteilschutz, das sogenannte Suspensorium (Jockstrap).

Mit besonderem Argwohn betrachteten die Tugendwächter der viktorianischen Gesellschaft die Frauensättel, sorgten sie sich doch darum, dass Radfahren Frauen sexuell stimulieren könnte. Natürlich kam es nie soweit, dass Zehntausende wollüstiger Nymphomaninnen auf Rädern das Land heimsuchten. Für die Sattelhersteller war die Vorsorge dennoch ein einträgliches Geschäft. 1895 wurde der erste »hygienische« Sattel produziert und als »anatomisch vollkommen« angepriesen. Er war in zwei Teile geteilt, sodass das Gewicht des Fahrers oder der Fahrerin allein auf den Sitzhöckern ruhte. Es war diese Sattelform, die Jerome K. Jerome an einen »reizbaren Hummer« erinnerte.

Bis heute werden immer neue anatomische Sättel patentiert und hergestellt. Tatsächlich hat jede Generation seit Wilhelminischen Zeiten einen Erfinder hervorgebracht, der überzeugt ist, das Problem durch irgendeine absonderliche Anpassung behoben zu haben. Und wir werden, wie Harris, nicht müde, sie zu kaufen. Ich habe

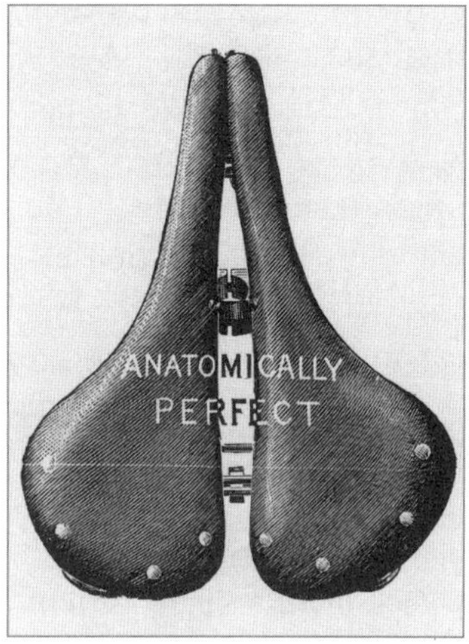

Wundersättel gesehen, die wie alte Treckersitze geformt waren (zwei Lochkellen ohne Knauf) oder wie die Schnauze eines Ameisenbärs, Sättel, die aussahen wie ein Neumond, ein Jagdstuhl, eine Blutwurstscheibe, ein Mantarochen, eine überdimensionierte Stimmgabel in einem Topfhandschuh oder wie der Aufsatz eines Nachttöpfchens. Meiner Meinung nach werden sie alle von Quacksalbern gemacht. Die Webseiten, die sie feilbieten, behaupten unfehlbar, die Bequemlichkeit neu erfunden zu haben, und stellen in der Überschrift die vertraute Frage: »Impotenz: Sind Sie gefährdet?«

Die aufgeklärtere Version eines eigens für Frauen entworfenen Sattels hat einen durch die Mitte laufenden Längsspalt und eine leicht verkürzte Nase. Solche Sättel werden bereits seit einem Jahrhundert hergestellt und sind populär geblieben. Es ist eine einfache Modifikation der üblichen Sattelform aus triftigen anatomischen und medizinischen Gründen: Eine Aussparung in der Sattelmitte reduziert den Druck auf den sensiblen Dammbereich (*Perineum*).

Der unbequemste Sattel, den ich je geritten habe, war der größte. Er befand sich auf meinem ersten wirklichen Rad, einem Raleigh Tomahawk. Er war schwarz, hatte eine dicke Schaumstoffpolsterung und eine Rückenlehne. Er lehrte mich bereits in jungen Jahren die erste Regel des Fahrradsattels: Weniger ist mehr. Ich lernte Regel zwei, als ich zwölf war und mein erstes Rad mit Rennlenker bekam: Wie breit ein Sattel sein sollte, hängt von der Position des Oberkörpers auf dem Fahrrad ab. Liegt man mit gekrümmtem Rücken und den Händen in den Lenkerbögen über dem Rad, ist ein schmaler Sattel funktionaler. Sitzt man aufrecht auf einem Cityrad, ist ein breiterer Sattel vorzuziehen.

Bei meinem ersten Moutainbike-Abenteuer durch China und Pakistan kaufte ich auf dem Bazar in der uigurischen Stadt Ürümqi eine Satteldecke. Sie bestand aus einer fünf Zentimeter hohen Schaumstofflage und einer Decke aus purpurfarbenem Samt. Die Seiten waren mit Borten und Pailletten besetzt. Der Bezug sah aus wie die schwule Version einer jener Schulterklappen, mit denen Glitterrockbands gerne ihre Fantasieuniformen schmücken. Auf einem Mountainbike hatte er nichts verloren. Auf halbem Weg auf der Karakorum-Straße zwischen Kashgar und Gilgit hatte ich einen Gang wie John Wayne. Daher Regel drei: Schmücke einen Sattel grundsätzlich mit *nichts*. Übertrieben viel Schaumstoff oder zusätzliche Polsterlagen mögen am Anfang bequem sein, aber sie verursachen mehr seitliche Reibung, machen das Treten ineffizient und bereiten letztlich Qualen. Damals kam ich relativ glimpflich davon. Mein Freund Bill hingegen, der sich im hintersten Hindukusch einen Sattelüberzug aus grünem Samt gekauft hatte, bekam Hämorriden.

Unterschiedliche Sättel zieren meine aktuelle Radflotte. Auf meinem alten Schwinn-Mountainbike habe ich einen Rolls von Selle San Marco, eine norditalienische Firma, die seit 1935 Sättel herstellt. Das Modell Rolls ist dabei schon ein Klassiker. Der Sattel besteht aus einer mit Oberleder überzogenen Schale aus hochdichtem Schaumstoff. Er ist eigentlich ein Sattel für ein Hochleistungsrennrad – Bernard Hinault und Greg LeMond gewannen in den 80er Jahren beide die Tour de France auf diesem Modell –, aber er sieht auch auf meinem alten Schlachtross großartig aus. Wenn ich dieses Rad jedoch einige Monate nicht fahre, fühlt sich der Rolls wie ein Stück Granit an. Bei meinem neueren Mountainbike war der Sattel gleich mit dabei, ein schlankes und bequemes Sitzgerät, das aber mit seinem Vinylüberzug billig aussieht. Meine beiden Rennräder haben Sättel von Selle Italia – eine Firma, die seit 1897 im Geschäft ist und zu den verehrten Marken unter den italienischen Zubehörherstellern gehört. In den 80er Jahren baute Selle Italia den ersten genuin minimalistischen Sattel. Das alte Alu-Rennrad hat einen geteilten Sattel, mit bereits abgewetzten Rändern und sich wölbenden Ecken. Das neuere Karbonrad hat einen superschicken, konvexen Sattel in Schwarz, bei dem hinten ein Stück fehlt – Resultat einer wortwörtlich überstürzten Begegnung mit Johnny Asphalt. Auf meinem alten Trekkingrad steckt ein undefinierbarer großer Schaumstoffsattel. Ich kann mich nicht entsinnen, wo er herkommt. Er ist der bei weitem unbequemste.

Bis auf den Letzteren sind diese leicht unterschiedlichen Sättel alle von hoher Qualität. Doch es scheint, dass mein Rücken, egal auf welches Rad ich springe, an einigen Tagen schmerzt, an anderen nicht.

Es gibt einen Sattel, den ich noch nicht erwähnt habe: meinen Weltumrundungssattel. Ich erinnere mich an eine Unterhaltung mit dem Verkäufer der Werkstatt, wo der Rahmen gebaut wurde. Nach dem Maßnehmen gingen wir eine Liste der Komponenten durch, mit denen das Rad aufgebaut werden sollte. Der Verkäufer wusste genau, was ich brauchte, aber er war wenigstens so höflich, erst meine Wünsche anzuhören. Er diskutierte mit mir kurz durch, was die besten Felgen, Speichen, Gepäckträger, Lenker, Bremsen usw. wären, bevor er mich zu seinem längst gefällten Urteil lenkte. Als wir jedoch zum Sattel kamen, ließ er alle Höflichkeit fahren. Ohne vom Zettel aufzublicken schrieb er »B 17«.

»Was ist ein B 17?«, wollte ich wissen. »Hört sich wie ein Cocktail an.« Er zeigte auf den Sattel des Fahrrads hinter mir.

»Auf dem ist doch schon mein Opa gefahren«, wandte ich ein.

»Eben.«

Hergestellt wird der Sattel B 17 von Brooks. John Boultbee

Brooks gründete seine Firma 1866 in Birmingham, er stellte Pferdegeschirr und Lederwaren her. Zwölf Jahre später, so geht die Geschichte, ging sein eigenes Pferd in die ewigen Weidegründe ein. Da er sich kein neues leisten konnte, borgte sich Brooks ein Fahrrad, um zur Arbeit zu fahren. Wie viele Gentlemen seines Alters muss ihm dieses eiserne Ross wie eine Offenbarung vorgekommen sein, nicht zuletzt deshalb, weil man ihm nicht jeden Tag einen Eimer voll Hafer vorsetzen musste. Zweifellos war der Holzsattel für ihn ebenfalls eine Offenbarung der besonderen Art: Er war so unbequem, dass Brooks sich schwor, Abhilfe zu schaffen.

Im Oktober 1882 meldete er sein erstes Sattelpatent an. »Meine Erfindung«, so führte er darin aus, »nimmt sich den Bau von Sätteln für Zwei- und Dreiräder zum Ziele, damit diese, insbesondere in Dauernutzung, bequemer und leichtgängiger werden.« Seit jener Zeit widmet sich die Firma der Aufgabe, die Hinterteilprobleme von Radlern zu lösen. Wunderbarer Mr. Brooks, seien Sie im Namen der Radler dieser Welt und aller Zeitalter an dieser Stelle gegrüßt!

Brooks führte den B 17 im Jahr 1896 ein. Seither ist er kontinuierlich in Produktion. Ich vermute, er ist damit die älteste noch hergestellte Komponente in der Geschichte des Fahrrads. Eine derartige Langlebigkeit ist das Ergebnis mehrerer Dinge: Ein neuer B 17 ist einfach schön; sein bündiger Name findet problemlos in viele Sprachen Eingang; das schlichte Design hat sich kaum verändert; und die Beschäftigten bei Brooks haben das Firmenerbe in Ehren gehalten und die traditionellen Herstellungstechniken von Generation zu Generation weitergegeben. Vor allem aber ist der Sattel bequem und für die Ewigkeit gemacht.

Im 20. Jahrhundert diversifizierte Brooks das Geschäft und nahm Sattel- und Werkzeugtaschen, Fahrradkörbe, Zigarrenhalter (welcher Gentleman käme beim Radeln ohne ihn aus?) und sogar Möbel ins Produktportfolio auf. Das Unternehmen wechselte ein paar Mal den Besitzer – kurzzeitig gehörte es sogar zu Raleigh –, aber Brooks hörte nie auf, den B 17 nach den anspruchsvollsten Standards herzustellen. Beinahe 50 Jahre lang, bis zu den 70er Jahren, war der B 17 der Sattel der Wahl für die Mehrheit der professionellen Radrennfahrer, einschließlich der Fahrer aus Frankreich, Italien und den Niederlanden, obwohl die vermutlich dem Druck ausgesetzt waren, auf Sätteln aus einheimischer Produktion zu fahren. Die große Mehrheit der engagierten Amateure folgte ihrem Beispiel.

Ab Mitte der 70er Jahre hielten Kunststoff, Vinyl, Titan, Kevlar, Sprühkleber und Gele (beständige, nichtsaugende, viskoelastische Fluide) Einzug in die Sattelproduktion. Es war ein fundamentaler Wandel. Die Sättel wurden leichter und ließen sich preisgünstiger herstellen. Leder geriet aus der Mode. Als ich mir 1995 mein Weltumrundungsrad bauen ließ, wurde mit dem B 17 nur noch ein Nischenmarkt bedient: die Reiseradler. Diese teilten sich in zwei Gruppen: junge Männer und Frauen, die sich zur Durchquerung von Kontinenten aufmachten, und jene aussterbende Spezies von Freizeitradlern, die mit säuberlich gefalteter Straßenkarte und einer Thermoskanne von Jugendherberge zu Jugendherberge unterwegs sind. 1995 waren Brooks-Sättel nicht gerade der letzte Schrei. (Mittlerweile allerdings wieder: Der Umsatz hat sich von 2002 bis 2009 verdreifacht.)

Der Verkäufer des Fahrradladens schrieb ohne das geringste Zögern B 17 in meine Bestellliste, so wie der Trainer der brasilianischen Nationalmannschaft bei der Fußballweltmeisterschaft 1970 automatisch Pelé als Nummer 10 vorgemerkt haben dürfte. Der Sattel hielt 40 000 Kilometer. Nicht dass er mir keine Qualen bereitet hätte – wir erinnern uns: Wehwehchen sind unvermeidlich –, aber er verursachte kein unnötiges Leiden.

Als ich nach England zurückkam, hatte ich den armen Sattel beinahe zermalmt. Das Leder hinten war unter den Nieten weggerutscht und an der Seite eingerissen. Der Klemmschlitten, der den Sattel mit der Sattelstütze verbindet, war angebrochen. Aber der B 17 begleitete mich bis nach Hause.

So viel Zeit im Sattel zu verbringen, birgt tatsächlich ein Risiko, glaubt man Sergeant Pluck in Flann O'Briens *Der dritte Polizist*, einer bizarren satirischen Erzählung über die zarte, aber unerwiderte Liebe eines Mannes zu einem Fahrrad. Plucks »Atom-Theorie« besagt, dass fortgesetzter Kontakt mit einem Fahrradsattel zu einem »Austausch von Atomen« führen kann:

> Das Brutto- und Nettoresultat davon ist, dass die Persönlichkeit von Menschen, die die meiste Zeit ihres natürlichen Lebens damit verbringen, die steinigen Feldwege dieser Gemeinde mit eisernen Fahrrädern zu befahren, sich mit der Persönlichkeit ihrer Fahrräder vermischt – ein Resultat des wechselseitigen Austauschs von Atomen –, und Sie würden sich über die hohe Anzahl von Leuten in dieser Gegend wundern, die halb Mensch und halb Fahrrad sind.

Die Brooks-Fabrik liegt in einer Seitenstraße in Smethwick, ein paar wenige Meilen westlich von Birmingham. Smethwick war ein kleines Dorf in ländlicher Abgeschiedenheit, bevor die Industrielle Revolution es im 19. Jahrhundert in ein rasant aufstrebendes, weltweit führendes Zentrum der Metallverarbeitung verwandelte. Heute ist Brooks der einzige übrig gebliebene Hersteller von Fahrradteilen, nicht nur in Smethwick selbst, sondern auch in seinem weiteren Umkreis. Die Firma produziert Sättel und eine kleine Auswahl von Lederzubehör für Fahrräder. Früher einmal wurden hier auch Kabel, Lenker, Bremsen und für kurze Zeit sogar komplette Fahrräder hergestellt.

Es erfordert viel Vorstellungskraft, sich das Birmingham um 1950 auszumalen. Bekannt als die »Stadt der tausend Gewerbe«, war beinahe jedes Gebäude in Birmingham, das nicht Wohnzwecken diente, eine Fabrik oder eine Werkstatt, wo Nägel, Schusswaffen, Werkzeug, Besteck, Bettgestelle, Gussstücke, Spielzeug, Schlösser und Fahrradteile produziert wurden. Das Wachstum der Stadt und ihr Wohlstand hingen von der Metallindustrie ab, und im Herzen dieser Industrie stand das Fahrrad.

Nirgendwo auf der Welt wurden so viele Fahrräder und Fahrradkomponenten produziert wie in dem Dreieck, das Birmingham mit Coventry im Südosten und Nottingham im Nordosten bildete. Es war die Heimat der Hercules Cycle and Motor Company, in den

1930er Jahren der weltgrößte Radhersteller, sowie von Hunderten weiterer Firmen, die alles Mögliche herstellten, von Kugellagern bis hin zu Stahlrohren. Mein Vater wuchs zwischen Birmingham und Coventry auf. Eine seiner frühesten Erinnerungen ist der orangefarben glühende Nachthimmel, als die Fahrrad- und Autofabriken von Coventry im Zweiten Weltkrieg ein Opfer deutscher Bomben wurden und in Flammen aufgingen. Als ich ihm von meinem Vorhaben erzählte, ein Buch über das Fahrrad zu schreiben, war er beglückt. Menschen seiner Generation, die in den englischen Midlands aufgewachsen sind, verbindet mit dem Fahrrad noch ein Gefühl des Besitzerstolzes.

Steven Green, der Betriebsleiter und »Boss« von 30 Angestellten, empfing mich am Tor der Werkshalle. »Willkommen bei Brooks«, begrüßte er mich mit lauter Stimme, um den Lärm des Presswerks zu übertönen. Stanz-, Press- und Nietmaschinen hämmerten, formten, bogen und schnitten Stahl. Die Hintergrundmusik der Fabrik – einst der Soundtrack der ganzen Stadt – kann sich in einem Jahrhundert kaum verändert haben.

»Das stimmt«, sagte Steven mit einem Augenzwinkern. »Einige der Angestellten sind auch schon fast genauso lange hier. Hier, Bob zum Beispiel.«

Bob, ein onkelhafter Kerl mit freundlichem Blick und verschlissenen Händen, war gerade dabei, an einer Maschine Spiralfedern für die Federung des legendären Brooks-Sortiments hochbelastbarer Sättel zu stanzen. Er schenkte mir ein breites Lächeln. »Tja, ich arbeite hier seit 50 Jahren. Mit einem Boss wie dem da kommt einem das aber länger vor. Also, das Einzige, was hier noch älter ist als ich, das ist diese Maschine. Sie stammt aus den 40ern. Zum Glück kann man immer noch Ersatzteile dafür kriegen. Ich wünschte, das könnte ich auch von mir sagen.«

Als Nächstes wurde ich Keith vorgestellt. Er arbeitete seit 40 Jahren bei Brooks. Dann lernte ich Stephen kennen, der es auf 30 Jahre brachte, Alan, der 19 Jahre auf dem Buckel hatte, und Beverley, die es mir nicht verraten wollte.

»Wir sind wirklich wie eine Familie, eine zweite Familie«, sagte

Steven und rückte seinen Schlips zurecht. Er war sichtlich stolz darauf. »Alle kommen gut miteinander aus. Wir haben ein gutes Betriebsklima. Es ist viel Einarbeitung nötig. Und der Stolz ist so groß auf das, was wir machen, dass die Leute bleiben wollen. Die Kunden bringen Sättel vorbei, die 30 oder 40 Jahre alt sind, um sie aufmöbeln zu lassen. Das ist sehr schön.«

Er legte eine Hand auf meine Schulter, als wir durch das Presswerk zur Halle der Lederverarbeitung gingen. »Stellen Sie sich einen Brooks-Sattel wie ein Paar Lederschuhe vor«, sagte er. »Sie sind unbequem, wenn man sie zuerst anzieht. Sie drücken hier ein bisschen und zwicken da ein wenig. Aber nach einer Weile passen sie wunderbar und werden die bequemsten Schuhe sein, die sie 20 Jahre lang tragen. Ich sag immer: Biker nehmen Plastik, Radler wählen Leder.«

Neue Brooks-Sättel sind berüchtigt hart im Vergleich zu modernen Sätteln mit Gelpolster. Wie Bobs Lederschuhe oder ein Baseballhandschuh müssen sie »eingearbeitet« werden. Aficionados streiten darum, wie man das am besten bewerkstelligt. Einige beschleunigen den Prozess, indem sie Lederfett auftragen. Brooks empfiehlt sein eigenes Spezialfett für Ledersättel (Proofide). Letztlich muss man, um einen Brooks-Sattel weich zu kriegen, damit fahren.

Nach 1500 Kilometern werden dort, wo Ihre Sitzhöcker sind, leichte Dellen entstanden sein, und das Leder wird sich der Form Ihres Hinterns angepasst haben. Mein B 17 brauchte etwas länger. Der erste Abschnitt meiner Weltumrundung ging von New York nach San Francisco. Ich erinnere mich, dass ich irgendwo in South Dakota das Gefühl hatte, der Sattel sei endlich bequem geworden. Danach gab es keine weiteren Probleme. Wenn Sie sich die Mühe machen, das Leder straff zu halten, indem sie es mittels der Spannschraube (ein charakteristisches Merkmal von Brooks-Sätteln) spannen, dann wird der Sattel noch bequemer werden.

Sie können dann ein Produkt Ihr Eigen nennen, das sich beim Gebrauch verbessert. Das ist eine Ausnahme. Wir leben in einem dystopischen Zeitalter, wo beinahe alles, was wir kaufen, in dem

Augenblick zu verfallen beginnt, wo wir es aus der Verpackung nehmen. *Tout passé, tout cassé, tout lassé,* wie die Franzosen sagen: Alles geht dahin. Obsoleszenz, die eingeplante Veralterung, ist allgegenwärtig. Kauf es, benutz es und begrab es. Ein Brooks-Sattel mit seiner legendären Lebensdauer könnte eines der ersten Produkte einer utopischen Wirtschaft werden, wie sie alternative Intellektuelle in den 70er Jahren erträumten, wo Güter teuer sind, langlebig und reparierbar. Dem Ideal nach wären die Leute, die sie herstellten, gut bezahlt und würden am Reichtum teilhaben.

Es kostete Mühe, sich Steven und Bob als Avantgarde der größten wirtschaftlichen (und ökologischen) Transformation vorzustellen, die die Welt seit den Anfängen der Industriellen Revolution sehen würde. Um ehrlich zu sein: Sie wussten nicht, wovon ich redete, als ich ihnen diesen Gedanken näherzubringen versuchte.

Das Leder des Sattels stammt aus den Häuten britischer und irischer Rinder, die in einer Gerberei in Belgien gegerbt werden. Es muss eine Stärke von 5,5 bis sechs Millimeter aufweisen, »um ausreichend tragfähig und dauerhaft zu sein. Nur der Teil der Haut vom Schulterblatt bis zum Hinterteil ist dafür dick genug«, erklärte Steven und gab mir ein schwarzes Stück davon. Ich sah zu, wie das Leder in Sattelform zugeschnitten wird und danach beinahe einem unförmigen Tortenboden gleicht. Stellen mit dem geringsten Makel werden kategorisch ausgespart, die Lederstücke dann in lauwarmem Wasser eingeweicht und auf einen Sattelblock aus Messing gepresst, bevor sie getrocknet und abermals geformt werden. Beverleys Job ist es, die Ecken der Lederstücke an einer riesigen Bandschleifmaschine zu glätten. Dann wird mit einem erhitzten Prägestempel das Markenzeichen aufgebracht, das Firmenschild an die Rückseite genietet und die Satteldecke auf die Ablage eines Wagens mit Hunderten anderer vorgefertigter Sattelteile gelegt, um zu den weiteren Montagestationen gekarrt zu werden.

Der ganze Prozess der Herstellung eines Sattels dauert drei Tage. Jeder Fertigungsschritt erfordert hohes Augenmaß, Geschicklichkeit und Konzentration. »Erfahrung und ein gutes Auge sind wichtig«, bestätigte Steven. »Sie hätten eine gute Chance, eine Hand zu verlieren, wenn Sie sich an irgendeiner dieser Schritte versuchen würden.« Ich musterte unauffällig die Gliedmaßen der Arbeiter, um einen oder zwei fehlende Finger zu entdecken, doch Fehlanzeige. Selbst bei Sonia, die Nieten durch das Leder stanzte, um es mit dem stählernen Sattelgestell zu verbinden, war noch alles dran.

In Großbritannien ist »auf dem Niet« (*on the rivet*) ein alter Radlerausdruck aus einer Zeit, als noch alle Sättel Lederdecken trugen, die mit Nieten auf dem Sattelgestell befestigt waren. Gemeint ist damit die extreme Rennposition eines tief über das Rad gebeugten Fahrers, der mit den Händen die Lenkerbögen umklammert und sein Gesäß auf die äußerste Sattelspitze vorgezogen hat. Weil die Sattelspitze von mehreren Nieten gehalten wurde, saß der Fahrer »auf dem Niet«. In dieser Rennposition stemmt der Fahrer, auf Teufel komm raus, mit jedem Tritt die maximale Hebelkraft in die Maschine. »Auf dem Gel« vermittelt diese Intensität irgendwie nicht so richtig.

Die Modelle mit den großen Kupfernieten werden von Hand vernietet. Es ist eine Aufgabe, die keine Maschine so sauber hinbekommt, ebenso wenig wie das »Auskehlen«, mit dem das Modell Team Professional den letzten Schliff erhält. Das ist eine Technik, die schon im Mittelalter angewendet wurde. Dabei schält Eric mit einer rasiermesserscharfen Klinge den unteren Rand des Lederbezugs in einer kontinuierlichen Bewegung ab. Dies wird bis heute gemacht, weil sich die Profirennfahrer, als sie noch auf Brooks-Sätteln fuhren, vielfach darüber beklagten, dass der Sattelrand gegen ihre Schenkel rieb. Heute dient der Rand eher der Verzierung, aber dieses Detail illustriert besser als irgendetwas sonst die Sorgfalt und Präzision der Handarbeit, die in jedem Sattel steckt. Das ist der Grund, warum Brooks zu einem Inbegriff guten Handwerks geworden ist.

»Wir fertigen über 40 Modelle. Jedes erfordert andere handwerkliche Fähigkeiten. Und wer mit dem Schälmesser arbeitet oder sogar die Nieten setzt, muss erst ein Gefühl für jeden neuen Schwung Leder entwickeln, denn sie sind alle verschieden«, erklärte Steven. Wir gingen zurück durch die Fabrik zum Ende der Fertigungsstraße, wo die Sättel ein letztes Mal inspiziert, poliert und verpackt wurden.

»So«, sagte er. »Jetzt haben Sie den Herstellungsprozess von Anfang bis Ende gesehen. Ich nehme an, Sie möchten einen B 17 kaufen. Welche Farbe?«

»Eigentlich möchte ich lieber einen Team Professional. Ich habe mich in die von Hand gestauchten Kupfernieten und den abgesetzten Rand verliebt. Ich hätte gerne einen schwarzen mit Chromgestell.« Der Team Professional wurde 1963 eingeführt. Mit seinen schlappen 48 Jahren ist er der Jungspund im Sortiment von Brooks. Basierend auf dem B 17 ist er aus einem einzigen Lederstück geformt, das auf ein Stahlgestell mit zwei Schlitten und einer geschwungenen Afterplatte genietet ist. Die Spannschraube sitzt unter der Sattelnase, das Leder ist vorne und hinten mit Kupfernieten befestigt. Der Team Professional trägt auf beiden Seiten das Firmenemblem sowie am hinteren Rand eine Plakette mit dem Namen der Firma. Er ist schlicht und schön, eine Mischung aus Stärke und Anmut. Stevens Blick signalisierte herzliche Zustimmung.

»Gute Wahl«, sagte er. »Der sollte Ihnen auf viele Jahre treu bleiben. Ich will hoffen, Sie bringen ihn in 25 Jahren zur Überholung zurück. Ein paar von uns werden dann ohne Frage noch hier arbeiten.«

NACHWORT

Die Jungfernfahrt

Eine Straße, eine Meile Königreich, König ich bin
Von Böschungen und Steinen und jedem blühenden Ding.

Patrick Kavanagh, »Inniskeen Road: July Evening«

Seit meinem ersten Besuch bei Brian Rourke und meiner Rückkehr in seine Werkstatt, um mir dort anzuschauen, wie mein Rad lackiert und aufgebaut wird, haben die Jahreszeiten zweimal gewechselt. In der Zwischenzeit hatte ich 100 Farben in Erwägung gezogen. Einige waren mir spontan in den Sinn gekommen, andere drängten sich mir auf der Reise auf, die mich zu den Herstellern der Komponenten führte. Die erste Farbe, die haften blieb, war Gelb – ein sattes Van-Gogh-Gelb, ein mediterraner Farbton, der in die Welt des Fahrrads Einzug hielt, als sich der Führende in der Gesamtwertung auf der Tour de France 1919 zum ersten Mal *le maillot jaune*, das Gelbe Trikot, überstreifte. Die Farbe wurde damals deshalb auserkoren, weil die Zeitung *L'Auto*, die das Ereignis sponsorte, auf gelbem Papier gedruckt war. Als Nächstes wollte ich ein schwarzes Rad – das würde zivil und zeitlos aussehen –, aber ein Freund befand, dass Schwarz eine psychologische Bürde sei und das Rad schwer aussehen lassen würde. Ich liebäugelte dann mit *celeste*, dem Himmelblau von Bianchi, das durch Fausto Coppi Kult geworden und, wie erwähnt, angeblich der Augenfarbe der letzten italienischen Königin nachempfunden war. Und anschließend spielte ich mit dem Gedanken, das jahrzehntelang für britische Rennwagen verwendete Grün zu wählen, British Racing Green, bis ich las, dass diese Farbe Gier repräsentiert.

Meine Frau ist Künstlerin. Sie hat ein wunderbares Gespür für Farben. Als ich sie fragte, was sie denn von Cappuccino-Braun hielte – die Farbe der Selbstopferung –, erwiderte sie: »Liebling, ist es wirklich schwerer, eine Farbe für dein Rad zu wählen als einen Namen für deine Kinder?« Das half mir auch nicht weiter. Das Malteser Orange von Eddy Merckx' Rädern, Seehundgrau, Perlmuttgrau, Himmbeerfarbe, Azurblau, Karminrot, Saphirblau, Meergrün, Blütenweiß: Ich grübelte darüber, bis Musterfarben durch meine Träume wirbelten. Ich druckte Dutzende von Fotos von handlackierten Rädern aus und klebte sie an meine Bürowand. Doch ach: Ich konnte mich nicht entscheiden.

Die Wahl wurde dadurch noch komplizierter, dass ich eine zweite Farbe für die Kontraststreifen am Unter- und Sattelrohr suchte. Ich rief Jason Rourke an, schließlich war er es, der den Rahmen lackieren würde. »Ich brauche einen Tipp«, bat ich. »Aus welchen Farben kann ich *überhaupt* wählen?«

»Jede, die Sie sich vorstellen, Rob. Jede, die Sie mögen. Praktisch jede existierende Farbe.«

»Nö, diese Farbe geht gar nicht«, sagte Jason, stellte einen Farbtopf ab, wandte mir sein Gesicht zu, lehnte sich an die Werkbank, schlug die Beine übereinander und kreuzte die Arme. Wir standen in seinem Lackierraum.

»Was meinen Sie mit ›Nö‹?«, fragte ich.

»Einfach nö. Das ist alles. Nein.«

»Das können Sie nicht. Ich bin der Kunde, und Sie haben gesagt, dass ich jede Farbe haben kann.«

»Rob, eines Tages werden Sie mir dafür dankbar sein. Vielleicht schon heute. Aber auf keinen Fall werde ich Ihr Rad lila spritzen. Wir haben nicht mehr 1973. Wir fahren heute Abend nicht zu einem Slade-Konzert. Ich versichere Ihnen, wenn Sie mich dieses Rad in Lila lackieren lassen, sind Sie in sechs Monaten wieder hier und bitten mich, es umzuspritzen. Nein.«

Die Farbe Violett war mir spät auf meiner Reise eingefallen. Ich hatte an ein imperiales Violett gedacht: Purpur, jene Farbe, die zuerst von den alten Phöniziern hergestellt worden war, die Farbe geronnenen Blutes.

»Sie sind nicht Ziggy Stardust«, protestierte Jason. »Sie sind Rob Penn. Wie wär's mit Knallrot? Wird gern genommen.«

Neben der Wahl des Rohrmaterials, der richtigen Geometrie, der perfekten, auf die eigenen Bedürfnisse abgestimmten Rahmengröße und der passenden Komponentenmischung berührt die Farbgebung den Kern der Frage, warum man überhaupt ein maßgefertigtes Rad haben möchte. Nicht nur sollte es sich so anfühlen und so fahren wie maßgeschneidert, es sollte auch so aussehen wie das eigene Rad. Rot – in regelmäßigen Abständen eine Lieblingsfarbe der Massenhersteller – kam deshalb überhaupt nicht in Frage.

»Ich habe gerade ein Rad, das ich für Muhammad Ali gemacht habe, in Knallrot über Silber mit perlweißen Streifen lackiert. Wenn es gut genug für Muhammad Ali ist, dann ist es auch gut genug für Sie«, beharrte er.

»Nein.«

»Graumetallic? Das war in den letzten Jahren gefragt, mit blauen oder roten Streifen.« Jason wühlte weiter unter den etwa 50 Lackdosen auf den Regalen vor uns. Er hebelte die Deckel mit einem Schraubenzieher auf und schob die Dosen auf der Werkbank zu mir herüber.

»Graumetallic? Nein.«

»Rosa?«

»Nein.«

»Ferrari-Blau?«

»Hmm …«

Plopp … plopp … plopp – schon standen drei Dosen mit verschiedenen Blaumetallic-Tönen vor mir.

»Das ist ein Harley-Davidson-Blau. Ziemlich metallisch. Ein bisschen wie Saphirblau, aber voller … Hier, das ist eine hübsche Farbe: ein Metallicblau mit einem klaren Decklack, der sich so dunkel tönen lässt, wie Sie wollen.«

»Ich mag dieses Blau«, sagte ich und zog eine der Dosen auf die

Seite. »Mit welcher Farbe für die Streifen würde das zusammenpassen? Blau und Orange?«

Jason presste seine Lippen zusammen. Blau und Orange sind meine Lieblingsfarben. In all meinen Anstrengungen, eine einzigartige Farbkombination zu finden, war mir diese nicht in den Sinn gekommen.

»Können wir uns ein Orange ansehen?«, bat ich.

»Hmm – na gut. Wir werden uns sowieso nie drüber einig werden, stimmt's?«

Während ich die Bücher mit den Farbmustern durchblätterte, durchstöberte er 100 und mehr weitere Lackdosen im Schrank.

»Californian Gold? Olympic Gold? Candy-apple Red? Da haben wir's, hier ist ein Orangemetallic«, sagte er und reichte eine Dose herab. »Das ist das, was Jeremy Clarkson, dieser Autojournalist, Prolo-Orange nennt. Hier noch eine … und noch eine. Schauen wir uns die mal an.«

Mit all den Dosen von Orange und Blau vor mir kam mein Ziel endlich in Sicht. Eine Stunde lang überlegte ich hin und her, schob die Dosen herum, setzte jedes Orange neben jedes Blau und versuchte sie mir zusammen auf dem Rahmen vorzustellen. Es war schwer. Jason hatte mich damit allein gelassen. Die Stille wurde nur von dem wiederholten Klatschen meiner geschlossenen Faust gegen die Handfläche der anderen Hand unterbrochen. Gerade als ich fürchtete, von den Farbdämpfen einen Rausch zu bekommen, stieß ich auf die perfekte Blau-Orange-Kombination.

»O. k., ich hab's«, rief ich nach unten. Jason stürmte die Treppe hoch.

»Schnell«, sagte er. »Bringen wir's hinter uns, bevor Sie Ihre Meinung ändern.«

Jason war in seinen weißen Fliegeranzug gesprungen und sah fast wie einer der jugendlichen Schläger in *Uhrwerk Orange* aus. Den Rahmen hatte er bereits mit weißer Farbe grundiert. Nun klebte er die Sattel- und Unterstreben mit Papier dicht ab – sie würden unlackiert bleiben und dem Rad ein klassisches, italienisches Aussehen verleihen. Zumindest darüber waren wir uns einig geworden. Er hängte den Rahmen an einen Fleischerhaken und machte sich ans Werk. Sattelrohr und Unterrohr erhielten den ersten Orangeanstrich. Es sah furchtbar aus. Ich wimmerte.

»Die Farbe verändert sich mit jeder weiteren Farbschicht. Man kann es nicht wirklich beurteilen, bevor die Lackierung beendet und das Rad aufgebaut ist. Also machen Sie sich keine Sorgen … noch nicht.«

Die nächste Farbschicht wurde aufgetragen. Der »Ofen«, ein Heizelement im hinteren Teil des Lackierraums, stellte sicher, dass jede Schicht binnen weniger Minuten trocknete. Nach der dritten Schicht Orange klebte Jason die Streifen mit Kreppband und Papier ab und füllte den Behälter des Farbsprühers mit Blau.

Viele Rahmenbauer lassen ihre Rahmen in Lackierereien spritzen. Ich verstehe warum. Die Aufgabe erfordert viel Fachkunde, vielleicht ebenso viel, wie die Schwierigkeiten des Schweißens zu meistern. Zum Maskieren braucht es geschickte Hände. Um zu wissen, wann der Lack trägt und wie er seine Farbe mit zunehmenden Schichten verändert, ist Erfahrung nötig, und man braucht eine Menge Geschicklichkeit, jede Schicht gleichmäßig aufzutragen. Die Lackierung ist auch ein Kriterium, anhand dessen viele potenzielle Kunden die Qualität eines maßgefertigten Rads beurteilen werden. Nur wenige werden die Schweißnähte überprüfen, noch weniger werden wissen, wonach sie dabei suchen müssen. Eine fleckige Lackierung erkennt dagegen jeder auf den ersten Blick.

Jason arbeitete sorgfältig und vollführte elegante Schwünge mit der Sprühpistole, um die Gleichmäßigkeit der Lackschicht auf dem gesamten Rahmen sicherzustellen. Zwischen der dritten und vierten Lackschicht zog er aus einer Schublade Aufkleber. Ich sollte zwei für das Unter- und das Sattelrohr auswählen. Ich entschied mich für »ROURKE« in Silber über den orangefarbenen Streifen mit den regenbogenfarbenen Weltmeisterschaftsbändern am Rand und das elegante Brian-Rourke-Logo für das Steuerrohr. Jason brachte noch ein kleineres »BR«-Abzeichen an der Sattelstütze an – »Dann sehen die Leute, die Sie abhängen, dass Sie ein Rad von

Rourke fahren«, lautete seine Begründung. Der letzte Aufkleber auf dem Oberrohr sollte mein Name sein: »Rob Penn«, in einer schlichten, silberfarbenen Schrifttype.

»Ist er dunkel genug? Sagen Sie mir, ob das Blau dunkel genug für Sie ist. Es ist ein Leichtes, es dunkler zu machen, wenn Sie möchten, aber ich glaube, dass es nun eine schöne Deckung hat«, befand Jason, als er eine weitere Lackschicht aufbrachte. Der Mut zur Entscheidung hatte mich verlassen. Draußen war es dunkel geworden. Das ungewisse Bangen, ob das Blau und das Orange gut zusammenpassen würden, hatte mich verstummen lassen. Als die letzte Blauschicht trocken war, löste Jason mit einem Skalpell behutsam Klebeband und Papier von den Streifen.

Blau und Orange. Es sah geil aus.

Wenn die Lackierung eine Qual gewesen war, so war das Zuschauen beim Aufbau des Rads in Brian Rourkes Werkstatt eine einzige Lust. Matt Roberts, der leitende Mechaniker, arbeitete mit der Präzision und Geschicklichkeit eines Uhrmachers. Zuerst zog er die Mäntel und Schläuche auf die Felgen der Laufräder, wobei er darauf achtete, dass die Schriftzüge auf den Reifen mit dem Ventilloch übereinstimmten. Als Nächstes wurde der nackte Rahmen auf einen Montageständer aufgebockt und das Steuerrohr vorbereitet. Die Kugellagerpfannen des Steuersatzes wurden ins Rohr geklemmt und das Lenksystem – Gabel, Vorbau und Lenker – montiert.

Ich hatte alle Komponenten in einem großen Pappkarton zur Werkstatt gebracht. Jedes Mal, wenn sich Matt bückte und etwas herausholte, kamen schlagartig die Erinnerungen zurück: Gravys riesenhafte Hände, Antonio Colombos Anzug, das schelmische Funkeln in Steven Greens Augen. Es war jedes Mal wie ein Griff in den Glückstopf, der schöne Erinnerungen heraufbeschwor.

Tretlager, Kurbelgarnitur und Ritzelpaket kamen als Nächstes an die Reihe. Matt pflückte Werkzeug aus dem Arsenal an der Wand hinter ihm, oft, ohne sich dabei umzusehen. Umwerfer und Schaltwerk wurden angeschraubt, dann die Kette aufgelegt. Matt verkürzte sie mit dem Kettennieter von der Standardgröße auf die korrekte Länge für mein Rad – nach Augenmaß. Dann vernietete er sie, und der Antrieb war komplett.

Nun wurden die Laufräder eingesetzt. Jason kam aus seinem Büro, um das Spiel des Hinterrades gegen den Rahmen zu überprüfen. »Passt perfekt«, sagte er. »Puh …«

Ab und zu schaute Brian herein. Als Matt kurz ins Stocken kam – bei dem Versuch, die Züge der Schalthebel der Campagnolo-11-Gangschaltung durch den Cinelli-Lenker zu ziehen –, kamen die jüngeren Mechaniker angelaufen, einen Anflug hämischen Grinsens im Gesicht. Mit dem umsichtigen Einsatz einer Feile, ein bisschen Öl auf dem Zug und viel Fummelei brachte er die Züge durch, und die Geier verzogen sich wieder. Matt schnitt dann die schwarzen Zughüllen passend, wobei er darauf achtete, dass beim Abschnitt für die Hinterradbremse die Aufschrift zentriert und richtig herum lag.

Die Sattelstütze wurde zugeschnitten und der Brooks-Sattel aufmontiert. »Ein Kunstwerk, das hier«, kommentierte Matt, während er die Gänge wieder und wieder hoch- und runterschaltete und winzige Korrekturen vornahm, um sicherzustellen, dass sie perfekt synchron waren. »Sie müssen sich jetzt doch fühlen wie ein Schneekönig.«

Nein, so richtig freuen konnte ich mich in dem Moment nicht; eigentlich war ich eher traurig. Die Reise, die ich unternommen hatte, um die Teile meines Traumrads zusammenzutragen und montieren zu lassen, war ans Ende gelangt. Sie war faszinierend gewesen und hatte großen Spaß gemacht. Mir war klar geworden, dass die Rede vom Anbruch eines neuen goldenen Zeitalters für das Fahrrad nicht übertrieben war. Alle Hersteller, mit denen ich gesprochen hatte, berichteten davon, dass sie in den letzten Jahren zugelegt hätten. Auf der Suche nach Qualität wird wieder größeres Gewicht auf Handwerk statt auf bloße Technik gelegt. In dem immer häufigeren Wunsch nach solide gefertigten Rädern, die eine lange Haltbarkeit haben, zeigt sich eine neue Wertschätzung des Fahrrads, die ein halbes Jahrhundert lang kaum noch vorhanden war. Die Radlerszene wächst, wie ich in Portland, Fairfax und sogar in London sehen konnte. Fahrräder sind in Mode – das muss zwar nicht so bleiben, aber es zeigt doch, dass die Sorge um die Gesundheit, um verträgliche Verkehrslösungen, um die Umwelt und den Ölpreis das Rad Stück für Stück zurück in das Zentrum der öffentlichen Aufmerksamkeit befördert. In Großbritannien fährt das Establishment zum ersten Mal seit den 1890er Jahren wieder Rad. Dass der Bürgermeister von London, Spitzenpolitiker, Verleger großer Zeitungen, berühmte Journalisten und Fernsehmoderatoren wie Jon Snow und Jeremy Paxman und ein Heer von führenden Geschäftsleuten, darunter der Chef der Supermarktkette ASDA und der Modeguru Paul Smith, nicht nur selbst Rad fahren, sondern auch öffentlich für das Radfahren eintreten, wäre vor 20 Jahren undenkbar gewesen.

Abermals passen Rahmenbauer heute das Fahrrad an, insbesondere für den städtischen Verkehr, und haben dabei die Zukunft im Blick. Das erste Radlermagazin der Welt, *Le Vélocipède Illustré*, zog 1869 in einem Leitartikel den Schluss: »Das Stahlross füllt eine Lücke im modernen Leben, es ist eine Antwort nicht nur auf seine Bedürfnisse, sondern auch auf seine Hoffnungen … Es wird ganz gewiss bleiben.« Das Gleiche könnte man heute schreiben. In 20 Jahren werden viele Städte in der entwickelten Welt das Fahrrad wieder erfolgreich in ihre Verkehrsinfrastruktur integriert haben. »Wenn ich einen Erwachsenen auf einem Fahrrad sehe«, sagte H. G. Wells einmal, »ist mir um die Zukunft der Menschheit nicht bange.« Er wäre heute voller Hoffnung gewesen.

Ich gestand Matt meine gedrückte Stimmung ein. Er blickte mich schief von der Seite an, schaute zum Rad und wieder zu mir. Er hatte Recht. Es gab einen Silberstreifen am Horizont: eine auf den Millimeter perfekte Inkarnation einer der großartigsten Erfindungen der Menschheit. Mein Traumrad. Es war fertig.

Brian hob das Rad aus dem Montageständer. »Also dann«, sagte er. »Schwingen Sie sich drauf, dann schauen wir es uns noch einmal an. Setzen Sie die Füße auf die Pedale, entspannen Sie sich. Hier, jetzt die Hände an die Bremsen …, diese Tretkurbel nach unten, bitte, Knie durchdrücken … O. k. Sie können wieder absteigen. Ich werd es eine Kleinigkeit runtersetzen und den Sattel einen Tick nach hinten schieben.«

Nachdem der Sattel justiert war, setzte ich mich wieder aufs Rad und stützte mich mit dem Arm an der Werkbank ab. Jason und Matt standen auf der einen Seite, musterten mit gespannten Lippen die Maschine und nickten langsam – in Stoke-on-Trent ein Ritterschlag.

Brian ließ seine Blicke und Hände über das Rad gleiten. Er trat einen Schritt zurück. »Junge, Sie sehen großartig aus«, sagte er. »Das ist eine absolute Wucht.«

In meiner Vorstellung hatte ich mir die Jungfernfahrt wie eine Autowerbung ausgemalt. Ich würde eine leere Küstenstraße entlang fahren – vielleicht am kalifornischen Big Sur oder hoch über der Adria – und durch enge, perfekt geschwungene Kurven bergab schießen. Rad, Straße und Fahrer würden eins sein. Das Meer würde funkeln, die Sonne scheinen, alles zu einer Einheit verschmelzen. Alles würde Zen sein.

In der Realität trat ich aus der Hintertür unseres Hauses in den walisischen Black Mountains und stand einer Welt ohne Himmel gegenüber. Sachte, einer Segnung gleich, fiel der Regen. So hätte es vielleicht ein walisischer Dichter ausgedrückt. In Wirklichkeit plästerte es. Ich hätte abwarten sollen, bis es aufklarte, doch ich hielt es nicht mehr aus. Dem Rad, bereit, sich gegen alle noch ungeborenen Winde in die Schlacht zu stürzen, erging es ebenso. Man schließt einen Bund mit einem Rad wie diesem: es zu fahren und sich um es zu kümmern, solange es einen zu einem Fluchtort fern der Gegenwart trägt.

Kann eine Maschine Gefühle haben? Ich habe jüngst noch einmal das Tagebuch gelesen, das ich auf meiner Weltumrundung geführt hatte. Es bestätigte meine Vermutung: Mannanan, mein Rad, hatte mich nie im Stich gelassen. Es hatte nie eine Panne, wenn wir eine Wüste durchquerten oder eine entlegene Gebirgskette bezwangen, wenn ich krank oder niedergeschlagen war oder Angst vor den Menschen hatte, von denen ich umgeben war. Das

Rad versagte nie, wenn ich in Gefahr schwebte. Sobald wir einen sicheren Hafen erreicht hatten und die Anspannung wich, fielen einzelne Teile ab. Im Gegenzug für diese Gunst des aufgeschobenen Versagens in schwerer Zeit zerlegte ich es alle drei bis sechs Monate, säuberte es und baute es wieder auf. Wir waren gleichberechtigte Partner auf einer erfüllten Reise.

Ich schwang ein Bein über das Rad, rastete in die Klickpedale ein, und schon rollten wir die Straße hinunter. Da war sie, die beruhigende Vertrautheit, mein Blick auf die Welt: schneller als ein Fußgänger, langsamer als ein Zug, höher als ein Auto, tiefer als ein Flugzeug. Das Rad fühlte sich stramm an, wie man es von einem neuen, hochwertigen Fahrrad erwarten darf: harter Sattel, perfekt synchronisierte Gänge, straffe Kette und schnell anschlagende Bremsen. Es war wunderbar ausbalanciert und wirkte irgendwie lebendig, als hätten ihm die Hände der Menschen, die es gebaut hatten, Leben eingehaucht.

Ich fuhr ins Llanthony Valley hinunter und steuerte das Rad mit geringsten Gewichtsverlagerungen durch die Kurven. Einen kurzen Moment lang fuhr ich über 60 Stundenkilometer. Das Rad wahrte eine vornehme Laufruhe. Auf dem langen, sanften Anstieg durch das Tal fand ich in den wirbelnden Pedalen einen Rhythmus. Rhythmus ist Glück. Unzählige Sorgen – über das Rad, über dieses Buch – lösten sich in Wohlgefallen auf. Das ist das Schöne am Radfahren: Der Rhythmus verscheucht den Bierernst des Denkens und schafft eine Leere, in die zufällige Gedanken schneien – der Refrain eines Lieds, eine Gedichtzeile, ein Detail der Landschaft, ein Witz, die Antwort auf etwas, das mich vor Langem verstörte.

Lance Armstrong hatte Unrecht. *It's Not About the Bike* (»Es dreht sich nicht ums Rad«), so lautet der Originaltitel seines Bestsellers über seine Krankheit und seine Erfolge. Mir ist klar, dass es ziemlich nassforsch klingt, wenn ich dem siebenfachen Sieger des härtesten Straßenrennens der Welt entgegenhalte, dass er sich irrt, aber ich tu's trotzdem. Lance, du weißt nicht, wovon du sprichst: Es geht ums Rad, es dreht sich *alles* ums Rad – das Glück auf zwei Rädern.

Nach Capel-y-ffin wird die Straße steiler. Die Wolken waren aufgebrochen und offenbarten den hellblauen Baldachin des Himmels. Die Hügel leuchteten, und die Luft füllte sich mit Verheißung. Als ich aus dem Sattel stieg und in den Wiegetritt überging, schüttelte ich mit der Anstrengung den letzten Hauch von Verdruss ab. Das Rad jauchzte unter meinen Händen.

Am Gospel-Pass fädelten wir uns durch den Felsdurchlass, hinter dem die Landschaft abfällt. Wir ließen uns langsam im Leerlauf bergab rollen. Der Ausblick in die zentralwalisische Landschaft war herrlich. Die Welt breitete sich jenseits des Lenkers vor uns aus. Ich saß auf dem besten Platz im Haus: ein Sitz, der über 4000 Euro gekostet hatte. Das ist eine Menge Geld für ein Rad, dachte ich. Aber dann wiederum ist es gar nicht so viel für das hübscheste Ding, das ich jemals besessen habe.

Allerlei Lesenwertes

Dervla Murphys origineller Schilderung ihrer unerschrockenen Radreise von Irland nach Indien von 1963 (*Aus eigener Kraft. Mit dem Fahrrad nach Indien*, München 1993) verdanke ich die Inspiration zu meiner eigenen Weltumradlung. Eine bessere Abenteuergeschichte kann man sich nicht denken, und sie ist zugleich ein starkes Plädoyer für das »Reisen um des Reisens willen«. Mit Genuss habe ich die Zweiradgeschichten von Bernard Magnouloux (*Abenteuer ohne Grenzen. Fünf Jahre auf dem Rad um die Welt*, Köln 1990) sowie von Ian Hibell gelesen (*Into the Remote Places*, London 1984). Beide schildern auf ihre je eigene Weise authentisch die schlichten Freuden des Reisens mit dem Fahrrad. Tim Moores *Alpenpässe & Anchovis. Eine exzentrische Tour de France* (Bielefeld 2003) ist eine geistreiche Einführung in die Mühen der Tour de France.

Die besten Autobiografien über ein Leben auf dem Sattel stammen aus der Mitte des Kampfgetümmels. *Raubeine rasiert. Bekenntnisse eines Domestiken* (Bielefeld 2003) von Paul Kimmage erzählt vom Leben eines sich abkämpfenden Profis und dem alltäglichen Doping im Hauptfeld. Matt Seatons *Der Ausreißer. Meine Rennradjahre* (München 2003) ist die herzzerreißende Geschichte von Liebe und Verlust eines Amateurradrennfahrers. *Flying Scotsman* (Bielefeld 2006, dt.) ist die packende Geschichte von Graeme Obrees Stundenweltrekord im Einzelzeitfahren. Timothy Hilton hat einen liebevollen Lobgesang auf die Radlerszene im Nachkriegseuropa mit Schwerpunkt auf Großbritannien angestimmt (*One More Kilometre and We're in the Showers. Memoires of a Cyclist*, London 2004). Und natürlich ist da der bereits mit seinem Originaltitel erwähnte Bestseller *Tour des Lebens. Wie ich den Krebs besiegte und die Tour de France gewann* (Augsburg 2001) von Lance Armstrong (abgefasst von einem Ghostwriter), der voller Optimismus über die Genesung von seinem Krebsleiden und seine Erfolge bei der Tour de France berichtet.

Es gibt gute Biografien großer Radrennsportler zuhauf. Todd Balfs Biografie des schwarzen Radrennfahrers »Major« Taylor (*Major: A Black Athlete, a White Era, and the Fight to Be the World's Fastest Human Being*, New York 2008) gibt einen guten Einblick in die amerikanische Szene der Profibahnrennfahrer zu Beginn des 20. Jahrhunderts. William Fotheringham entschlüsselt in einer Biografie einfühlsam den enigmatischen Tom Simpson (*Put Me Back on My Bike. Die Tom-Simpson-Biografie*, Bielefeld 2007). Die Biografien von Richard Moore über Robert Millar (*In Search of Robert Millar. Unravelling the Mystery Surrounding Britain's Most Successful Tour de France Cyclist*, London 2007) und von Matt Rendells über Marco Pantani (*The Death of Marco Pantani*, London 2006) sind beide gut recherchiert und fesselnd geschrieben.

Der amerikanische Journalist Jeff Mapes untersucht die Dynamik der städtischen Radkultur von heute (*Pedalling Revolution: How Cyclists Are Changing American Cities*, Corvallis, Oregon, 2009). James E. Starrs und Kevin Schaeffer haben ein unterhaltsames Kompendium von Exzerpten aus der Literatur über Radeln und Radler herausgegeben, das leider nur auf Englisch vorliegt (*The Literary Cyclist*, New York 1997). Überraschend wenige Romanciers haben die Dramatik des professionellen Radrennsports literarisch verarbeitet. Der Niederländer Tim Krabbé hat mit *Das Rennen* (Stuttgart 2006) einen hervorragenden und nachdenklichen Roman vorgelegt. Ralf Hurnes *Das Gelbe Trikot* (Zürich 1974) wird eifrige Radler fesseln. Andere literarische Werke, bei denen das Radfahren oder das Fahrrad im Mittelpunkt des Geschehens stehen, sind unter anderem: Flann O'Brien, *Der dritte Polizist* (Frankfurt am Main 1975), die Geschichte einer Liebesaffäre zwischen einem Mann und einem Rad; *Drei Männer auf Bummelfahrt* (Zürich 2005) von Jerome K. Jerome und H. G. Wells' *The Wheels of Chance – A Bicycling Idyll* (London 1896).

Das beste Buch, das ich über die Geschichte des Fahrrads gelesen habe, ist David V. Herlihys *Bicycle: The History* (New Haven u. a. 2004). Deutschen Lesern sei besonders der schöne und sehr informative Band *Mit dem Rad durch zwei Jahrhunderte. Das Fahrrad und seine Geschichte* von Max J. B. Rauck et al. (Aarau 1979) ans Herz gelegt. Empfehlenswert sind ferner Andrew Ritchie, *King of the Road. An Illustrated History of Cycling* (London 1975); Derek Roberts, *Cycling History. Myths and Queries* (o. O. 1991); Jim McGurn, *On Your Bicycle. An Illustrated History of Cycling* (London 1987) und John Woodforde, *The Story of the Bicycle* (London 1970). Sehr kurzweilig ist auch die von Hans-Erhard Lessing herausgegebene Anthologie *Ich fahr' so gerne Rad … Geschichten vom Glück auf zwei Rädern* (München 2007), in der allerlei literarische Texte aus der Fahrradhistorie versammelt sind, so unter anderem der oben zitierte Mark Twain mit seiner Skizze »Wie man das Hochrad zähmt«.

Und wenn Sie vorhaben, sich selbst die Hände schmutzig zu machen und Ihr Rad zu reparieren, so gibt Rob van der Plas mit *Die Reparatur des Fahrrads* (Ravensburg 1983) einen guten Einstieg. Ein sehr nützliches und übersichtliches Handbuch ist Christian Smoliks und Stefan Etzels *Fahrradlexikon: Technik, Material, Praxis von A–Z* (Bielefeld 2008).

Christian Smolik, der leider kürzlich verstorben ist, hat zudem eine sehr kompakte und übersichtliche *Kleine Fahrradtechnik* (Bielefeld 2010) veröffentlicht und ein Velo-Online-Glossar ins Netz gestellt: www.smolik-velotech.de/glossar/g_GABEL.htm

Auch das Zweiradstudio Jung & Volke aus Düsseldorf hat ein Fahrradlexikon online gestellt: www.fahrradlexikon.de

Ein Wörterbuch der Fahrradbegriffe gibt's unter: www.mybikeworld.de/page20/page47/files/Fachbegriffe_en-d.pdf

Wikipedalia »ist ein Projekt zum Aufbau einer fahrradbezogenen Enzyklopädie aus freien Inhalten«, unter: www.wikipedalia.com

Vom WDR gibt es ein Script über das Fahrrad aus der Sendereihe *Quarks & Co.*: Angela Bode et al., *Abenteuer Fahrrad*, unter: www.wdr.de/tv/quarks/global/pdf/fahrrad.pdf

Der ADFC hat ein »Bictionary« Englisch-Deutsch ins Netz gestellt: www.fa-technik.adfc.de/Ratgeber/Bictionary/ED.html

Der Fahrradrahmenbauer Ulrich Vogel bietet auf seiner Website eine Beschreibung des Rahmenbaus: www.vogel-rahmenbau.de/einzelanfertigung.htm

Einen nützlichen Entfaltungsrechner (Übersetzungsrechner/Ritzelrechner) findet man unter: www.j-berkemeier.de/Ritzelrechner.html

Nützliche Informationen

Reifengröße
Alle Reifen tragen einen von der zuständigen ETRTO (European Tyre and Rim Technical Organization) festgelegten Identifikationscode. Es handelt sich um eine allgemeine Größennotierung aus zwei durch Bindestrich getrennte Zahlen:

- eine zweistellige Zahl (Breite des aufgepumpten Reifens in Millimeter) gefolgt von
- einer dreistelligen Zahl (Felgennenndurchmesser in Millimeter).*

Meine Reifen Marke Continental Grand Prix 4000 tragen die Bezeichnung 23–622.

Felgengröße
Auch die Felgen tragen einen Identifikationscode der ETRTO aus zwei Nummern, die durch ein »x« getrennt sind:

- eine dreistellige Zahl (der Felgennenndurchmesser in Millimeter wie bei den Reifen)
- eine zweistellige Nummer (die Maulweite, d. h. das Innenmaß zwischen den Felgenhörnern).**

---

* »Weltweit immer noch gebräuchlicher ist die weniger exakte Angabe in Zoll. Sie gibt jeweils in Zoll zuerst den Reifendurchmesser (die Laufradgröße) und mit einem ›X‹ getrennt dahinter die Reifenbreite an. Hierbei gibt es jedoch bei gleicher Reifengröße unterschiedliche Felgengrößen.« Christian Smolik, unter: www.smolik-velotech.de/laufrad/07reifen.htm (A.d.Ü.)

** Zu den Bezeichnungen in Zoll vgl. ebd., unter: http://www.smolik-velotech.de/laufrad/04felge.htm#Tabelle:%20Felgenmaulweite%20und%20Reifenbreiten (A.d.Ü.)

Meine RR 1.2-Felgen von DT Swiss haben die Maße 622 x 15.

Die wichtige Zahl ist die dreistellige Nummer. Sie muss stimmen, damit die Reifen auf die Felge passen.

Die Übersetzung

Die Berechnung der Übersetzung in der englischsprachigen Welt ist ein kurioses Erbe des Hochrades. Diese Räder hatten keine Übersetzung, sondern einen Direktantrieb, daher nahm man zur Bestimmung des »Gangs« schlicht den Umfang des großen Vorderrads (d. h. die Entfernung, die man mit einer kompletten Drehung zurücklegt) in Zoll. Als das Sicherheitsrad – ein Rad mit Kettenantrieb – eingeführt wurde, wurden die Gänge weiterhin nach diesem Prinzip berechnet, und dies bis heute, obwohl es dafür keine physische Entsprechung mehr gibt. Die Übersetzung wird wie folgt berechnet:

Umfang des Antriebsrades (in Zoll) x Anzahl der Zähne am Kettenblatt ÷ Anzahl der Zähne am Ritzel = *gear inches* (»Entfaltung«)

Auf dem europäischen Kontinent und in anderen Ländern mit metrischen Maßen wird die Übersetzung anders berechnet. Die Methode ist praktischer, weil sie den Abstand in Metern misst, den das Rad bei einer Kurbelumdrehung zurücklegt – die sogenannte Entfaltung. Es ergibt sich folgende Berechnung:

Entfaltung (*l*) = Abrollumfang (*U*) x Übersetzung (*i*), d. h. Zahl der Zähne am Kettenblatt ÷ Anzahl der Zähne am Ritzel x Abrollumfang in Meter = Entfaltung (eine Zahl mit zwei Dezimalstellen)

Dank

Dieses Buch verdankt sich im Grunde der Existenz zweier Menschen: meiner Lektorin Helen Conford, die der Meinung war, das Fahrrad verdiene eine frische Würdigung, und meiner Frau Vicky, die mich – wohl wissend, dass ich stets lieber radle als schreibe – während seiner Abfassung an meinen Schreibtisch kettete.

Mehrere Menschen steuerten enthusiastisch Gedanken und Ideen bei. Mein Dank geht an Stephen Wood für geheime Storys aus dem Radleruntergrund, Victoria Hazael und Chris Juden vom Cyclists' Touring Club, Anna Simms und Matt Davies von Sustrans, John Hudson, Charles Phipps, Roger Crosskey, Joe Christle, Flash, David Miller und Andrew Moore. Brian Palmer, Doug Pinkerton und mein alter Radlerkumpel Will Farara waren so freundlich, die erste Rohfassung durchzusehen.

Ich danke den folgenden Personen dafür, dass sie ihre Liebe zum Rad und ihr Wissen darüber mit mir geteilt haben: Garrett und Peter Enright von Phil Wood & Co.; Chris DiStefano, Diane Chalmers und David Prause von Chris King, Inc.; Antonio Colombo, Paulo Erzegovesi und Lodovico Pignatti von Cinelli; Lerrj Piazza und Lorenzo Taxis von Campagnolo; Wolf vorm Walde und Hardy Bölts von Continental; Cliff Polton von Royce; Andrea Meneghelli, Steven Green und der gesamten Belegschaft von Brooks, England; Julian Wall von Cyclefit; Dominic Thomas, Slate Olson, Rudy Contratti, Iacopo Destri, Marco Consonni, Peter Zheutlin, John Moore, Klaus Grüter, Charlie Kelly, Joe Breeze, Billy Savage und Steve ›Gravy‹ Gravenites. Ich danke Chris Anderson für das Umschlagporträt meines Traumrads.

Für ihre Zeit und ihre Einsichten in die »Diamantenseele« geht mein Dank an Gary Needham von Argos Cycles; Donald Thomas von Bob Jackson Cycles; Grant Mosley von Mercian Cycles; Barry Scott von Bespoke Cycling; Chas Roberts von Roberts Cycles; Lee Cooper, Barry Witcomb, Neil Orrell, Paul Corcoran von Pennine Cycles; Vernon Barker und Sacha White von Vanilla; Terry Bill und Keith Noronha von Reynolds Technology sowie Matt Roberts und alle Jungs von Rourke Cylces. Das meiste habe ich von Brian und Jason Rourke gelernt.

Zu dem wunderbaren Team bei Penguin, das die Originalausgabe dieses Buches möglich gemacht hat, gehören Nikki Lee, Rebecca Lee, Jessica Price, Chris Croissant und Mari Yamazaki. Wie schön, dass sie alle radeln. Der Dokumentarfilm im Auftrag von BBC4, der auf diesem Buch basiert, brachte ein ganz neues Team in das Projekt: Dank an Steve Robinson, Gwenllian Hughes, Emma Haskins, Louis Fonseca und Sally Lisk-Lewis von Indus Films, Ben Hall von Curtis Brown, Steve Bagley vom Coventry Transport Museum, Gwynfor Llewellyn und besonders an den Produzenten Rob Sullivan für seinen unstillbaren Enthusiasmus für das Thema.

Dank auch an Miles, Dawn und Mark von meinem lokalen Fahrradladen, M & D Cycles in Abergavenny, und an Steve und Cherrie Chadwick, Besitzer des örtlichen Pubs The Crown in Pantygelli, wo ein Großteil der ersten Rohfassung überarbeitet wurde. Schließlich ein Dankeschön an meine unermüdlichen Agentinnen, Camilla Hornby und Camilla Goslett von Curtis Brown.

Und ganz zum Schluss ein lieber Gruß an die Freunde, mit denen ich so viele glückliche Kilometer geteilt habe, Menschen, die instinktiv wissen, dass es bei einer guten Radpartie – wie im Leben – um Balance geht. Dazu zählen Alf Alderson, Chris Anderson, Paulo Baillie, Tommy Bayley, Dave Belton, Rohan Blacker, Harriet Cleverly, James Cole, Tim Doyne, Will Farara, James Greenwood, Tom Halifax, Jimmy Hearn, Simon Martyn, Andy Morley-Hall, Mark Sainsbury, Spencer Skinner, Dave Stirling und Antony Woodward.

Mögt ihr alle noch lange radeln!

Bildnachweis

S. 6	Leo Baeck Institute, New York
S. 13	Peter Zhleutin
S. 15	Robert Penn
S. 17	Robert Penn
S. 19	Bicycle Books
S. 28	Jason/Brian Rourke
S. 35	Canada Science and Technology Museum
S. 36	Coventry Transport Museum
S. 37	Raleigh
S. 46	Reynolds
S. 50	Historic Hetchins
S. 62	Science Museum/SSPL
S. 74	Ely Museum
S. 83	Robert Penn
S. 85	Columbus/Cinelli
S. 94	Raleigh
S. 108	Renold PLC
S. 111	Raleigh
S. 112	Campagnolo/Lerrj Piazza
S. 115	Campagnolo/Lerrj Piazza
S. 130	Robert Penn
S. 146	Dewey Livingston
S. 149	Charlie Kelly
S. 158	Coventry Transport Museum
S. 165	The Granger Collection/TopFoto
S. 185	Archibald Sharp, *Bicycles & Tricydes. A Classic Treatise on Their Design and Construction*
S. 186	Brooks England Ltd

Register